창의·인성과 기업가적 능력개발

PSAD 창의능력 진단과 개발을 중심으로

Developing Creativity & Entreprenuership

이경환 지음

도서출판 범한

머리말

　창의능력은 바람직한 인간의 욕구를 찾고, 이것을 만족시키는 새로운 자원, 기술 및 방법을 찾는 능력이며, 독창적, 차별적, 공감적, 리더적 및 적응적 창의능력으로 구분된다.
　독창적 창의능력은 이전에 없던 새로운 가치를 만들어 내는 능력이다. 차별적 및 공감적 창의능력은 각각 차별화된 가치와 다른 사람이 공감할 수 있는 가치를 창출하는 능력이다. 리더적 창의능력은 선도적 가치를 창출하는 능력이며, 적응적 창의능력은 환경이나 상황에 능률적으로 적응하는 능력이다. 독창적, 차별적, 공감적, 리더적 및 적응적 창의능력은 인간의 근원적 창의능력이다.
　사람의 생각이나 행동특성은 근원적 창의능력의 활성화에 따라 창의능력 개발 5단계 즉, 잠재적, 자기주도적, 완전기능, 문제해결 및 완전자아실현 능력단계로 나아간다.
　잠재적 능력단계는 근원적 5창의능력이 발현되지 않고 있으며, 자기주도적 능력단계는 근원적 창의능력 중에 하나이상이 활성화되어, 자기주도적 행동이 유발된다. 완전기능 능력단계는 셋 이상의 근원적 창의능력이 활성화되며 개인의 잠재적 능력이 모두 개발되고 개인적 자아를 실현한다. 다섯 이상의 근원적 창의능력의 발현은 문제해결능력이나 완전자아실현능력 단계에 진입한다. 완전자아실현은 개인적 및 사회적 자아 모두를 실현하며, 기업가적 능력을 발현한다.
　근원적 5창의능력은 창의시스템으로부터 유발된다. 창의시스템은 선천적인 것으로 창의성, 자아실현 경향성 및 파워 5속성으로 구성된다.

　창의성은 새로운 도약을 위한 동기를 만들어 내고, 근원을 찾고 근원으로부터 새로운 것을 이끌어 내게 한다. 창의성은 선천적인 것과 후천적인 것으로 구성된다. 선천적인 것은 유전된 것이며, 후천적인 것은 학습에 의해서 획득된 것이다.

　자아실현 경향성은 선천적인 것으로서 개인의 생명을 유지하고, 성장과 발전을 도모하는 자연스러운 힘이다. 자아실현 경향성은 사람으로 하여금 유전된 잠재적 능력이나 가능성을 성취하기 위한 행동을 만들어 내고 자아실현으로 나아가게 한다.

　사람에게는 선천적으로 창조, 보존, 결합, 지배 및 귀속의 파워의 5속성이 있으며, 이들은 특성에 따라 사람의 생각이나 행동을 지배한다. 예로써 창조속성은 독창성, 새로운 것, 창안 및 상상력을 만들어 낸다. 보존속성은 고유한 가치나 정체성을 만들어 낸다. 결합속성은 관계를 만들고, 지배속성은 리더십을 만들어 내며, 귀속속성은 환경적응 능력을 만들어 낸다. 파워의 5속성은 개인으로 하여금 자신을 조직화 하여 문제해결이나 목적달성 능력을 만들어 낸다.

　사람의 창의시스템은 선천적인 것이지만 파워의 비합리적 조건에 지배될 경우 창의능력이 발현되지 않는다. 파워의 비합리적 조건은 "개인의 생각이나 행동이 합리성에 의존하지 않고 감정이나 군중심리와 같은 파행에 의존하거나", "사람들의 표출된 욕구와 내재된 욕구가 다르거나", "사람들의 욕구가 다르면서 파워 크기가 대등하거나", "개인의 주체적 변환 에너지가 역기능적 힘에 의해서 무효화 된 경우"이다.

　사람의 창의능력은 창의능력 개발 5단계의 연속적이고 누적적으로 성장한다. 본서는 개인에게 작용하는 파워의 비합리적 조건의 유발원인과, 창의능력 개발 5단계에서 개인이 어떠한 단계에 있는가를 진단하는 진단방법과, 개인으로 하여금 바람직한 창의능력 개발 단계로 나아가기 위한 자기주도적 학습내용과 방법을 통해 완전자아실현의 기업가적 능력함양에 초점을 두고 있다.

본서는 4부로 구성되어 있다.

제1부 "창의능력은 어떻게 발현하는가?"에서는 창의시스템의 구조와 역할 및 근원적 5창의능력의 발현에 대해서 논의하고 있으며, 1~5장으로 구성된다.

제1장은 창의시스템의 개념과 역할, 제2장은 선·후천적 창의성의 개념과 역할, 제3장은 자아실현 경향성의 개념과 역할, 제4장은 파워속성의 개념과 역할에 대해 학습한다.

제5장은 창의성, 자아실현 경향성 및 파워 5속성의 상호작용에 의한 근원적 5창의능력의 발현원리를 알아보고, 창의시스템과 개인의 선·후천적 재능 및 정서지능 형성원리에 대해서 학습한다.

제2부 "창의능력 개발과 자아실현 자유의지 순환"에서는 사람이 창의능력 개발 5단계를 통해 완전자아실현을 성취하는 일련의 과정과 이것을 방해하는 파워의 비합리적 조건을 유발하는 원인에 대해서 학습하며, 6~8장으로 구성된다.

제6장은 창의능력 개발 5단계의 행동특성과 이러한 단계로 나아가는 것을 방해하는 파워의 비합리적 조건의 유발원인에 대해 학습한다.

제7장은 자아실현 자유의지 순환과 창의능력 개발 5단계에 대해서 학습하고, 창의능력 개발 5단계로 진입을 위한 실천적 방안을 논의한다.

제8장은 자아실현 자유의지 주기적 순환과 창의능력 개발에 대해서 학습하고, 자아실현 자유의지의 자생적 성장조건에 대해 학습한다.

제3부 "창의능력 진단과 개발"에서는 PSAD(Prime Self-Actualization Diagnostics)에 의한 창의능력 진단방법, 진단내용과 과정, 진단에 따른 창의능력 개발을 위한 학습내용과 방법 및 학습효과 제고를 위한 방안을 학습하며, 9~12장으로 구성된다.

제9장은 개인의 창의능력진단 내용과 방법, PSAD의 창의능력 진단 시스템의 원리와 구조 및 진단프로세스와 함께 창의능력 개발을 위한 자기주도적 학습방안에 대해 학습한다.

제10장은 PSAD에 의한 개인의 의지진단 방법과 내용 및 의지유형에 따른 자기주도적 능력 개발을 위한 학습내용과 방법을 학습한다. 또한 성취행동을 통한 파워의 비합리적 조건을 제거하는 방안과, 개인의 의지진단 사례를 학습한다.

제11장은 PSAD에 의한 완전기능능력 진단방법과 내용 및 완전기능능력 개발을 위한 학습내용과 방법을 학습한다. 또한 파워프로세스를 통해 행동의 가치화와 성취행동을 학습하여 완전기능능력을 함양하며, 개인의 창의능력진단 사례를 학습한다.

제12장은 PSAD에 의해 문제해결능력과 자아실현능력 진단방법과 내용 및 자아실현 유형에 따른 완전자아실현능력 개발을 위한 학습내용과 방법을 학습한다. 또한 파워프로세스의 학습을 통해 문제해결능력을 함양하며, 개인의 문제해결능력진단 사례를 학습한다.

제4부 "후천적 창의능력 개발"에서는 후천적 창의능력 3요소 즉, 긍정적 존중의 욕구, 가치의 조건 및 파워 5속성에 의해서 후천적 창의성이나 창의능력이 형성되는 원리를 논의하고, 경쟁과 협력의 질서나 파워프로세스에 의한 후천적 창의능력을 개발하는 방법을 학습한다.

창의능력은 자아실현 자유의지의 주기적 순환을 통해 일생 동안 연속적이고 누적적으로 성장하므로 창의능력 개발은 일생을 통하여 이루어지는 연속적인 과정이다. 또한 자아실현 자유의지는 개인의 생각이나 행동이 파워의 비합리적 조건으로부터 자유로울 경우 주기적 순환을 한다. 개인은 창의능력 개발을 위해서 자신에 작용하는 파워의 비합리적 조건을 제거해야 한다. 이 책은 유아에서부터 성인까지 모든 사람이 자신의 창의능력을 개발하고 완전자아실현을 위한 지침서로 활용되기를 저자는 기대합니다.

　이 책에 담긴 개인의 창의능력 및 완전자아실현능력의 진단과 개발 방안이 선한 의도나 목적으로 사용되어 모두가 자신의 창의시스템을 활성화하고, 완전자아실현을 성취할 뿐만 아니라 국가사회 발전에 기여하기를 저자는 기대합니다.

　이 책을 완성하는데 많은 분들의 도움이 있었습니다. 이 책을 집필할 때 저자는 언제나 하나님께 믿음과 지혜를 구하였습니다. 그분께서는 때마다 큰 믿음과 지혜로 저자를 인도하여 이 책을 완성하게 하시었습니다. 우선 하나님께 감사를 드립니다. 이 책의 완성을 위해 언제나 기도를 하고 있는 저자의 아내에게 감사를 드립니다. 끝으로 출간을 기꺼이 맡아주신 도서출판 범한 이낙용 대표님께 감사를 드립니다. 감사합니다.

2017년 4월
이 경 환

차 례

제1부 창의능력은 어떻게 발현하는가? 11

제1장 창의시스템의 개념과 역할 ················· 13
  1.1 창의시스템과 창의능력 ····················· 13
  1.2 창의시스템과 사람의 뇌 ····················· 18

제2장 선·후천적 창의성의 개념과 역할 ··········· 23
  2.1 선천적 창의성 ····························· 23
  2.2 후천적 창의성 ····························· 26
  2.3 창의성의 역할 ····························· 29

제3장 자아실현 경향성의 개념과 역할 ············ 31
  3.1 자아실현 경향성과 자아실현 ················· 31
  3.2 자아실현 경향성과 자아실현의 인성 ·········· 35

제4장 파워속성의 개념과 역할 ··················· 41
  4.1 파워속성과 개인행동 특성 ··················· 41
  4.2 파워속성의 역할 ··························· 45

제5장 창의시스템과 개인의 능력 개발 ············ 53
  5.1 창의시스템과 개인의 창의능력 개발 ·········· 53
  5.2 개인의 선·후천적 능력형성과 발현 ··········· 57
  5.3 창의능력과 정서지능 개발 ··················· 63

제2부 창의능력 개발과 자아실현 자유의지 순환   73

제6장 창의능력 개발 5단계와 자기정화 ·· 75
    6.1 창의능력 개발 5단계 ·· 75
    6.2 자기정화와 창의능력 개발 ·· 87

제7장 자아실현 자유의지 순환과 창의능력 개발 ···························· 95
    7.1 자아실현 자유의지 수명주기와 창의능력 개발 5단계 ············ 95
    7.2 자아실현 자유의지 순환과 창의적 행동특성 ······················· 106

제8장 자아실현 자유의지 자생적 성장 ·· 113
    8.1 자아실현 자유의지의 자생적 성장모형 ································ 113
    8.2 자아실현 자유의지 3요소의 정체성과 동기형성 ··················· 117
    8.3 자아실현 자유의지 3요소의 활성화 ····································· 119
    8.4 자아실현 자유의지 3요소의 영향력과 몰입행동 ··················· 121

제3부 창의능력 진단과 개발   125

제9장 개인의 창의능력 진단과 개발 ··· 127
    9.1 창의능력 진단의 필요성 ·· 127
    9.2 자아실현 자유의지 수명주기와 창의능력 진단 ···················· 133
    9.3 PSAD와 창의능력 진단 및 개발 ·· 138
    9.4. PSAD와 창의능력 개발의 자기주도적 학습방안 ················· 149
    9.5. PSAD와 창의능력 개발의 자기주도적 학습효과 ················· 157

제10장 PSAD 간편진단과 자기주도적 능력 개발 ·························· 163
    10.1 PSAD 간편진단 개요 ·· 163
    10.2 의지유형과 개인의 미래의 행동특성 ································· 172

10.3 성취행동과 파워의 비합리적 조건의 제거 ················ 175
　10.4 자아실현 자유의지 형성을 위한 학습방안 ················ 181
　10.5 PSAD 간편진단의 예 ······································· 195

제11장 PSAD 일반진단과 완전기능 능력 개발 ················ 209
　11.1 PSAD 일반진단 개요 ······································· 209
　11.2 완전기능행동 유형과 특성 ································· 216
　11.3 파워프로세스와 성취행동 유발 ···························· 220
　11.4 완전기능 행동유형과 완전기능 능력 개발 ················ 228
　11.5 PSAD 창의능력 진단의 예 ································· 243

제12장 PSAD 정밀진단과 완전자아실현능력 개발 ·············· 259
　12.1 PSAD 정밀진단 개요 ······································· 259
　12.2 자아실현 유형과 행동특성 ································· 267
　12.3 파워프로세스와 문제해결능력 ······························ 271
　12.4 완전자아실현능력 개발 ···································· 279
　12.5 문제해결능력진단의 예 ···································· 292

제4부 후천적 창의능력은 어떻게 개발하는가?　　　307

제13장 후천적 창의성의 개발 ······································ 309
　13.1 파워속성의 학습과 후천적 창의성 개발 ··················· 309
　13.2 경쟁과 협력의 질서와 창의능력 개발 ······················ 314
　13.3 근원적 후천적 창의능력 개발 ······························ 321
　13.4 파워프로세스와 후천적 창의능력 개발 ···················· 326

참고문헌 ·· 331
색인 ··· 335

[제1부]

창의능력은 어떻게 발현하는가?

창의시스템의 개념과 역할

우리의 몸은 심장, 위장 및 신장과 같은 여러 기관의 상호작용으로 육체적 생존을 도모한다. 사람의 창의능력은 창의성, 자아실현 경향성 및 파워의 5속성의 상호작용으로 유발된다. 우리는 창의성, 자아실현 경향성 및 파워의 5속성을 창의시스템이라고 한다. 사람의 뇌는 창의적 사고와 정신적 기능을 수행한다. 여기서는 창의시스템과 창의능력 및 인간 뇌의 기능과 역할에 대해서 알아보기로 한다.

1.1 창의시스템과 창의능력

사람은 지속적으로 새로운 것을 만들어 자신의 삶을 변화시키고 있다. 예로써 인간은 새로운 제도, 기술, 지식 및 문화를 만들어 사회를 변화 시킬 뿐만 아니라, 자신의 삶의 질을 개선한다. 새로운 것을 만들어 내는 것은 사람의 창의적 생각이나 행동에 의존한다.

창의적 생각이나 행동은 새로운 것의 출현을 의미하며, 이것은 새로운 결합(new combination)에 의해서 이루어진다. 예로써 조각과 공원의 결합은 새로운 조각공원이 만들어 진다. 컴퓨터 기술과 기계 기술의 결합은 로봇을 만들어 낸다. 동양과 서양의 문화의 결합은 새로운 문화를 만들어 낸다.

창의적인 사람은 새로운 결합을 만들어 내는 사고력과 함께 이것을 실천에 옮겨 새로운 가치를 창출하는 능력을 가진 사람이다. 창의적인 사람은 다음과 같은 생각이나 행동특성을 보인다.

- 진취적인 생각이나 행동을 한다.
- 긍정적인 생각이나 행동을 한다.
- 생각이나 행동이 개방적이다.
- 독창적(original)인 생각이나 행동을 한다.
- 인내와 끈기가 있다.
- 자신감이 있다.
- 보다 앞선 응용능력을 가지고 있다.
- 환경의 변화에 보다 잘 적응한다.
- 긍정적인 환경을 만들어낸다.
- 문제 해결에 보다 관심을 가지고 있다.
- 위험에 도전적이다.

사람들의 창의적 생각이나 행동은 그들의 창의시스템에 기인한다. 사람의 창의시스템은 창의성(creativity), 자아실현 경향성(self-actualization tendency) 및 파워의 5속성으로 구성된다.

창의성은 새로운 도약을 위한 동기(motive)를 만들어 내고, 근원(original)을 찾고 근원으로부터 새로운 것을 이끌어 내게 한다(이경환, 2014). 따라서 창의성은 우리가 풀어야 할 문제가 있거나, 무엇인가 다른 것에 비해 만족스럽지 않은 데 자기도 모르게 어떤 개선의 방법이 있지 않을까 하는 충동을 발현한다. 창의성은 소수의 천재에게 기대하는 재능이 아니라 우리 모두에게 잠재되어 있는 능력이다(Torrance, 1966).

모든 사람은 자신의 생명을 유지하고, 성장과 발전을 도모하는 자연스러운 힘을 가지고 태어난다. 우리는 이러한 힘을 자아실현 경향성(self-actualization tendency)이라고 한다. 자아실현 경향성은 사람으로 하여금 유전된 잠재적 능력이나 가능성을 성취하기 위한 행동을 만들어 낸다. 사람은 어떠한 행동이 성장으로 이끄는 가 또는 그렇지 않은 가에 대해서 명확히 지각할 수 없을지라도 행동과정이 일단 명확해지면 성장을 선택한다. 자아실현 경향성은 사람을 자아실현(self-actualization)으로 나아가게 한다. 자아실현은 자신의 잠재적 능력이나 가능성을 모두 개발하고 개인이 되고자 하는 것에서 최선의 것을 성취하는 것이다(Rogers, 1961).

사람에게는 선천적으로 창조, 보존, 결합, 지배 및 귀속의 파워의 5속성이 있으며, 이들은 각각 고유한 특성에 따라 사람의 생각이나 행동을 지배한다. 예로써 창조속성은 독창성, 새로운 것, 창안 및 상상력을 만들어 낸다. 보존속성은 고유한 가치나 정체성을 만들어 낸다. 결합속성은 관계를 만들고, 지배속성은 리더십을 만들어 내며, 귀속속성은 환경적응 능력을 만들어 낸다. 파워의 5속성은 개인으로 하여금 자신을 조직화 하여 문제해결이나 목적달성 능력을 만들어 낸다(이경환, 2001).

창의성은 선천적인 것과 후천적인 것으로 구성된다. 선천적인 것은 유전된 것이며, 후천적인 것은 학습에 의해서 획득된 것이다. 선천적 창의성은 자아실현 경향성에 내재하며, 후천적 창의성은 파워의 5속성에 내재한다. 창의성은 자아실현 경향성에 포함되어 있으며 자아실현 경향성의 활성화 조건에서 우선적으로 활성화한다. 자아실현 경향성은 파워 5속성에 포함되어 있으며, 파워의 5속성의 작용패턴을 결정한다 (이경환, 2014).

창의성, 자아실현 경향성 및 파워의 5속성을 창의능력 3요소라고 하며 이들은 상호작용을 통해 창의능력을 창출한다. 사람의 창의능력은 바람직한 인간의 욕구를 찾는 능력과 함께 이들을 만족시키는 새로운 자원, 기술 및 방법을 찾는 능력이다. 창의능력 3요소는 개인의 내면에 연합의 형태로 내재한다. <그림 1-1>은 개인의 창의시스템을 나타내고 있다.

<그림 1-1> 개인의 창의시스템에서 창의능력 3요소는 창의능력 발현을 위해 각각 고유한 역할을 한다. 선천적 창의성과 후천적 창의성

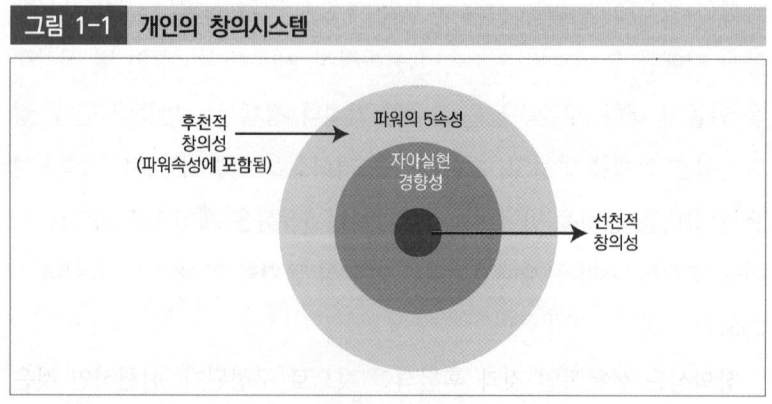

그림 1-1 개인의 창의시스템

은 생명력(living power)을 발현한다. 생명력은 단순히 살아 있는 힘이 아니라 살아 있을 뿐만 아니라 스스로 변화하여 다른 것에 영향을 주는 힘을 의미한다. 이러한 창의성은 자아실현 경향성의 개방조건에서 우선적으로 활성화 되어 자아실현 경향성을 개방한다.

자아실현 경향성은 창의성에 의해서 개방된다. 개방된 자아실현 경향성은 생물학적, 심리적 및 정신적 측면에서 최선이 되기 위한 내재적 동기(intrinsic motivation)를 만들어 낸다. 또한 자아실현 경향성은 파워의 5속성을 능률적이거나 동시다발적으로 작용하게 하며, 이러한 과정에서 개인의 잠재적 재능이나 가능성을 모두 발현하게 한다.

인지(cognition)는 생각의 모든 유형에 기반이 되는 활동에 관계한다(Nairne, 2006). 인지는 사람으로 하여금 환경을 알게 하고 그것에 반응하는 지적인 프로세스이다(Frances 등, 1998). 지적한 바와 같이 파워의 5속성은 그 특성에 따라 인간의 생각이나 행동을 지배하므로 이들은 각각 고유한 인지능력을 가지고 있다. 파워의 5속성은 인지능력을 통해 사람으로 하여금 환경을 알게 하고 그것에 반응하여 가장 합리적인 목적지향적 행동을 만들어 낸다(이경환, 2011).

조직은 조직 핵과 조직 핵의 주변부로 구성된다. 조직 핵은 조직자원을 소유하거나 보다 큰 영향력을 가지고 있는 조직구성원이다. 조직 주변부는 조직 핵의 추종자이다. 조직 핵은 조직의 리더로서 조직을 지배하고 그 가치는 조직의 재배적 가치가 된다. 조직 주변부는 조직 핵의 추종자로서 조직 핵을 지원한다. 예로써 태양계에서 태양은 태양계의 핵이고 나머지 행성들은 태양의 주변부를 구성한다. 태양은 태양계를 지배하고, 태양의 주변부는 태양의 영향을 받고 있다.

<그림 1-1> 창의시스템에서 창의성은 창의시스템의 핵이다. 자아실현 경향성과 파워의 5속성은 창의시스템 핵의 주변부를 구성한다. 태양계에서 태양이 스스로 빛을 발산하는 것과 같이 창의성은 생명력으로서 스스로 변화하여 새로운 도약을 도모하고, 자아실현 경향성을 활성화 하며 창의시스템을 지배한다. 자아실현 경향성은 최선의 사람으로 나아가기 위한 내재적 동기를 만들어 내고 파워의 5속성을 활성화 한다. 파워의 5속성은 창의성과 자아실현 경향성의 상호작용으로 창의 능력을 만들어 내고, 개인의 경험 및 지식과 상호작용으로 다양한 재능을 창출하여 개인으로 하여금 자아실현으로 나아가게 한다.

1.2 창의시스템과 사람의 뇌

사람의 뇌는 머리뼈 내부의 기관으로 신경계의 최고의 중추이다. 주로 신경세포와 신경섬유로 구성되며, 풍부한 혈관조직들과 뇌막으로 둘러싸여 있다. 뇌는 형태와 기능에 따라 대뇌(cerebrum), 소뇌(cerebellum), 뇌줄기(brain stem)로 구분되며, 대뇌는 좌뇌와 우뇌로 나누어진다. 사람의 뇌는 운동, 감각, 언어, 기억 및 고위 정신기능을 수행하며, 각성, 항상성 유지, 신체대사의 조절과 같은 생존에 필요한 환경을 유지한다.

<그림 1-2>는 사람의 뇌의 구조를 보이고 있다.

그림 1-2　사람의 뇌의 구조

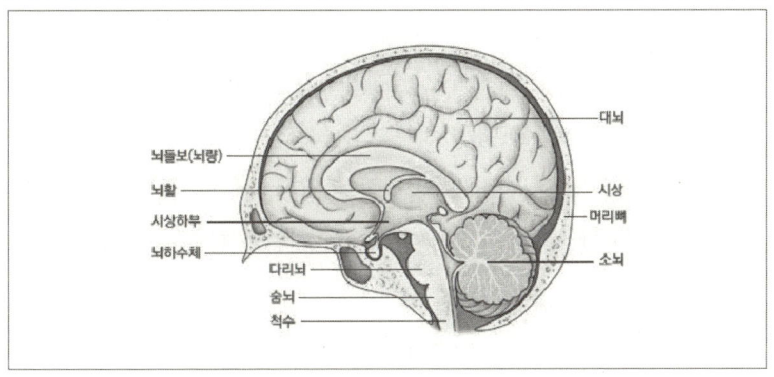

　우리가 알고 있는 바와 같이 컴퓨터는 기억하고, 논리적 및 수학적 연산을 하고, 비교하고, 의사결정과 같은 사람의 정신기능을 수행한다. 컴퓨터 자원은 하드웨어와 소프트웨어로 구성된다.
　컴퓨터의 소프트웨어는 컴퓨터를 운영하기 위한 프로그램이며, 사용자 프로그램과 시스템 프로그램으로 구성된다. 사용자 프로그램은 자료의 검색 및 처리와 같은 컴퓨터 사용자의 요구를 수행하는 다양한 응용프로그램이다. 시스템 프로그램은 컴퓨터기능을 관리하여, 사용자 프로그램을 효율적으로 수행하게 하는 프로그램이다.
　컴퓨터의 하드웨어는 컴퓨터의 물리적 구성체로서 수행되는 컴퓨터 기능에 따라 통제장치, 연산장치 및 기억장치로 구성되며, 기억장치는 주기억장치와 보조기억장치로 구분한다. 예로써 통제장치에는 주로 시스템 프로그램이 일을 하는 곳이며, 연산장치에는 사용자 프로그램이 일을 하는 곳이다. 주기억장치와 보조기억 장치는 자료를 기억하는 장치이다.

앞에서 지적한 바와 같이 개인의 창의시스템은 창의능력을 만들어 내고 개인의 경험 및 지식과 상호작용으로 다양한 재능을 창출한다. 이러한 개인의 창의시스템은 컴퓨터의 시스템 소프트웨어와 같은 역할을 하여 뇌에 작용하여 개인의 생존을 위한 다양한 정신기능을 발현하게 하고 생존환경을 유지하게 한다. 즉, 개인의 창의시스템은 창의능력과 재능창출을 위한 근원이 된다.

컴퓨터의 통제, 연산 및 기억장치의 기능이 서로 다른 것과 같이 사람의 뇌의 각 부문의 기능도 차이가 있다. 예로써 대뇌는 운동, 감각, 언어, 기억 및 고등 정신기능뿐만 아니라 생명유지에 필요한 다양한 기능을 수행한다. 소뇌는 직접 자발적 운동을 일으키지는 않으나, 뇌의 다른 부분이나 척수로부터 외부에 대한 감각정보를 받아 운동기능의 조율에 사용된다. 소뇌의 이러한 운동조절기능이 조화되어, 정밀한 운동이 가능하도록 한다.

사람의 좌뇌는 논리, 수학, 언어, 체계, 계획, 순차, 수리, 분석, 추리, 합리, 기억, 정보, 훈련, 판단, 객관과 같은 논리적 사고를 맡고 있다. 우뇌는 감성적, 즉흥적, 직관적, 비평적, 연역적, 여성적, 수동적, 신비적, 창의적 사고와 같은 비논리적이며 상상적 사고를 맡고 있다. 과학적이거나 수렴적 사고에는 좌뇌의 역할이 크지만 창의적이거나 발산적 사고에는 우뇌의 역할이 보다 크다. 좌뇌가 발달하면 학업성취도가 높아 창의능력이 높을 것 같으나 책과 교육을 통한 지식은 기존의 것을 분석·처리·개조할 뿐이지 우뇌를 기반으로 한 창의능력은 기대할 수 없다. 창의능력은 좌뇌와 우뇌의 균형적 발달과 이들이 협동에 의존한다.

인간의 생리적 또는 육체적 기능이나 능력 개발은 우연히 이루어지는 것이 아니라 이들의 기능과 능력 개발을 위한 지속적이거나 의지적 노력에 의해서 이루어진다. 예로써 사람의 팔과 다리근육의 기능이나 능력은 지속적이거나 의지적으로 팔과 다리 운동을 할 경우 강화 된다. 이와 같이 인간의 뇌의 기능도 그 기능이나 능력 개발을 위한 지속적이거나 의지적 프로세스가 요구된다.

지적한 바와 같이 사람의 창의시스템은 뇌에 작용하여 개인의 생존을 위한 다양한 정신기능을 발현하게 하고 생존환경을 유지하게 한다. 따라서 사람의 창의시스템은 뇌의 기능이나 능력 개발을 위한 도구가 된다. 즉, 사람의 창의시스템이 좌뇌와 우뇌에서 능률적이거나 동시 발적으로 작용할수록 사람의 뇌의 기능과 능력은 강화되고 창의능력이 발현한다.

지적한 바와 같이 개인의 창의시스템은 선천적인 것으로 모든 사람의 내면에 잠재적 능력이나 가능성으로 존재한다. 잠재적 능력이나 가능성은 활성화가 되지 않은 능력을 의미한다. 사람이 자신의 뇌와 기능과 능력 개발을 위해서는 자신의 창의시스템의 활성화를 도모해야 한다.

개인의 창의시스템은 지적한 바와 같이 창의성, 자아실현 경향성 및 파워의 5속성으로 구성되며, 이들은 개인의 창의능력 발현을 위하여 고유한 역할을 하고 있다. 예로써 창의성은 자아실현 경향성을 활성화하고, 자아실현 경향성은 육체적으로, 심리적으로 및 정신적으로 최선으로 되고자 하는 동기를 유발한다. 뿐만 아니라 자아실현 경향성은 파워의 5속성을 활성화한다.

　파워의 5속성은 각각 창의성 및 자아실현 경향성과 상호작용으로 자신의 고유한 근원적 창의능력을 만들어 낸다. 따라서 파워의 5속성의 능률적 또는 동시다발적 작용은 개인의 좌뇌와 우뇌의 기능과 능력은 강화되고 개인의 창의능력은 완전기능의 창의능력으로 나아간다.

# 선·후천적 창의성의 개념과 역할

앞에서 지적한 바와 같이 창의성은 창의시스템의 핵으로서 자아실현 경향성과 파워의 5속성의 행동을 지배한다. 또한 창의성은 선천적인 것과 후천적으로 구분된다. 선천적 창의성은 유전된 것으로서 자아실현 경향성에 본능의 형태나 잠재적 귀속으로 존재하므로 특정의 상황이나 조건에서 발현한다. 이에 비하여 후천적 창의성은 학습에 의해서 획득된다. 여기서는 선천적 및 후천적 창의성의 의미와 역할에 대해서 알아보기로 한다.

2.1 선천적 창의성

Kuhn 등(1773)은 선천적 창의성에 대해서 다음과 같이 지적하고 있다.

"창의적 행동은 지식에 의해서 부여된 것이나 성숙한 사람에 한정된 것이 아니다. 특정의 조건에 있는 어린이는 예능과 음악뿐만 아니라 많은 다른 분야에서 놀랄만한 창의적 능력을 보이기도 한다. 뿐만 아니라 보통수준의 지능을 가진 사람일지라도 창의적 생각에 현격한 능력을 보이기도 한다."

"우리 모두는 발명의 재능이나 독창성과 천재성을 가지고 아름다운 물건을 만들거나 무엇이든 해결하는 사람들을 알고 있다. 이들은 공식적인 교육으로부터 얻을 수 없는 사고방식이나 특별한 자질을 가지고 있다. 따라서 인간의 창의적 프로세스는 유전된 것이다."

선천적인 것은 유전된 것으로써 특정의 조건에서 흔히 발현된다. 예로써 생존본능은 생존을 위하여 하고 싶어 하고 하지 않으면 스스로 거역할 수 없는 선천적인 생물학적 명령이나 강한 동기를 포함하고 있다. 사람에게는 선천적으로 생존본능이 존재하고 있다. 우리가 자신의 생명의 위험에 직면할 경우 우리의 생존본능이 보다 강하게 작용한다. 따라서 선천적 창의성은 특정한 조건이 주어진다면 누구에게나 자연스럽게 발현될 수 있는 태생적인 능력과 성향이다.

우리는 지식이 창의성을 촉진한다고 믿고 있으나 오히려 많은 지식은 자아실현 경향성의 개방을 방해한다. 예로써 과거 경험이나 기존지식은 어느 수준 까지는 창의성의 발현을 보조해 주지만 일정 수준을 넘어서면 통찰적 사고를 방해하는 제약요인으로 작용한다. 그러나 동시에 과거 지식과는 완전한 단절은 없기 때문에 중요한 역할을 담당하는 것은 사실이다. 따라서 지식이 창의성 발현에 도움을 주기 위해서는 개방적 사고와 다양한 경험을 통해 융통성을 보완하는 것이 요청된다(Weisberg, 1999).

창의성은 뛰어난 천재만이 누리는 신비한 능력이 아니라 평범한 사람이라도 문제 상황에 처했을 때 다양한 방법을 생각해 내고, 많은 시행착오 끝에 가장 적합한 해결책을 선택하고 활용하는 과정에서도 발현한다(Campbell, 1960). 따라서 창의적 인재가 반드시 천재이거나 물리적으로 많은 경험이나 지식을 가질 필요는 없다. 경험이 많지 않은 유치원생도 기발한 발상으로 만든 노랫말이나 그림으로 '그 수준에서 창의적 인재가' 될 수 있다(Simonton, 1977).

우리는 흔히 지능이 높은 사람이 창의성이 높을 것이라고 생각한다. 그러나 지능은 창의성의 필요조건이나 충분조건이 아니라고 한다. 지능수준이 120 정도까지는 창의적 성취에 도움이 되지만 그 이상은 영향력이 상대적으로 떨어진다. 지능이 115 정도만 되면 지능보다 성격이나 노력이 창의성을 좌우한다고 한다. 창의성과 지능의 상관계수는 0.2 정도라고 알려져 있다. 평범한 지능을 가진 보통의 사람이라도 환경적 및 개인적 요인에 따라 창의성을 발휘한다(Sternberg 등, 1999).

또한 나이가 들면 창의성이 떨어진다고 한다. 그러나 일련의 연구에 의하면 나이는 창의성에 직접적인 요인이 아니다. 예로써 일본 문부성의 연구에 의하면 연구원이 나이가 많다고 해서 연구업적인 떨어지는 것은 아니다. 베토벤은 그의 걸작인 9번 교향곡은 50대 중반일 때 작곡하였고, 레오나르도 다빈치는 50세가 넘어서 모나리자를 그리기 시작하였다. 선천적 창의성과 나이는 관계가 없으며, 개인이 지각하는 환경적 및 개인적 요인이 이들의 발현에 영향을 미친다.

선천적 창의성은 모든 사람에게 잠재적 능력이나 가능성으로 존재하며, 개인이 지각하는 환경적 요소와 개인적 요소에 따라 차별적으로 발현된다. 예로써 어떤 사람에게는 특정의 업무에서 창의능력이 발현되고 있으나 다른 업무에서는 발현 되지 않을 수도 있다. 또한 어떤 사람에게는 창의성이 일찍이 발현되고 있으나 다른 사람에게는 발현이 늦을 수도 있다. 어떤 사람은 과거에 특정의 창의성이 뛰어 났으나 지금은 아닐 수도 있다.

지적한 바와 같이 선천적 창의성은 특정한 조건이 주어진다면 누구에게나 자연스럽게 발현될 수 있는 태생적인 능력과 성향이다. 따라서 선천적 창의성이 우리의 생각이나 행동에 나타나기 위해서 우리는 선천적 창의성이 발현될 수 있는 조건이나 상황을 만들어 내는 것이 바람직하다. 우리는 이 책의 제3장에서 우리의 선천적 창의성이 발현될 수 있는 조건이나 상황에 대해서 학습한다.

2.2 후천적 창의성

후천적 창의성은 학습(learning)에 의해서 습득된 창의성이다. 학습은 생각이나 행동의 거의 영구적인 변화를 의미한다. 우리가 '무엇을 알고 있다는 것'과 '학습'은 다르다. 무엇을 알고 있다는 것은 지식을 의미한다. 지식은 대상에 대한 인식이나 이해를 의미한다. 따라서 '무엇을 알고 있다는 것'이 행동의 거의 영구적인 변화 즉, 학습을 의미하는 것은 아니다.

창의성 학습은 학습자에게 창의성의 개념이나 역할을 지식으로 알게 하는 것이 아니라, 학습자의 생각이나 행동이 창의적 생각이나 행동특성으로 변화되어 습관화되는 것을 의미한다. 즉, 창의성에 대한 지식이 습관화되어 행동으로 나타나는 것이다. Steiner 등(1982)은 창의성 학습에 대해서 다음과 같이 지적하고 있다.

> "창의성 훈련은 창의적 생각이 의미 있고 가치 있는 행동이라는 것을 설득하거나, 창의성과 새로운 아이디어에 대해 긍정적인 태도를 촉진하거나, 참석자들로 하여금 대안을 탐색하는데 상당한 시간을 요구할 경우 효과적이다. 뿐만 아니라 특정의 직관적인 방법을 통해 창의적 태도는 학습되며, 사람들이 창의적이 되거나 창의적 결과를 야기할 수 있는 방법으로 행동하게 할 수 있다는 믿음의 근거는 충분하다."

특정의 분야에서 세계적인 전문가가 되기 위해서는 1만 시간의 연습이 필요하다. 어떤 영역에서 천재가 흔하지 않는 것은 1만 시간의 노력이 요구되기 때문이다. 1만 시간은 하루 3시간씩 10년이면 조금 넘는다(Weiberg, 1999). 우리는 자신의 수준에서 창의적 성과를 꾸준히 경험하고 이것을 경험적 지식으로 쌓아갈 수 있다면 우리는 더 큰 성취를 이루는 보다 높은 수준의 창의적 인재로 성장할 수 있다(James C 등, 2009).

어떤 분야에 천재적인 사람이라도 창의적인 성과는 지속적인 노력에 의존한다. 예로써 우리나라의 천재적 시인인 김소월은 수많은 습작을 통해 한편의 시를 만들었으며, 천재적 과학자인 아인슈타인은 많은 실패에도 불구하고 지속적인 연구를 통해 상대성이론을 완성하였다. 이들이 창의적인 성과를 만들어 낼 수 있었던 것은 남다른 노력의 결과이다. 따라서 후천적 창의성의 습득은 천재성을 가진 특정의 사람들에게 한정된 것이 아니라 이것을 위한 학습자의 지속적인 노력이 있을 때 보다 효과적으로 습득된다.

창의능력은 한 분야에서 지속적인 노력에 의해서 획득되기도 하지만 우연에 의해서도 획득된다. 그러나 우연이라는 것은 아무런 일도 하지 않고 있을 때 일어나는 것이 아니라, 경험의 양에 의해서 일어난다. 우리가 호기심을 가지고 다양한 사람을 만나고 그들이 하는 일과 방식을 접할 때 개인의 창의능력은 개발되기도 한다. 따라서 다양한 사람과의 관계도 만들어내는 것이 바람직하다. 관계는 행동을 이끌어내는 역할을 한다.

사람은 환경에 반응하는 근원적 충동을 가지고 태어난다. 또한 사람은 일상의 세계를 자기주도적으로 행하고, 경험하고, 모든 감각기관과 사고체계를 통해 이를 지각한다(Dewey, 1939). 우리가 일하고 있는 분야에서 환경에 반응하는 근원적 충동을 기반으로 오래도록 몸담아 전문성을 추구할 경우 우리는 후천적 창의성을 획득할 수 있다. 우리가 획득한 이러한 창의성은 우리의 후손에게 유전으로 전달된다. 우리는 이 책의 제4부에서 후천적 창의성을 획득하기 위한 방안에 대해서 학습한다.

인간의 삶의 본질은 자신의 목적을 설정하고 이를 이루어 가는 과정에서 가치를 획득하고, 다른 사람과 유기적인 관계를 형성하여 자신의 가치를 발산하는데 있다. 창의성은 불건전한 정신을 건전한 정신으로 변형시키는 것으로 욕구의 위계 개념 중에 자아실현과 유사하다(Barron, 1988). 선천적 창의성과 후천적 창의성은 모두 사람의 생명력을 만들어 내고 스스로 변화하여 이러한 인간 삶의 본질이나 뿌리를 구현하게 한다. 따라서 선천적 창의성과 후천적 창의성의 역할은 동일하다.

2.3 창의성의 역할

지적한 바와 같이 창의성은 새로운 도약을 위한 동기를 만들어 내고, 근원을 찾고 근원으로부터 새로운 것을 이끌어 내게 한다. 동기는 행동을 강요하는 내면의 추진력으로서 개인이 어떤 목적 위해서 행동을 일정한 방향으로 작동시키는 내적 상태이다(Berelson 등, 1964). 도약은 더 높은 단계로 발전을 의미하므로 창의성은 새로운 형성(formation)을 위한 내면의 추진력을 포함하고 있다.

창의적인 사람의 행동은 외적인 인센티브에 의존하기보다 자기만족이나 기쁨을 위해 자신의 일을 자발적이거나 자율적으로 도모하는 사람이다. 예로써 갈릴레오는 자신이 발명한 천체 망원경을 통해 자기 기쁨과 만족을 위해 우주를 관찰하는 과정에서 지구가 태양의 주위를 돌고 있다는 것을 창의적으로 발견하였다. 우리나라의 천재적 시인인 윤동주는 자기 기쁨과 만족으로 나라를 구하기 위한 아름다운 시를 창의적으로 창작하였다.

창의적인 사람의 이러한 자율적이고 자발적인 행동은 그들의 내면에 있는 창의성으로부터 발현된 것이다. 왜냐하면 지적한 바와 같이 생명력은 스스로 변화하는 힘이며, 창의성으로부터 발현하기 때문이다. 실제로 창의적인 사람은 스스로 자기 일을 도모하는 사람이다. 스스로 자기 일을 도모하는 행동은 창의성에 의해서 발현한다.

근원은 사물의 시작이나 기원이며 본질(essence)이며, 현상을 만들어 내는 원리를 포함한다. 따라서 우리가 근원을 알 수 있다면 근원으로부터 발생하는 현상을 이해하고, 예측하고, 통제할 수 있다. 예로써 우리가 우주의 근원 즉, 우주의 기원이나 시작을 알 수 있다면 우리는 우주의 현상을 보다 잘 이해하고, 변화를 예측하고, 통제 할 수 있으며, 나아가 새로운 우주를 만들 수도 있다. 우리가 인간의 근원을 알고 있다면 우리는 인간을 보다 정확히 이해하고, 행동을 예측할 수 있으며, 통제하여 보다 기대에 부응하는 인간행동을 유발할 수 있다.

창의적인 사람들은 자신의 분야에서 사물의 근원을 찾는다. 예로써 천체과학자들은 우주의 시작이나 기원을 찾고자 한다. 물리학자들은 물질의 근원을 찾고자 한다. 인문과학자들은 인간의 근원을 찾고자 하며, 생물학자들은 생명의 근원을 찾고 있다. 이들이 근원을 탐구하는 중요 이유는 근원을 알 경우 우리가 바라보는 현상을 보다 잘 이해하고, 예측하고, 질서가 있고 아름다운 세상을 만들 수 있다는 믿음이 있기 때문이다. 창의적인 사람은 스스로 동기화 되어 근원을 찾고, 근원으로부터 변화를 이끌어 내어 새로운 형성을 만들어 낸다.

창의능력은 목적달성이나 문제해결을 위한 새로운 수단이나 방법을 만들어 내는 프로세스를 발현한다. 창의능력은 지적한 바와 같이 창의능력 3요소의 상호작용으로 발현한다. 우리가 인간의 창의능력 3요소를 연구하고 창의시스템을 개발하는 것은 우리가 직면한 문제를 해결하거나 목적달성을 위한 새로운 수단이나 방법을 만들어 내어 우리의 삶에서 새로운 형성을 창출하는 데 있다. 이 책은 개인의 창의능력을 진단하고 개발을 위한 원리와 실천적 방법이나 수단을 제시한다.

자아실현 경향성의 개념과 역할

지적한 바와 같이 자아실현 경향성은 창의시스템의 핵 즉, 창의성의 주변부를 형성하며, 창의성에 의해서 개방된다. 자아실현 경향성은 파워의 5속성을 활성화하고, 개인으로 하여금 자아실현으로 나아가게 한다. 또한 자아실현 경향성은 완전자아실현의 인성을 발현하게 하고 함께하고 더불어 사는 세상의 구현에 기여한다. 이 장에서는 자아실현 경향성의 이러한 특성과 창의시스템에서 역할에 대해서 알아보기로 한다.

3.1 자아실현 경향성과 자아실현

① 자아실현 경향성과 자아실현의 개념

사람은 몸(body)과 마음(mind)과 정신(spirit)으로 구성된 존재이다. 몸은 생리적 프로세스를 통해 생물학적인 삶을 추구하며, 마음은 주관적인 경험, 느낌 및 감정과 같은 심리적 프로세스에 관계한다. 정신은 진리, 행복, 아름다움 및 추함과 같은 가치지향적이며 이상적 세계를 추구한다. 몸과 마음과 정신은 결합하여 육체적으로 건강하고 심리적으로 편안하며 정신적으로 이상을 추구하는 삶으로 나아가게 한다.

몸과 마음과 정신이 결합하여 자신의 이상을 실현하는 것을 자아실현(self-actualization)이라고 한다. 자아실현은 몸과 마음과 정신의 잠재적 능력이나 가능성을 모두 개발하고 자신이 되고자 하는 것에서 최선의 것을 이루는 것이다(Rogers, 1961). 자아실현의 사람은 자신의 이상이나 목적을 달성하여 충만하며 행복한 삶을 누리며, 다음과 같은 행동특성을 보인다(Maslow, 1965).

- 실체를 정확하게 지각한다.
- 소수의 사람들과 깊은 사랑의 관계를 선호한다.
- 자신의 목적달성에 초점을 두고 있다.
- 큰 즐거움과 만족의 순간과 같은 최고의 경험을 알리고자 한다.

지적한 바와 같이 우리를 자아실현으로 나아가게 하는 것은 자아실현 경향성이다.

Rogers(1961)는 자아실현 경향성의 특성은 다음과 같다고 한다.

"자아실현 경향성은 자아실현을 지향하는 충동(urge)이며 성장 경향성이다. 자아실현 경향성은 모든 유기체와 인간에 존재하는 강한 충동으로서 이들을 성장하게 하고, 확장시키며, 자율적 개발과 성숙으로 나아가게 한다. 자아실현 경향성은 생물학적, 심리적 및 정신적 측면에서 최선이 되기 위한 내재적 동기(intrinsic motivation)를 만들어 낸다. 자아실현 경향성의 생물학적 측면은 물, 음식 및 공기와 같은 육체적 생존을 위한 욕구를 포함한다. 자아실현 경향성의 심리적 또는 정신적 측면은 보다 가치 있는 인간으로 나아가는 잠재적 가능성의 개발을 포함한다."

Maslow(1971)는 자아실현은 사람의 고유한 가능성의 개발과 충분한 구현에 관계한다고 한다. 그에 의하면 비록 소수의 사람이 자아실현의 수준에 이르고 있지만 모든 사람은 자아실현의 경향성을 가지고 있다. 이러한 경향성은 사람에게 최선의 사람으로 나아가기 위한 동기를 부여한다. 인간의 내면에 내제하고 있는 자아실현 경향성은 인간 성장을 위한 목적 지향적 행동을 만들어낸다.
   그러나 자아실현 경향성은 선천적인 것이지만 모든 사람이 자아실현을 성취하는 것은 아니다. 왜냐하면 자아실현 경향성은 개인에게 잠재적 가능성으로 존재하기 때문이다. 예로써 Maslow(1971)에 의하면 자아실현의 경향성은 환경에 의해서 흔히 위협을 받고 있다. 자아실현 경향성은 자신과 접촉하는 것으로부터 자유로울 때 개방된다.

② 파워의 비합리적 조건의 제거와 자아실현 경향성의 활성화
   Rogers(1961)는 자아실현 경향성은 다중의 심리적 방어막 아래 깊게 묻혀있다고 한다. 그에 의하면 자아실현 경향성은 모든 사람에게 존재하며, 표출되거나 개방될 수 있는 적절한 조건을 기다리고 있다. 자아실현 경향성은 사람에게 잠재적 능력으로 존재한다. 따라서 자아실현 경향성이 활성화 될 수 있는 적절한 조건을 만나지 못하면 우리는 자아실현으로 나아갈 수 없다.
   자아실현 경향성은 개인의 생각이나 행동이 파워의 비합리적 조건에 지배되지 않을 경우 개방된다. 따라서 자아실현 경향성의 개방이나 표출조건은 우리가 파워의 비합리적 조건에 지배되지 않는 것이다. 파워의 비합리적 조건은 다음과 같다(이경환, 2001).

- 사람의 생각이나 행동이 합리적이지 않고 감정이나 군중심리와 같은 파행에 의존하거나
- 사람의 표출된 욕구와 내재된 욕구가 다르거나
- 사람들의 욕구가 다르면서 이들의 크기가 대등하거나
- 사람이 주체적으로 추진하고자 하는 에너지가 역기능적 힘에 의해서 무효화 된 경우

지적한 바와 같이 창의성은 자아실현 경향성의 개방조건에서 우선적으로 활성화 되어 자아실현 경향성을 개방한다. 따라서 개인이 파워의 비합리적 조건으로부터 자유로울 경우 창의성이 우선적으로 활성화 되어 자아실현 경향성을 개방한다. 이러한 경우 자아실현 경향성은 파워의 5속성의 작용을 활성화 하고 자아실현으로 나아가게 한다.

자아실현을 위해서 우리가 파워의 비합리적 조건으로부터 자유로운 환경이나 상황을 만나는 것도 바람직하지만 보다 중요한 것은 자신의 자아실현 경향성이 활성화 될 수 있는 조건이나 상황을 자기주도적으로 만들어 내는 것이다. 우리에게 작용하는 파워의 비합리적 조건을 제거하는 프로세스는 제2부에서 논의한다.

3.2 자아실현 경향성과 자아실현의 인성

① 가치측정 프로세스와 정체성 형성

물, 공기, 흙, 유기체와 같은 생태계 개체들은 고유한 역할을 통해 생존공동체를 만들어 낸다. 예로써 물은 생명을 유지하게 하고, 공기는 호흡을 가능하게 하며, 소나무는 척박한 땅에 뿌리를 내리고 땅을 기름지게 한다. 개체들의 이러한 역할은 이들이 가지고 있는 고유한 가치(value)로부터 발생한다. 우리는 개체의 고유한 가치를 정체성(identity)이라고 한다. 개체의 정체성은 개체의 고유한 성품이나 역할을 만들어 낸다.

가치는 '좋다, 나쁘다'와 같이 판단이나 선택의 기준이며, 바람직한 행동이 나타나게 하는 방식(mode of conduct)에 관계한다. 우리는 개인의 가치 즉, 개인의 판단기준이나 선택기준을 준거의 틀(frame of reference)이라고 한다. 사람들은 자신의 준거의 틀을 기반으로 자신의 경험이나 지식 또는 감각에 대해 가치를 부여한다. 예로써 배가 고프고 돈이 없을 때 친구에게 밥을 사라고 하는 것이 옳은 것인지 그른 것인지는 개인의 준거의 틀에 달려있다.

우리는 준거의 틀을 기반으로 자신의 경험이나 지식 또는 감각에 대해 가치를 부여하는 것을 가치측정 프로세스(valuing process)라고 한다. 사람들은 자신의 가치측정 프로세스를 가지고 있다. 가치측정 프로세스는 개인으로 하여금 자신의 준거의 틀에 부합하는 경험이나 지식에 대해서는 가치는 부여하고 그렇지 않은 것은 기각한다(Rogers, 1961). 준거의 틀에 부합하는 가치들은 결합하여 개인의 정체성을 형성한다. 즉, 개인의 정체성은 가치측정 프로세스에 의해서 형성된다(이경환, 2015).

② 개인의 정체성과 자아개념

개인의 정체성은 개인이 추구하는 핵심적이거나 고유한 가치이며 본질이다. 인성은 개인의 성품으로써 개인의 생각, 태도, 도덕성, 공동체의식, 인간관계 또는 역할과 같은 행동특성을 포함한다. 생태계 개체의 정체성이 개체의 역할이나 특성을 만들어 내는 것과 같이 개인의 정체성은 개인의 성품 즉, 인성을 만들어 낸다. 개인의 정체성은 자신의 본질을 지속적으로 깨닫게 하고 이것을 구현하기 위해 주도적 역할을 한다(이경환, 2014).

우리는 개인의 정체성을 자아(self)라고 한다. 자아는 개인의 본질이며 이미지(image)로써 세상에 대한 지각과 행동에 영향을 미친다. 예로써 자신에 대해 강하고 유능하다는 이미지를 가진 사람은 세상에 대해 긍정적인 지각을 하고 적극적이고 진취적인 행동을 한다. 그러나 자신이 약하고 유능하지 않다는 이미지를 가진 사람은 세상에 대해 부정적인 지각과 함께 소극적이거나 폐쇄적인 행동을 보인다. 개인의 인성은 이러한 과정에서 나타나는 행동특성이다(이경환, 2015).

자아는 정체성 형성에 기반이 되는 준거의 틀에 따라 개인적 자아(personal self)와 사회적 자아(social self)로 구분한다.

③ 개인적 자아란?

개인적 자아는 개인의 자아실현 경향성을 준거의 틀로 한 가치측정 프로세스에 의해서 형성된 자아이다(이경환, 2014). 개인적 자아는 자신의 존재를 생각하고 스스로 되고자 하는 자아로서 개인의 사적인 행동에 관계한다. 예로써 생물학적, 심리적 및 정신적 측면에서 최선이 되고자 하는 개인의 이미지는 개인적 자아이다. 개인적 자아는 개인이 내면의 생각하고 있는 자아로서 다른 사람은 알지 못하는 특성을 가지고 있다. 개인적 자아는 이상적 자아(ideal self)로 발전한다. 자아실현 경향성을 준거의 틀로 한 가치측정 프로세스를 유기체적 가치측정 프로세스라고 한다(Rogers, 1961).

지적한 바와 같이 개인이 파워의 비합리적 조건으로부터 자유로울 경우 개인의 자아실현 경향성이 개방된다. 이러한 경우 개인에게는 자아실현 경향성이 준거의 틀로 작용하여 개인적 자아가 형성된다. 그러나 개인의 생각이나 행동이 다른 사람의 평가기준(예; 자신에게 중요한 사람의 가치)에 의해서 이루어 질 경우 이것은 개인으로 하여금 파워의 비합리적 조건에 지배되는 원인이 된다. 왜냐하면 자아실현 경향성은 자신과 접촉하는 것으로부터 자유로울 때 개방되기 때문이다. 이러한 경우 개인의 자아실현 경향성의 활성화는 저해되고 다른 사람의 평가기준이 개인의 준거의 틀로 작용한다.

④ 사회적 자아란?

우리는 다른 사람의 평가기준이 개인의 준거의 틀이 될 경우 이것을 가치의 조건(condition of worth)이라 한다. 사회적 자아는 다른 사람의 평가기준을 준거의 틀로 하여 형성된 자아이다. 즉, 사회적 자아는 가치의 조건에 의해서 형성된 자아이다. 예로써 부모의 가치가 자녀의 준거의 틀이 된 경우 이것은 가치의 조건이 되어 자녀의 사회적 자아를 형성한다. 따라서 사회적 자아는 다른 사람이 자신에 대해 가지고 있는 기대와 역할을 만들어 낸다. 예로써 사회적 자아는 조직에서 자신의 역할을 만들어 낸다. 사회적 자아는 학습된 자아라고 하며, 공공적 자아 또는 실제적 자아로 발전한다(Rogers, 1961). 가치의 조건을 준거의 틀로 한 가치측정 프로세스를 사회적 가치측정 프로세스라고 한다(이경환, 2014).

⑤ 자아실현의 유형

자아실현은 자신의 자아가 지향하는 가치를 성취하는 것이다. 개인적 자아실현은 개인적 자아가 지향하는 가치를 성취하는 것이며, 사회적 자아실현은 사회적 자아가 지향하는 가치를 성취하는 것이다. 완전자아실현은 개인적 자아와 사회적 자아 모두를 실현하는 것이다. 완전자아실현은 개인적 자아와 사회적 자아가 일관되거나 조화로울 경우에 성취된다. 따라서 완전자아실현은 자신을 완성하는 삶으로 나아가게 한다.

우리가 어떠한 삶을 누릴 것인가는 자신의 자아에 크게 의존한다. 개인적 자아와 사회적 자아가 조화로운 사람은 완전자아실현으로 나아가고, 이들이 부조화 관계에 있을 경우 우리는 개인적 자아나 사회적 자아 어느 하나를 성취한다. 지적한 바와 같이 인성은 자아에 크게 의존한다. 개인적 자아와 사회적 자아가 조화로운 사람은 더불어 살고 함께하는 세상을 구현하고자 하는 인성으로 나아간다. 우리는 더불어 살고 함께하는 행복한 삶을 위해서 완전자아실현의 인성을 가지는 것이 바람직하다.

   자아실현 경향성은 창의성을 포함하고 있으며, 파워의 5속성을 활성화한다. 지적한 바와 같이 파워의 5속성은 사람으로 하여금 환경을 알게 하고 그것에 반응하여 가장 합리적인 목적지향적 행동을 만들어 낸다. 따라서 자아실현 경향성이 개방될수록 개인의 창의능력은 보다 활성화 되고 완전자아실현으로 나아간다.

파워속성의 개념과 역할

지적한 바와 같이 파워의 5속성은 자아실현 경향성과 창의성을 포함하고 있다. 파워의 5속성은 그 특성에 따라 인지능력을 기반으로 사람의 생각이나 행동을 지배하며, 문제해결 능력을 만들어 내고, 목적지향적 행동을 유발한다. 또한 파워의 5속성은 개인의 재능이나 능력을 포함하고 있다. 이 장에서는 이러한 파워의 5속성의 특성과 역할에 대해서 알아보기로 한다.

4.1 파워속성과 개인행동 특성

사람에게는 선천적으로 파워의 5속성 즉, 창조, 보존, 결합, 지배 및 귀속 속성이 있으며, 이들은 각각 고유한 특성에 따라 사람의 생각이나 행동을 지배한다(이경환, 2001).

① 파워의 창조속성

파워의 창조속성(creative attribute of power)은 독창적인 것, 새로운

것을 추구하는 능력에 관계한다. 사람은 누구나 변화를 추구한다. 사람이 변화를 추구하는 것은 파워의 창조속성에 의존한다. 예로써 파워의 창조속성은 인간으로 하여금 독창적 생각이나 행동을 유발한다. 예술가들은 창조속성에 따라 독창적 그림을 그리거나 음악을 연주하고 기술자들은 새로운 기술을 개발한다.

② 파워의 보존속성

파워의 보존속성(conservative attribute of power)은 고유한 가치나 정체성을 추구하는 능력에 관계한다. 파워의 보존속성은 사람의 고유한 성격이나 정체성을 만들어 내고, 이것을 계승하고 전통을 확립하고 역사성을 만들어 낸다. 파워의 보존속성은 다양성과 전문성을 증진하여 사회적 분화를 촉진한다. 자연 생태계 개체들의 고유한 정체성은 이들에 작용하는 파워의 보존속성에 의한 것이다.

③ 파워의 결합속성

파워의 결합속성(combinative attribute of power)은 사람들 간에 결합을 만들어 내는 능력에 관계한다. 파워의 결합속성은 사람들의 공감대를 형성하고 결합을 만들어 낸다. 결합은 결합요소(또는 파워요소)를 기반으로 이루어진다. 예로써 부부는 사랑에 의해서 결합한다. 사랑은 이들의 결합요소이다.

사람들의 결합은 성장의 수단이며 조직을 만들어 낸다. 예로써 자본가, 노동자 및 기술자는 각각 자본, 노동력 및 기술을 기반으로 결합하여 조직을 만들고 목적을 추구한다. 자본, 노동력 및 기술은 이들의 파워요소이다.

④ 파워의 지배속성

파워의 지배속성(dominative attribute of power)은 다른 사람을 지배하거나 통제하는 능력에 관계한다. 파워의 지배속성은 사람으로 하여금 리더십을 이끌어 내고, 사람들의 욕구나 가치를 수렴하여 합의를 만들어 내게 한다. 파워의 지배속성은 집단이나 조직을 통합하게 하여 조직의 목적을 달성하기 위한 행동을 만들어낸다.

⑤ 파워의 귀속속성

파워의 귀속속성(belonging attribute of power)은 다른 사람에게 순종하거나 이들을 섬기는 능력에 관계한다. 파워의 귀속속성은 사람으로 하여금 보다 큰 조직이나 힘에 귀속하여 생존하게 한다. 사람은 완전히 귀속할 수 있는 존재에 귀속할 때 삶의 보람을 갖는다. 예로써 우리가 대한민국 국민으로서 자랑스럽게 생각하는 것은 대한민국에 귀속되어 있기 때문이다. 파워의 귀속속성은 자신의 존재의 이유를 알게 한다.

사람의 생각이나 행동은 모두 파워속성에 의해서 지배된다. 예로써 조직원은 자신의 고유한 방법으로 변화를 도모하고, 조직의 목적에 맞는 일을 하고자 한다. 또한 이들은 동료와 우호적 관계를 만들고 상급자의 지시를 따르려고 하고 하급자에게는 리더십을 발휘한다.

고유한 방법과 조직목적에 맞는 행동은 각각 파워의 보존속성과 귀속속성에 의한 것이다. 새로운 변화의 도모는 파워의 창조속성에 의한 것이며, 동료와 우호적 관계는 파워의 결합속성의 산출물이다. 리더십은 파워의 지배속성에 의해서 만들어진다. 따라서 사람의 행동은 적어도 하나 이상의 파워속성에 기반을 두고 있다

파워의 5속성은 사람의 육체에도 작용하여 생리적 기능을 지원한다. 예로써 파워의 창조속성은 우리 몸의 새로운 세포의 생성을 지원한다. 파워의 결합속성이나 지배 및 귀속속성은 새로운 세포와 기존의 세포를 수평적 또는 수직적으로 결합하여 세포성장을 도모한다. 우리 몸의 세포는 기관에 따라 고유한 특성을 가지고 있다. 예로써 눈과 귀의 세포는 각각 특성을 달리한다. 파워의 보존속성은 세포의 고유성에 관계한다. 따라서 우리에게 파워의 5속성이 활성화될수록 우리는 육체적, 심리적 및 정신적으로 건강한 삶을 도모할 수 있다(이경환, 2014).

지금까지 지적한 바와 같이 파워의 5속성은 그 특성에 따라 개인의 생각이나 행동을 지배한 다. 파워의 5속성의 이러한 역할은 이들이 가지고 있는 인지능력에 의존한다. 인지는 생각기능으로서 정보를 인식하고 의사결정과 다른 정보와 비교 및 문제해결 수단을 만들어내고 기억을 포함한다. 기억은 감각기관으로부터 정보를 받아드리고 사용 가능한 형태로 변환하고 조직화 하여 저장하고 정보를 검색하는 것에 관계한다(Ciccarelli 등, 2009). 파워의 5속성은 인지능력을 통해 환경을 이해하고 환경이 자신에게 또한 자신이 환경에 어떻게 영향을 미치는가를 알게 한다. 파워의 5속성은 주어진 상황에서 개인의 생존이나 목적달성에 가장 합리적인 패턴으로 작용한다(이경환, 2009).

4.2 파워속성의 역할

 지적한 바와 같이 파워의 5속성은 그 특성에 따라 고유한 인지능력을 가지고 있다. 또한 인지능력은 사람으로 하여금 환경을 알게 하고 그것에 반응하는 지적인 프로세스를 만들어 낸다. 이러한 파워속성은 행동의 가치화를 통해 목적달성능력이나 문제해결능력을 만들어 내고, 경쟁과 협력의 질서를 유발하여 개인의 창의능력향상을 도모하며, 목적지향적 행동을 만들어 낸다.

① 파워속성과 경쟁과 협력의 질서
 파워속성들은 경쟁과 협력의 관계에 있다. 예로써 파워의 창조속성은 새로운 것을 만들어 변화를 도모한다. 파워의 보존속성은 정체성을 창출하고 보존하여 역사성을 만들어내고, 다양화를 통한 사회적 분화를 촉진한다. 따라서 파워의 창조 및 보존속성은 경쟁관계에 있다.

 파워의 보존속성에 의한 사회적 분화는 전문성을 촉진하고, 사람들의 결합을 만들어 낸다. 사람들의 결합은 파워의 결합속성에 의하며, 이러한 결합은 다시 전문성을 지원한다. 예로써 파워의 보존속성은 농부와 어부의 전문성을 촉진한다. 농부와 어부는 서로의 산출물을 교환하여 생존하며, 농부와 어부의 전문성을 다시 촉진한다. 따라서 파워의 결합 및 보존속성은 협력적 관계에 있다.

 파워의 보존 및 결합속성은 사회의 수평적 분화를 유발한다. 예로써 군인, 교사와 같이 직업의 전문화는 사회의 수평적 분화이며, 사회의 수평적 질서를 창출한다. 사회의 수평적 분화는 구성원들 간에 수평적 결합을 유발한다. 이에 비하여 파워의 지배 및 귀속속성은 사회의 수직적 분화를 유발하여 수직적 질서를 창출한다. 사회의 수직적 질서는 수직적 결합을 유발한다. 사회의 수평적 및 수직적 질서는 경쟁적 관계에 있으며, 파워의 결합 및 지배, 귀속속성은 경쟁관계에 있다.

파워의 5속성은 각각 독립적으로 작용할 때도 있으나 대개의 경우 2가지 이상의 속성이 동시다발적으로 작용하여 인간의 생각과 행동을 만들어 낸다. 예로써 자연을 대상으로 그림을 그리는 화가는 그림 속에서 자연을 새롭게 만들어 내며, 동시에 자신의 고유한 개성을 그림에 담아내고 있다. 그림에서 새롭게 만드는 것은 파워의 창조속성에 의한 것이며, 고유한 개성이 나타나게 하는 것은 보존속성에 의한 것이다.

새로우면서 개성이 있는 그림은 화가의 내면에 파워의 창조속성과 보존속성이 동시다발적으로 작용한 결과이다. 화가의 마음에 파워의 창조속성과 보존속성이 동시다발적으로 작용하더라도 이들은 각각 자신의 고유한 역할을 하고 있다. 파워의 5속성은 각각 고유한 정체성을 가지고 있다. 정체성은 연속성, 단일성, 독창성 또는 불변성을 의미한다. 따라서 파워의 다섯 속성이 동시다발적으로 작용하더라도 각각은 고유한 역할을 수행한다. 파워의 5속성의 능률적 또는 동시다발적 작용에 의한 경쟁과 협력을 concordance process라고 한다(이경환, 2007).

② 파워속성과 행동의 가치화

개인의 환경은 개인에게 영향을 주지만 개인의 통제가 거의 미치지 못하는 요소로서 개인에게 흔히 가치의 조건을 유발한다. 사람들은 이러한 가치의 조건을 지각할 경우 환경이 선호하는 가치를 창출하고, 이러한 가치를 환경이 적용할 수 있는 상황을 만들어 내어 환경과 결합을 통해 자신의 삶을 유지하고 고양하고자 한다. 왜냐하면 환경에 의한 가치의 조건에 적응하지 못하는 개인은 자신을 유지하고 고양하는 것을 성취할 수 없기 때문이다.

예로써 학생이 소속한 학교는 학생의 환경이다. 학교는 교육목표를 달성하기 위해서 학칙을 포함한 여러 교육제도를 가지고 있다. 학칙이나 교육제도는 학교가 학생에게 부여한 가치의 조건으로 작용한다. 학생은 이러한 가치의 조건에 부응하는 행동을 만들어 내지 못할 경우 학교생활에서 불리한 상황에 직면한다.

우리는 가치의 조건에 부응하기 위한 가치를 창출하고 이것을 환경이 적용할 수 있는 상황을 만들어 내는 프로세스를 행동의 가치화(valuation)라고 한다. 즉, 행동의 가치화는 가치를 창출하고 이것을 다른 사람이 적용하는 상황을 만들어 내는 것이다. 우리의 행동이 가치화 될 경우 우리는 환경이나 다른 사람과 결합을 통해 자신의 목적을 달성할 수 있다. 따라서 행동의 가치화는 목적달성이나 문제해결 능력을 만들어 낸다(이경환, 2014).

가치의 조건에 따른 행동의 가치화는 개인이 환경과 협력관계를 만들거나, 환경을 지배하거나, 이에 귀속하는 것을 포함한다. 개인과 환경의 협력관계는 이들 간에 수평적 결합으로 나타난다. 이러한 수평적 결합은 상호의존관계나, 공생관계를 만들어 내며 이것은 파워의 결합 속성에 의존한다. 개인과 환경의 지배 및 귀속은 이들 간에 위계적 관계 즉, 수직적 결합을 의미한다. 파워의 수직적 결합은 파워의 지배 및 귀속속성에 의존한다. 따라서 파워의 지배 및 귀속속성은 가치화 능력을 가지고 있다(이경환, 2014).

지금까지 알아 본 것과 같이 사람들 간의 수평적 또는 수직적 결합은 각각 파워의 결합 및 지배와 귀속속성에 의존하며, 이러한 결합은 행동의 가치화가 요구된다. 따라서 파워의 결합, 지배 및 귀속속성은 행동의 가치화 능력을 포함하고 있다. 뿐만 아니라 이러한 결합에서 파워의 창조속성과 보존속성이 작용할 경우 창의적이면서 고유한 결합이 이루어진다. 따라서 파워의 5속성은 본질적으로 행동의 가치화 능력을 가지고 있으며 이들이 능률적이거나 동시다발적으로 작용할 경우 행동의 가치화가 활성화된다.

③ 파워속성과 목적지향적 행동유발

사람의 내면에는 욕구, 가치, 감정, 느낌과 같은 내적 요소가 발생한다. 내적 요소는 환경이나 내면의 요구에 따라 생리적, 심리적 및 정신적 생존을 위한 반응으로서 목적지향적 행동을 유발한다. 예로써 배가 고플 경우 음식에 대한 욕구가 발생하여, 사람으로 하여금 음식을 먹게 한다. 사람이 뱀을 보면 두려운 감정을 느낀다. 두려운 감정은 뱀으로부터 도망가게 하는 행동을 유발한다.

인지는 행동에 선행하며 사람들의 생각이나 지각 및 문제해결의 입력을 구성한다(Luthans, 1985). 지적한 바와 같이 파워속성은 인지능력을 가지고 있다. 이러한 파워속성은 가치측정 프로세스로 하여금 외적 자극이나 내적 요구에 따른 감각이나 경험 및 지식과 같은 정보를 인지하게 하고, 가치측정 프로세스는 인지된 이러한 정보가 자신의 준거의 틀과 일관되는가를 평가한다.

파워속성이 인지한 정보가 유기체적 가치측정 프로세스나 사회적 가치측정 프로세스의 평가와 일관성을 가질 경우 이들은 이러한 정보에 대해 긍정적인 가치를 부여하고, 이러한 가치를 구현하기 위한 욕구, 가치, 느낌이나 감정과 같은 내적 요소를 유발한다. 그러나 파워속성이 인지한 정보가 가치측정 프로세스의 평가와 일관성이 없을 경우 이것을 기각하기 위한 내적 요소를 유발한다. 따라서 사람의 내면에 형성되는 내적 요소는 파워속성과 가치측정 프로세스의 상호작용에 의존한다(이경환, 2014).

지적한 바와 같이 파워 5속성은 주어진 여건에서 목적달성이나 생존을 위한 가장 합리적인 행동을 만들어낸다. 이러한 파워 5속성은 가치측정 프로세스와 상호작용을 통해 주어진 상황에서 생존에 가장 적합한 내적 요소를 선택적으로 형성한다. 예로써 인격적 모욕에 직면할 경우 이들은 인간의 내면에 정신적 또는 심리적 가치 회복을 위한 감정(예: 분노의 감정)을 만들어 내고 이를 기반으로 명예 회복을 위한 행동을 유발한다.

④ **파워속성과 동기와 정서 형성**

파워속성과 가치측정 프로세스는 상호작용을 통해 다양한 내적 요소를 동시다발적으로 만들어 낸다. 이러한 내적 요소들은 경쟁과 협력 관계에 있다. 예로써 생물학적 생존을 위한 생리적 욕구와 심리적 또는 정신적 욕구가 같거나, 다를 수도 있다. 파워속성은 협력관계에 있는 내적 요소를 탐색하고, 보다 영향력이 있는 내적 요소를 중심으로 다른 내적 요소를 결합한다.

지적한 바와 같이 결합은 성장의 수단이며 영향력을 증대시킨다. 협력관계에 있는 내적 요소들이 결합할 경우 이들의 영향력은 상대적으로 증가함으로 우선적으로 자신의 의도나 목적을 달성하기 위한 행동을 만들어 낸다. 그러나 경쟁관계에 있는 내적 요소들은 인간의 내면에 내재하고 있다가 협력적 내적 요소를 만나면 결합하여 목적지향적 행동을 표출한다(이경환, 2011).

내적 요소들의 결합이 욕구(needs)를 중심으로 이루어질 경우 동기(motive)가 된다. 즉, 동기는 목적 달성이나 생존을 위한 가장 합리적인 행동을 만들어 내기 위하여 욕구를 중심으로 형성된 방향 지향적 힘이나 능력이다. 이에 비하여 감정이나 느낌을 중심으로 내적 요소가 결합할 경우 정서가 된다. 즉, 정서는 목적달성이나 생존을 위한 가장 합리적인 행동을 만들어 내기 위하여 감정을 중심으로 형성된 방향지향적 힘이나 능력이다. 동기와 정서가 형성되는 메커니즘과 그 원천은 동일하지만 이들이 표출되는 방법이나 역할에서는 차이가 있다(이경환, 2015).

지금까지 지적한 바와 같이 파워의 5속성은 가치측정 프로세스와 결합하여 욕구, 감정 또는 가치와 같은 내적 요소를 동시다발적으로 만들어 내고, 감정과 욕구를 중심으로 각각 정서와 동기를 만들어 낸다. 그러나 파워의 5속성이 동기나 정서를 만들 것인가 또는 동기와 정서 모두를 만들 것인가는 주어진 상황에서 목적달성이나 생존을 위해 어느 것이 가장 유리한 것인가에 의존한다. 즉, 파워속성은 가치측정 프로세스와 상호작용으로 주어진 상황에서 가장 적합한 동기나 정서를 만들어 내고 목적달성이나 생존을 위한 행동을 유발한다.

  정서와 동기는 독립적으로 일어나지만 서로 간에 수렴하는 현격한 심리적 프로세스이다. 정서는 동기화된 행동을 동반할 수도 있으며, 동기요소로서 활동할 수 있다. 뿐만 아니라 동기화된 행동이 좌절될 경우 정서가 일어날 수 있다. 따라서 동기와 정서는 목적을 달성하기 위한 프로세스이지만 이들의 역할은 다를 뿐만 아니라 이들이 형성되는 프로세스는 독립적이다(Crider 등, 1983).

창의시스템과
개인의 능력 개발

지적한 바와 같이 창의시스템은 창의능력 3요소의 상호작용으로 창의능력을 발현한다. 또한 파워의 5속성은 행동의 가치화를 통해 목적달성능력을 만들어 내고, 가치측정 프로세스와 상호작용으로 욕구와 감정과 같은 내적 요소를 창출하고, 동기나 정서를 만들어 내어 목적지향적 행동을 유발한다. 여기서는 창의능력 3요소의 상호작용으로 창의능력이 창출되는 프로세스와 개인의 능력과 정서지능이 형성되는 메커니즘에 대해서 알아보기로 한다.

5.1 창의시스템과 개인의 창의능력 개발

파워의 5속성은 본질적으로 창의능력을 가지고 있다. 예로써 파워의 창조속성은 독창적인 것, 새로운 것, 창안, 진기함과 상상력을 추구하는 능력을 만들어 낸다. 파워의 결합 및 지배속성은 각각 수평적 결합과 하향적 결합을 통해 새로운 것을 창출한다. 그러나 파워의 5속성은 스스로 이러한 창의능력을 발현하는 것은 아니다. 왜냐하면 파워의 5

속성은 선천적인 것이지만 개인의 내면에 본능의 형태나 잠재적 귀속으로 존재하기 때문이다.

지적한 바와 같이 개인의 창의시스템은 창의능력 3요소 즉, 창의성, 자아실현 경향성 및 파워 5속성으로 구성된다. 또한 자아실현 경향성은 사람의 다중의 심리적 방어막아래 깊이 묻혀있으며 표출되거나 개방 될 수 있는 적절한 조건을 기다리고 있다. 자아실현 경향성은 개인의 생각이나 행동이 파워의 비합리적 조건에 지배되지 않을 경우 개방된다. 따라서 자아실현 경향성의 개방이나 표출조건은 우리가 파워의 비합리적 조건에 지배되지 않는 것이다.

지적한 바와 같이 개인의 창의성은 창의시스템의 핵이므로 창의시스템에서 주도적 역할을 한다. 따라서 개인이 파워의 비합리적 조건에 지배되지 않을 경우 창의성이 우선적으로 개방된다. 개방된 창의성은 자아실현 경향성을 활성화하고, 활성화된 자아실현 경향성은 파워 5속성을 개방한다. 이러한 경우 파워의 5속성은 능률적이거나 동시다발적으로 작용하여 각각 자신의 창의능력을 발현한다. 즉, 파워 5속성은 창의능력은 자아실현 경향성의 개방조건에서 자신의 창의능력을 발현한다.

개인의 창의능력은 근원적 창의능력과 기능적 창의능력으로 구분한다. 근원적 창의능력은 창의성과 자아실현 경향성과 파워속성의 상호작용으로 형성되며, 그 특성은 이들이 형성되는 과정에서 지배적으로 작용한 파워속성에 따라 독창적, 차별적, 공감적, 리더적 및 공감적 창의능력으로 구분된다. 예로써 창의시스템의 상호작용에서 파워의 결합속성이 지배적으로 작용할 경우 공감적 창의능력이 발현한다. 기능적 창의능력은 둘 이상의 근원적 창의능력의 상호작용으로 창출된다.

① **독창적 창의능력**

독창적 창의능력(original creativity)은 창의성과 파워의 창조속성의 상호작용으로 형성된다. 독창적 창의능력은 창조의 기원, 시작(beginning) 또는 원천(source)과 같은 독창성을 이끌어 내는 능력으로써 호기심, 끊임없는 변화추구, 상상력, 모험심 및 전통이나 인습에 얽매이지 않는 자유로운 행동으로 나타난다.

② **차별적 창의능력**

차별적 창의능력(differentiated creativity)은 창의성과 파워의 보존속성의 상호작용으로 형성된다. 차별적 창의능력은 개인의 정체성(identity), 전문성 또는 개성(individuality)과 같은 고유한 가치를 이끌어 내는 능력으로써 분별력, 고유한 행동, 자립적 또는 독립적 행동, 철저한 행동, 포용적 행동, 차별적 행동 및 도덕적 행동으로 나타난다.

③ **공감적 창의능력**

공감적 창의능력(sympathetic creativity)은 창의성과 파워의 결합속성의 상호작용으로 형성된다. 공감적 창의능력은 상호의존성, 수평적 관계, 긍정적 욕구(needs), 의견 일치와 같은 공감적 마인드를 이끌어 내는 능력으로써 긍정적인 자기 이미지 관리, 의사소통, 관계성 관리, 풍부한 유머 감각, 개방적 및 배려적 행동 등으로 나타난다.

④ **리더적 창의능력**

리더적 창의능력(leadership creativity)은 창의성과 파워의 지배속성의 상호작용으로 형성된다. 리더적 창의능력은 다양한 의견의 수렴, 리더십 또는 자신의 사회적 포지션 확립과 같은 지도자적 행동을 이끌어 내는 능력으로써 자신감 넘치는 행동, 용감성, 폭넓고 깊은 관심, 일을 향한 풍부한 에너지, 리더십 창출 등의 행동으로 나타난다.

⑤ 적응적 창의능력

적응적 창의능력(adaptive creativity)은 창의성과 파워의 귀속속성의 상호작용으로 형성된다. 적응적 창의능력은 환경이나 조직에 적응능력, 자기존재의 의미나 삶의 가치추구와 같은 적응적 행동을 이끌어 내는 능력으로써 유연한 행동, 모호함에 대한 인내심, 환경 적응적 행동, 조직에 충성심, 응용능력 창출 등의 행동으로 나타난다.

근원적 창의능력은 결합을 통해 다양한 유형의 기능적 창의능력을 만들어 낸다. 예로써 과학자에게 작용하는 리더적 및 독창적 창의능력은 상호작용을 통해 이들로 하여금 기존의 과학적 원리를 포함할 뿐만 아니라 새로운 과학적 기원이 되는 과학적 원리를 창출하게 한다. 개인의 내면에 근원적 창의능력이 능률적이거나 동시다발적으로 작용할수록 이들은 상호작용을 통해 다양한 기능적 창의능력을 창출한다. 기능적 창의능력은 창의능력이 형성되는 과정에서 우선적으로 작용하는 파워 속성에 내재한다.

개인의 창의시스템은 잠재적 능력으로 존재한다. 따라서 모든 사람에게 이러한 창의능력이 동일하게 발현되는 것은 아니다. 창의시스템의 활성화는 적절한 자기주도적 노력과 개인이 지각한 환경특성에 의존한다. 따라서 앞에서 제시한 창의능력은 모든 사람에게 동일하게 나타나는 것은 아니다. 예로써 어떤 사람에게는 독창적 창의능력이 보다 활성화되고 있으나, 다른 사람에게는 공감적 창의능력이 보다 활성화된다.

5.2 개인의 선·후천적 능력형성과 발현

1. 능력의 개념과 형성

개인의 능력(ability)은 문제해결이나 목적달성의 방법이나 수단을 창출하기 위한 자발적이거나 자율적인 프로세스에 관계한다(이경환, 2015). 지적한 바와 같이 자율적이거나 자발적인 행동은 창의성과 자아실현 경향성에 의존하며, 목적달성 능력이나 문제해결능력은 파워속성을 기반으로 한 행동의 가치화에 의존한다. 따라서 개인의 능력은 창의시스템에 관계한다. 개인의 능력을 개인의 재능이라고도 한다.

행동의 가치화는 지적 프로세스의 의식적 자각에 기초한 판단이며, 이것에 의해 판단의 표준 즉, 가치가 형성되고, 평가를 요구하는 상황에 적용된다. 행동의 가치화는 지적 프로세스를 포함한다(Dewey, 1939). 사람의 지적 프로세스는 학습스키마에 의존한다. 학습스키마는 기억된 추상적인 지식구조로서 사람으로 하여금 주어진 대상에 대해 정보를 조직화하고 해석하게 하게 한다. 학습스키마는 개인의 후천적 경험이나 지식을 기반으로 한 지적 능력이나 프로세스에 관계한다. 따라서 개인의 능력 개발은 창의시스템과 학습스키마의 지식과 경험의 상호작용에 의해서 형성된다(이경환, 2015).

<그림 5-1>은 창의시스템과 학습스키마의 상호작용에 의한 개인의 능력이나 재능이 형성되는 프로세스를 나타낸다.

<그림 5-1>에서와 같이 개인의 경험과 지식은 학습스키마를 창출하고, 창의시스템과 상호작용으로 지각 대상에 대한 정보를 조직화 하고 해석하는 지적 프로세스를 만들어 낸다. 창의시스템은 창의능력 3요소의 상호작용으로 근원적 창의능력을 만들어 내고, 이들은 학습스키마와 결합하여 개인의 재능을 창출한다.

그림 5-1 개인의 재능/능력 형성프로세스

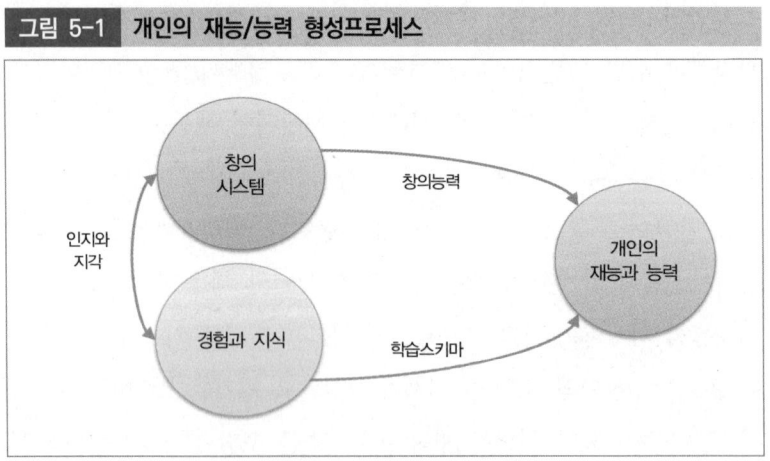

2. 근원적 및 기능적 재능

사람의 재능은 재능형성의 기반이 되는 근원적 창의능력에 따라 독창적, 차별화, 공감적, 리더적 및 적응적 재능으로 구분되며 이들을 근원적 재능이라 한다.

① 독창적 재능

독창적 재능은 독창적 창의능력과 개인의 학습스키마의 상호작용으로 형성된다. 독창적 재능은 다른 어떤 것에 유래하지 않고 자체에 기원을 가진 아이디어를 산출하는 소질이나 능력이다. 개인의 독창적 재능의 유형은 개인의 학습스키마의 유형에 의존한다. 예로써 기계공학 분야의 학습스키마를 가지고 있을 경우 기계공학 분야에서 독창적 재능을 발현한다.

② 차별적 재능

차별적 재능은 차별적 창의능력과 개인의 학습스키마의 상호작용으로 형성된다. 차별적 재능은 정체성을 창출하고 계승하고 전통을 확립하고 역사성을 만들어 내는 소질이나 능력이다. 차별적 재능의 유형은 개인의 학습스키마의 유형에 의존한다. 예로써 미술 분야의 학습스키마를 가지고 있을 경우 차별화되거나 개성적인 화가로 성장한다.

③ 공감적 재능

공감적 재능은 공감적 창의능력과 개인의 학습스키마의 상호작용으로 형성된다. 공감적 재능은 관계동기를 유발하고 공감대를 형성하여 공감적 관계를 촉진하여 수평의 질서를 만들어 내는 소질이나 능력이다. 공감적 재능의 유형은 개인의 학습스키마의 유형에 의존한다. 예로써 기술개발 분야의 학습스키마를 가지고 있을 경우 고객이 공감할 수 있는 신제품이나 서비스를 창출한다.

④ 리더적 재능

 리더적 재능은 리더적 창의능력과 개인의 학습스키마의 상호작용으로 형성된다. 따라서 리더적 재능은 집단의 욕구나 가치를 수렴하여 리더십을 창출하는 소질이나 능력이다. 리더적 재능의 유형은 개인의 학습스키마의 유형에 의존한다. 예로써 마케팅 분야의 학습스키마를 가지고 있을 경우 고객의 욕구나 가치를 수렴하여 시장에서 선도할 수 제품전략을 효과적으로 수행한다.

⑤ 적응적 재능

 적응적 재능은 적응적 창의능력과 개인의 학습스키마의 상호작용으로 형성된다. 적응적 재능은 환경에 적응하고 다른 사람의 정서에 자신의 감정을 귀속시키어 지배와 귀속의 수직의 질서를 창출하는 소질이나 능력이다. 적응적 재능의 유형은 개인의 학습스키마의 유형에 의존한다. 예로써 요리 분야의 학습스키마를 가지고 있을 경우 요리사로서 자신의 직업을 자랑스럽게 생각하고 이 분야에서 최고의 요리사가 되고자 한다.

 사람의 과학적 또는 예능적 재능과 같은 다양한 기능적 재능은 근원적 재능의 결합에 의해서 창출된다. 예로써 공감적 재능에 의한 공감 능력과 독창적 재능에 의한 창의적 능력의 결합은 예능적 재능이 창출되고, 공감적 재능에 의한 수평의 질서와 리더적 및 적응적 재능에 의한 수직의 질서는 논리적 재능을 창출한다.

창의시스템과 학습스키마에 의해서 형성된 근원적 재능이나 기능적 재능은 이들이 형성될 때 우선적이거나 지배적으로 작용한 파워속성에 기억된다. 왜냐하면 지적한 바와 같이 파워속성은 기억기능을 가지고 있기 때문이다. 예로써 차별적 재능은 창의시스템과 파워의 보존속성의 상호작용에 의해서 형성된다. 따라서 차별적 재능은 파워의 보존속성에 기억된다. 파워속성에 기억된 근원적 재능이나 기능적 재능은 후손에게 유전된다. 즉, 부모의 능력이나 재능은 파워속성에 의해서 후손에게 유전된다.

지적한 바와 같이 기억은 감각기관으로부터 정보를 받아드리고 사용 가능한 형태로 변환하고 조직화 하여 저장하고 정보를 검색하는 것에 관계한다. 또한 파워의 5속성은 개인의 내면에 본능의 형태나 잠재적 귀속으로 내재하며, 자아실현 경향성의 개방조건에서 활성화된다. 따라서 파워속성에 기억된 재능은 자아실현 경향성의 개방조건에서 발현한다.

<그림 5-2>는 개인의 근원적 재능과 기능적 재능형성 프로세스를 나타내고 있다.

그림 5-2 근원적 창의능력과 개인의 재능창출 프로세스

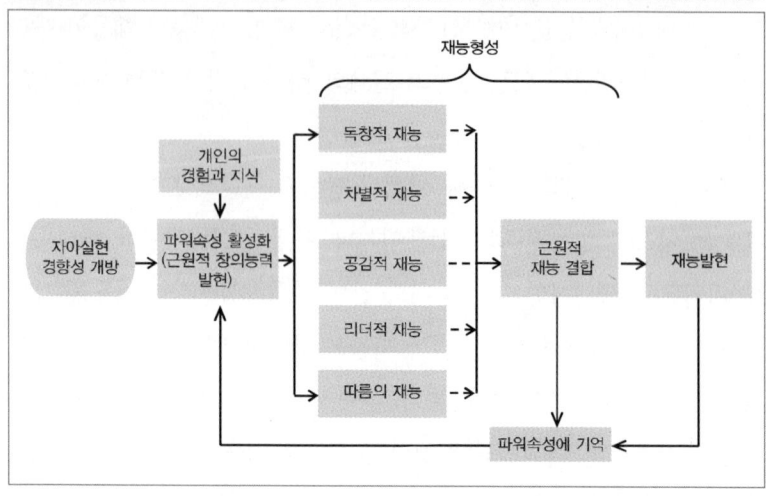

<그림 5-2>에서와 같이 개인의 재능은 자아실현 경향성의 개방으로 발현된 근원적 창의능력과 개인의 경험과 지식이 결합하여 형성 된다. 또한 형성된 재능은 재능형성에서 주도적으로 작용한 파워속성에 기억된다. 따라서 재능의 형성과 발현은 자아실현 경향성의 개방으로부터 시작된다. 우리는 부모의 음악적 재능이나, 운동능력과 같은 재능이 자식에게 나타나는 것을 흔히 목격한다. 그러나 부모로부터 유전된 재능이나 능력은 개인의 창의시스템이 활성화 될 때 발현한다.

5.3 창의능력과 정서지능 개발

1. 정서의 개념과 역할

지적한 바와 같이 정서는 감정이나 느낌을 중심으로 형성된 방향지향적 프로세스나 능력이다. 감정은 사람이나 사물을 향한 느낌이므로 정서는 사람들이 겪는 넓은 의미의 느낌이나 감정을 의미한다. 예로써 사람은 일상에서 즐거움, 슬픔, 사랑, 분노, 짜증, 두려움과 같은 느낌이나 감정을 경험하면서 살아가는데 이러한 것들을 흔히 정서라고 한다.

정서는 우리가 감정과 함께 생리적, 인지적 또는 행동적 요소를 포함한다(Lazarus, 1991).

정서의 생리적 요소란 정서는 외부자극에 대한 생리적 반응에 관계하는 것을 의미한다. 예로써 숲에서 곰을 보았을 때 심장 박동이 빨라지거나 호흡의 증가는 곰에 대한 두려운 정서를 형성한다.

정서의 인지적 요소란 정서는 인지활동에 따라 달라지는 것에 관계한다. 예로써 아내가 던진 촌평을 비난으로 해석하는 사람은 우울해질 것이고, 불공평하다고 받아들이면 화가 날 것이며, 농담으로 받아들이면 재미있어 할 것이다.

정서의 행동적 요소는 상황에 대한 실제적 또는 잠재적 반응으로서 기능적인 것을 의미한다. 정서가 기능적이라는 것은 정서는 목적지향적인 행동에 관계한다. 예로써 공포를 느낄 때 우리는 도피하려고 한다. 어떤 사람이 우리에게 불공평한 짓을 할 때 우리는 되갚아준다.

정서는(학습을 통해) 거의 어떤 자극과도 결합할 수 있으며 장기간 또는 단기간도 존재할 수 있다. 정서는 추동보다 강하다. 왜냐하면 추동상태에 상관없이 사람의 행동을 야기하는데 필요한 것은 정서상태이기 때문이다. 예로써 자동차를 두려워하는 사람들은 배고프다든가 목이 마르다 에 관계없이 다가온 자동차를 피한다(Tomkins, 1970).

인간의 삶에서 정서를 느끼거나 표현할 수 없다면 인간의 삶은 무미건조하게 될 것이다. 정서는 인간의 삶을 흥미롭게 할 뿐만 아니라 인간 생존을 위한 다음의 기능을 수행한다.

① 정서는 행동을 위해 인간을 준비시킨다.
정서는 외적 자극에 대한 인간의 행동 반응을 연결 한다. 예로써 사람들은 곧 닥쳐올 심각한 위험에 직면할 경우 공포는 신체가 재빨리 강력한 행동을 하도록 준비시킨다.

② 정서는 미래의 행동을 구체화 한다.
정서는 미래에 적절한 반응을 만드는데 도움이 되는 정보학습을 촉진한다. 예로써 우리가 불쾌한 경험을 할 때 일어나는 정서적 반응은 미래의 유사한 상황을 회피하게 한다. 또한 즐거운 정서는 이전의 행동을 강화하는 요인으로 작용하여 개인으로 하여금 미래에 유사한 상황을 추구하게 한다.

③ 사회적 상호작용을 규제하게 한다.
우리가 경험하는 정서는 언어적 또는 비언어적 행동을 통해 의사소통을 하는 것처럼 관찰자에게 흔히 명백하게 알려진다. 이러한 행동은

관찰자에게 신호로 작용하여 이들로 하여금 우리가 경험한 것을 보다 잘 이해할 수 있게 하고 미래의 행동을 예측할 수 있게 한다. 따라서 정서는 보다 효과적이고 적절한 사회적 상호작용을 촉진한다. 예로써 분노는 다른 사람으로 하여금 당신의 한계와 요구를 알게 해준다. 적당한 상황에서 작은 분노를 표현하는 것은 가끔은 사회적 상호작용을 향상시키기도 한다.

2. 정서지능의 개념과 형성

우리는 일상에서 의식적이거나 무의식적으로 정서를 조절하거나 절제하고 표현하여 목적달성이나 문제를 해결하고자 한다. 예로써 특정인은 화가 날 경우에도 화를 참고, 인내하여 이성적으로 상황에 대응하고자 한다. 때로는 즐거움이나 기쁨이 넘칠 경우 과도하게 즐거움이나 기쁨을 표현하지 않고 상대를 배려하고자 한다. 따라서 정서를 효과적으로 조절하고 절제된 방법으로 표현하는 것은 목적달성이나 문제해결을 위한 수단이 된다.

그러나 모든 사람들이 자신의 정서를 효과적으로 조절하고 절제된 방법으로 표현하여 목적달성이나 문제해결을 도모하는 것은 아니다. 지나치거나 과도한 정서적 표현은 일을 그르칠 수도 있다. 정서의 핵심측면은 평정이며, 정서는 산만하게 일어나는 사건이라는 것 보다 모양이 잡힌 반응이며, 삶에서 일어나는 문제를 해결하려는 대응과정과 밀접히 관계된다. 예로써 정서의 표현은 신호로 작용하거나 행동을 위한 준비태세로 작용한다. 정서적 표현은 무슨 일이 일어날 것인지에 관한 정보를 다른 사람에게 전달한다. 정서적 표현은 생존 확률에 영향을 미친다(Lazarus, 1991).

정서지능(emotional intelligence)은 정서를 효과적으로 조절하고 절제된 방법으로 표현하여 자신의 목적달성이나 문제를 해결하는 능력에 관계한다. 즉, 정서지능은 정서를 기반으로 목적달성이나 문제해결 능력을 의미한다. 정서지능이 높은 사람은 자신의 정서를 인식하고, 적절하게 조절하는 능력과 공감과 감정이입을 통하여 타인의 정서를 인식하고, 관계관리를 효과적으로 하고, 부정적인 정서로부터 쉽게 벗어 날 수 있다. 정서지능은 개인차가 있으며, 발달과정을 거친다(Salovey 등, 1990).

지적한 바와 같이 정서는 파워속성과 가치측정 프로세스의 상호작용에 의해서 형성된다. 그러나 정서에 의해 유발된 행동이 목적달성이나 문제해결을 위한 방법이나 수단이 되기 위해서는 행동의 가치화가 요구된다. 왜냐하면 지적한 바와 같이 행동의 가치화는 목적달성이나 문제해결을 위한 방법이나 수단을 만들어 내기 때문이다.

우리는 정서에 의해서 유발된 행동의 가치화를 정서의 가치화라고 한다. 지적한 바와 같이 행동의 가치화는 행동의 지적 프로세스를 포함하고, 지적 프로세스는 학습스키마에 의존한다. 따라서 정서지능 형성프로세스는 정서형성 프로세스(파워속성과 가치측정 프로세스)와 학습스키마의 상호작용에 의존한다.

<그림 5-3>은 정서형성 프로세스와 학습스키마의 상호작용에 의한 정서지능 형성프로세스를 보이고 있다.

그림 5-3　정서지능 형성프로세스

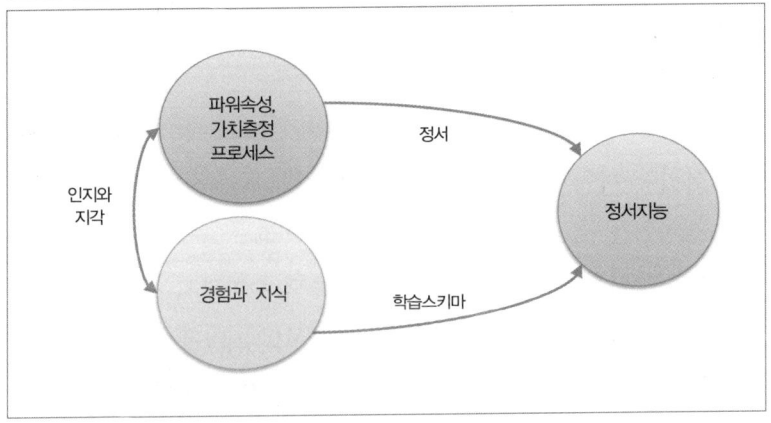

<그림 5-3> 정서지능 형성프로세스에서 개인의 경험과 지식은 학습스키마를 창출하고, 파워속성과 가치측정 프로세스와 상호작용으로 내·외적 자극에 대해 정보를 조직화 하고 해석하는 지적 프로세스를 만들어 낸다. 또한 파워속성은 가치측정 프로세스와 상호작용을 통해 정서를 창출한다. 파워속성과 가치측정 프로세스에 의해서 창출된 정서는 학습스키마와 상호작용으로 정서지능을 창출한다.

3. 근원적 및 기능적 정서지능

정서지능은 정서지능이 형성되는 과정에서 지배적으로 작용한 파워속성에 따라 도전적 능력, 자기관리 능력, 관계관리 능력, 사회적 관리 능력 및 환경적응 능력으로 구분하며, 이것을 근원적 정서지능이라 한다. 근원적 정서지능은 정서지능의 형성과정에서 지배적으로 작용한 파워속성에 기억된다.

① 도전적 능력

도전적 능력은 파워의 창조속성과 가치측정 프로세스의 상호작용으로 형성된다. 파워의 창조속성은 독창적인 것, 위험 감수, 모험심, 진기함과 상상력을 추구하는 능력 등이다.

도전적 능력은 창의적 방법으로 위험을 감수하면서 새로운 도약으로 나아가는 소질이나 능력이며 기업가 정신의 기반을 제공한다. 도전적 능력은 자신의 감정, 능력, 한계, 가치, 목적을 인식하게 한다. 자기관리 능력이 높은 사람은 자신에 대해 솔직하다. 이들은 자신의 결정 때문에 다른 사람의 놀림감이 되어도 솔직하다.

② 자기관리 능력

자기관리 능력은 파워의 보존속성과 가치측정 프로세스의 상호작용으로 형성된다. 파워의 보존속성은 고유한 가치나 정체성을 추구하는 능력이다.

자기관리 능력은 자신의 정서를 조절하는 능력으로써 인식된 감정을 적절하게 처리하고 변화시킬 수 있는 능력을 의미한다. 자기 통제력이 낮은 사람은 충동적이고, 무신경하고, 육체적이고, 위험한 행동을 좋아하며, 근시안적이며, 말보다 행동으로 자신을 표현한다. 그러나, 자기 통제력이 높은 사람은 쾌락추구를 지연하고, 장기적 이익을 생각하고, 분별력 있으며, 조심성이 있고, 행동보다 말로 자신을 표현하고, 타인의 고통과 이해에 예민한 경향이 있다.

③ 관계관리 능력

관계관리 능력은 파워의 결합속성과 가치측정 프로세스의 상호작용으로 형성된다. 파워의 결합속성은 사람들 간에 평등한 결합을 추구하는 능력이다. 따라서 관계관리 능력은 관계동기를 유발하고 공감대를 형성하여 자신의 정서를 조절하여 자기통제력을 만들어 낸다. 자기통제력이 높은 사람은 쾌락추구를 지연하고, 장기적 이익을 생각하고, 조심성이 있고 행동보다 말로 표현하고, 타인의 고통과 이해에 예민하다.

또한 관계관리 능력은 다른 사람과 효과적으로 인간관계를 유지하는 능력을 의미하며, 타인의 정서를 조절하는 능력을 포함한다. 관계관리 능력은 정서를 활용하는 능력으로써 추리, 문제해결, 창의적 과제 등에서 적극적으로 정서를 활용하게 한다. 정서는 특정의 문제해결에서 보다 적극적인 정신자세를 창출한다.

④ 사회적 관리능력

사회적 관리능력은 파워의 지배속성과 가치측정 프로세스의 상호작용으로 형성된다. 파워의 지배속성은 다른 사람을 지휘하거나 통제하고자 하는 능력이다. 따라서 사회적 관리능력은 다른 사람의 정서를 인식하는 능력이며, 다른 사람의 정서적 반응을 능숙하게 인식하고, 그 반응에 감정이입으로 반응하는 능력을 포함한다.

사회적 관리능력은 리더의 리더십에서 중요한 요소이다. 특정 순간에 사람들이 느끼는 것에 동조함으로, 리더가 그것에 걸 맞는 말과 행동으로 두려움을 누그러뜨리거나, 분노를 달래주거나, 유쾌한 기분에 동참하는 것에 관계한다.

⑤ 환경적응 능력

환경적응 능력은 파워의 귀속속성과 가치측정 프로세스의 상호작용으로 형성된다. 파워의 귀속속성은 보다 큰 힘에 순응하거나 종속하고자 하는 능력이다. 따라서 환경적응 능력은 자신이 소속한 조직이나 집단에 효과적으로 적응하고, 다른 사람의 정서에 자신의 감정을 귀속시키어 섬김의 인간관계를 유지하는 소질이나 능력이다.

근원적 5정서지능은 결합하여 다양한 기능적 정서지능을 창출한다. 예로써 도전적 능력에 의한 창의적 및 위험감수 능력과 사회적 관리능력에 의한 리더십이 결합할 경우 기업가적 능력이 창출된다. 관계관리 능력에 의한 자기통제력과 환경적응 능력에 의한 섬김의 인간관계는 봉사와 헌신의 능력을 창출한다.

지적한 바와 같이 정서는 파워속성과 가치측정 프로세스의 상호작용에 의해서 형성된다. 파워의 5속성이 능률적이거나 동시다발적으로 작용할 경우 정서형성은 보다 활성화되며 개인은 완전기능정서로 나간다. 완전기능정서는 근원적 정서지능이 모두 개발되어 개인으로 하여금 자신의 정서적 잠재능력을 모두 개발하고 정서가 이루고자 하는 것에서 최선의 것으로 나아가게 한다. 또한 파워속성은 자아실현 경향성과 창의성과 함께 창의시스템을 구성한다. 개인의 창의시스템이 활성화될 경우 파워 5속성은 능률적이거나 동시다발적으로 작용한다. 따라서 완전기능정서는 창의시스템의 개방에 의존한다.

지적한 바와 같이 가치측정 프로세스는 준거의 틀에 따라 유기체적 및 사회적 가치측정 프로세스로 구분된다. 유기체적 및 사회적 가치측정 프로세스는 각각 자아실현 경향성과 가치의 조건을 준거의 틀로 한다. 가치의 조건이 자아실현 경향성이 지향하는 가치와 일관성을 가질 경우 개인의 정서적 행동은 보다 안정적으로 나타난다. 왜냐하면 이러한 경우 개인의 개인적 및 사회적 자아는 조화롭기 때문이다. 그러나 이들 간에 일관성이 결여 될 경우 개인의 정서적 행동은 불안정을 흔히 보인다.

<그림 5-4>는 개인의 근원적 및 기능적 정서지능 형성프로세스를 나타내고 있다.

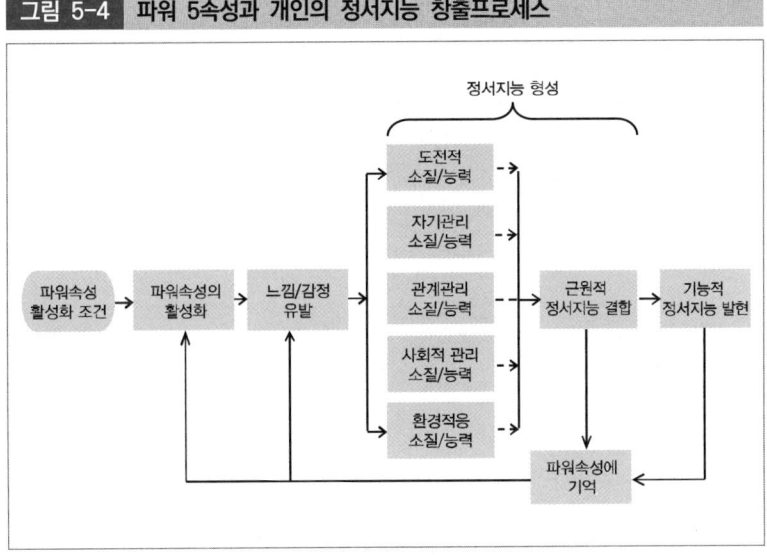

그림 5-4 파워 5속성과 개인의 정서지능 창출프로세스

지적한 바와 같이 파워의 5속성은 개인의 내면에 본능의 형태나 잠재적 귀속으로 내재한다. 이러한 파워속성은 자아실현 경향성에 의해서 능률적이거나 동시다발적으로 작용한다. 따라서 파워속성에 내재한

근원적 정서지능과 기능적 정서지능은 파워속성이 활성화 될 때 발현하여 자신의 역할을 수행한다.

정서적으로 성숙한 인간의 행동은 자아실현을 위해 노력하고, 안정감을 가지고 있으며, 건전한 도덕적 생활과 사회적 규범을 위반하지 않으며, 목적을 가지고 이를 달성하기 위해 최선을 다한다(Mouly, 1967). 따라서 개인이 효과적인 방법으로 자아실현으로 나아가기 위해서는 자신의 정서지능을 개발하는 것이 바람직하다.

[제2부]

창의능력 개발과
자아실현
자유의지 순환

창의능력 개발 5단계와 자기정화

개인은 창의시스템의 개방에 따라 창의능력 개발 5단계 즉, 잠재적, 자기주도적, 완전기능, 문제해결 및 완전자아실현 능력단계로 나아간다. 창의시스템은 선천적인 것이므로 개인에게 창의시스템의 개방을 방해하는 힘이 작용하지 않을 경우 개인은 창의능력 개발 5단계를 거쳐 완전자아실현을 성취한다. 여기서는 창의능력 개발 5단계의 행동특성과 각 단계로 나아가는 원리와 창의시스템의 개방을 방해하는 힘과 이것을 제거하는 방법에 대해서 알아보기로 한다.

6.1 창의능력 개발 5단계

지적한 바와 같이 사람의 창의능력은 창의시스템에 의존하고 창의시스템은 개인에게 잠재적 능력으로 존재한다. 개인의 행동특성은 창의시스템의 활성화 수준에 따라 잠재적 능력단계, 자기 주도적 능력단계, 완전기능 능력단계, 문제해결 능력단계 및 완전자아실현 능력단계로 나아간다. 잠재적 단계에서 자아실현 단계에 이르는 일련의 단계를 창의능력 개발 5단계 또는 자아실현 능력 개발 5단계라고 한다.

1. 잠재적 능력 단계

사람은 태어날 때 자아실현 경향성이 80% 정도 개방되어 있다. 이러한 자아실현 경향성은 사람으로 하여금 생리적으로, 심리적으로, 정신적으로 최선으로 나아가고자 내재적 동기를 만들어 내고 낸다. 그러나 자아실현 경향성의 개방을 방해하는 힘(예 : 파워의 비합리적 조건)이 작용할 경우 개인의 창의시스템은 활성화 되지 않는다. 이러한 경우 개인은 잠재적 능력단계에 진입한다. 잠재적 능력단계는 개인의 창의시스템이 활성화 되지 않고 있는 단계이다.

지적한 바와 같이 개인적 자아는 자아실현 경향성을 준거의 틀로 하여 형성된다. 개인적 자아는 개인의 이상에 관계한다. 잠재적 능력단계는 자아실현 경향성이 활성화 되지 않고 있으므로 개인적 자아의 형성이 미흡하다. 따라서 이 단계에 속한 개인은 자신이 나아갈 목적이 불분명하며, 자신이 스스로 결정하는 것이 아니라 다른 사람의 생각이나 가치 즉, 가치의 조건에 흔히 지배된다.

사람의 재능이나 가능성은 파워속성에 의해서 후손에게 전달되며, 이들은 개인의 창의시스템이 활성화 될 경우 후손에게 재능이나 소질로 나타난다. 잠재적 능력단계는 개인의 창의시스템이 활성화 되지 않아 선천적 재능이나 가능성이 발현되지 않고 있는 단계이다. 개인이 어린이와 같은 순수하고 순박한 마음을 가지거나 자신에게 작용하고 있는 파워의 비합리적 조건을 제거할 경우 창의시스템이 활성화되고,

선천적 재능이 발현되며, 자기주도적 능력단계로 나아간다.

2. 자기주도적 능력단계

① 자아와 의지형성

지적한 바와 같이 개인의 생각이나 행동이 파워의 비합리적 조건에 지배 되지 않을 경우 자아실현 경향성은 개방되고, 자아실현 경향성이 준거의 틀로 작용하여 개인적 자아를 형성한다. 그러나 우리가 파워의 비합리적 조건에 지배될 경우 자아실현 경향성은 개방되지 않으므로 우리의 생각이나 행동은 가치의 조건에 흔히 지배된다. 이러한 경우 가치의 조건은 우리의 사회적 자아를 형성한다.

의지(will)는 특정의 방향이나 목적으로 나아가기 위해 자신을 조직화하는 능력이다. 지적한 바와 같이 자아는 자신의 본질을 지속적으로 깨닫게 하고 이것을 구현하기 위해 주도적 역할을 한다. 자아의 이러한 역할은 의지를 만들어 낸다. 즉, 자아는 자신의 본질을 구현하기 위하여 의지를 만들어 낸다(이경환, 2015).

② 자유의지와 학습의지

의지는 의지형성의 기반이 되는 자아의 유형에 따라 학습의지와 자유의지로 구분한다. 학습의지는 학습된 자아 즉, 사회적 자아를 기반으로 형성되고, 자유의지는 개인적 자아를 기반으로 형성된다. 따라서 학습의지는 사회적 자아실현으로 이끌고, 자유의지는 개인적 자아실현으로 나아가게 한다(이경환, 2014).

자아실현 경향성의 개방에 따라 개인적 자아의 정체성이 강화될수록 자아는 고유성(uniqueness), 동일성(sameness), 통합성(integration) 및 주체성(subjectivity)으로 특정된다(Ericksion, 1968).

자아 고유성은 개인을 차별화하는 가치로서 정체성을 의미한다. 자아 고유성은 개인으로 하여금 차별화된 목적을 만들어내게 한다. 목적 지향적인 행동은 합리적인 행동이다. 따라서 개인적 자아의 형성은 합리적이면서 차별화된 행동을 유발한다.

자아의 동일성은 자아의 여러 역할 속에서 통일된 자아로서 정체성을 의미한다. 자아 동일성은 개인의 내면의 욕구와 표출된 욕구를 일관되게 하고, 개인적 자아와 사회적 자아가 조화로운 관계를 만들어낸다(이경환, 2015).

자아 통합성은 종합적으로 전체를 파악하려고 하는 의미로서 정체성이며, 다른 사람과 관계에서 자각되고 평가되는 상호적 자아(mutual self)을 의미한다. 자아 통합성은 개인으로 하여금 여러 가지 개인적 특성에 있어서 다른 사람과 차이가 있으면서도 개인으로서 이러한 특성을 조화롭게 통합하게 한다.

자아의 주체성은 자신을 구별된 자주적인 개인으로서 정체성을 의미한다. 자아 주체성은 개인으로 하여금 자주적인 행동을 유발하며, 외부로부터 역기능적인 힘이 작용할 경우에도 이것을 극복하고 자발적이거나 자율적인 행동으로 자신의 목적을 달성하고 한다.

③ 자아실현 자유의지와 자기주도적 행동

개인적 자아의 고유성, 동일성, 통합성 및 주체성은 개인으로 하여금 완전자아실현의 가치를 지각하게 하고, 개인적 자아와 사회적 자아를 조화롭게 한다. 개인적 및 사회적 자아가 조화로울 경우 자아실현 자유의지가 형성된다. 자아실현 자유의지는 개인으로 하여금 자아실현의 인성을 발현하게 하고 자기주도적 행동을 유발한다. 이러한 자아실현 자유의지는 개인적 및 사회적 자아 모두를 실현한다. 개인적 및 사회적 자아 모두를 실현하는 것을 완전자아실현이라 한다(이경환, 2015).

자기주도적 행동은 스스로 자신이 할 일을 찾아내고, 목적을 설정하여 목적 달성을 위한 자원을 확보하고 즉, 자기 조직화를 하고 실행하여 결과를 평가한다. 자아실현 자유의지에 의한 자기주도적 행동은 개인으로 하여금 자기주도적 능력단계에 진입하게 한다. 자기주도적 능력단계는 개인으로 하여금 환경이나 상황에 무관하게 자기 기쁨이나 만족을 위해 자아실현 자유의지가 지향하는 행동을 만들어 낸다.

지금까지 지적한 바와 같이 우리의 자아실현 경향성이 개방될수록 사회적 자아와 조화로운 개인적 자아가 흔히 형성된다. 이러한 개인적 자아의 형성은 개인으로 하여금 자아실현 자유의지를 형성하게 하여 자기주도적 능력단계에 진입하게 한다. 개인의 자아실현 자유의지가 성장할 경우 개인은 완전기능 능력단계에 진입한다.

3. 완전기능 능력단계

① 자아실현 자유의지와 성취지향적 행동

자아실현 자유의지는 개인으로 하여금 환경이나 상황에 무관하게 자기 기쁨이나 만족을 위해 자아실현으로 나아가는 행동을 지속적으로 유발한다(이경환, 2015). 즉, 자아실현의 자유의지는 자아실현을 위한 목적지향적 행동을 유발한다. 목적지향적 행동은 합리적 행동이다. 자아실현의 자유의지는 행동의 합리성을 만족한다.

자아실현의 자유의지는 자아실현으로 나아가는 행동을 지속적으로 유발한다. 특정의 행동을 지속적으로 유발하는 것은 행동의 일관성을 의미한다. 자아실현의 자유의지는 행동의 일관성을 만족한다.

자아실현의 자유의지는 완전자아실현으로 나아가게 한다. 완전자아실현은 개인적 자아와 사회적 자아 모두를 실현하는 것이다. 개인적 및 사회적 자아 모두의 실현은 이들이 조화로울 경우에 이루어진다(이경환, 2015). 개인적 자아와 사회적 자아의 조화로움은 행동의 긍정성을 의미한다. 자아실현의 자유의지는 행동의 긍정성을 만족한다.

자아실현의 자유의지는 자기 기쁨이나 만족을 위해 자아실현 경향성에 관계한다. 자아실현 경향성은 최선으로 나아가기 위한 내재적 동기를 유발한다. 내재적 동기에 의한 행동은 자발적이다. 자아실현의 자유의지는 행동의 자발성이나 자율성을 만족한다. 따라서 자아실현 자유의지는 행동의 합리성, 일관성, 긍정성 및 자율성을 유발한다.

개인행동의 합리성, 일관성, 긍정성 및 자율성을 성취행동 4요소라고 하고, 성취행동 4요소를 만족하는 행동을 성취행동이라고 한다. 사람이 성취행동을 추구할 경우 파워의 비합리적 조건이 제거되고 자아실현 경향성이 보다 활성화되어 개인의 창의시스템이 보다 개방된다(이경환, 2015). 즉, 자아실현 자유의지는 사람으로 하여금 성취행동을 추구하게 하고 자아실현 경향성을 활성화하여 자아실현 자유의지를 성장시킨다.

② 자아실현 자유의지의 성장과 완전기능행동

지적한 바와 같이 생태계의 개체들은 자신의 정체성에 따라 고유한 기능이나 역할을 한다. 생태계의 개체들의 이러한 역할은 자신에게 작용하는 파워속성의 패턴을 결정한다. 그러나 사람은 자신의 의지에 따라 자기에게 작용하는 파워속성의 패턴을 선택한다. 예로써 조직에 충성하고자 하는 의지는 파워의 귀속속성을 우선적으로 작용하게 하며, 새로운 기술이나 제품을 개발하고자 하는 의지는 파워의 창조속성을 우선적으로 작용하게 한다(이경환, 2011).

자아실현 자유의지의 성장은 자아실현 경향성을 더욱 활성화하고 파워의 5속성을 능률적이거나 동시다발적으로 작용하게 한다. 완전기능능력 단계는 자아실현 자유의지의 성장과 함께 개인의 잠재적 능력이 발현되는 단계이다. 자아실현 자유의지에 따라 개인의 자아실현 경향성이 개방될수록 파워의 5속성의 작용은 보다 활성화 된다. 개인의 선천적 및 후천적 재능은 파워의 5속성에 내재하므로 파워의 5속성이 능률적이거나 동시다발적으로 작용할수록 개인의 잠재적 재능이 발현되고 완전기능행동으로 나아간다.

③ 완전기능행동과 재능개발

완전히 기능하는 사람은 자아실현 과정에 있거나, 이상적 자아와 실제적 자아의 적합을 경험하거나, 잠재적 가능성과 능력을 활발히 개발하는 사람이다. 자아실현과 완전기능은 긴밀히 관계되고 있으나 이들 간에는 미묘한 차이가 있다. 자아실현은 사람들이 도달하고자 언제나 노력하는 목적을 의미한다. 이에 비하여 완전기능은 자아실현 과정에서 필요한 단계이다. 따라서 완전기능은 자아실현으로 가는 과정이며, 자아실현을 위한 동기를 제공한다(Sanudra 등, 2000).

지적한 바와 같이 자아실현의 자유의지는 사회적 자아와 조화로운 개인적 자아에 의해서 형성된다. 또한 자아는 자신의 본질을 지속적으로 깨닫게 하고 이것을 구현하기 위해 주도적 역할을 한다. 사회적 자아와 조화로운 개인적 자아의 성장은 완전자아실현으로 이끈다.

지적한 바와 같이 창의시스템은 개인의 근원적 창의능력과 기능적 창의능력을 만들어 내고 경험과 지식을 결합하여 다양한 재능을 창출한다. 완전기능 능력단계는 이러한 창의능력이 창출될 뿐만 아니라 개인의 정서지능이 개발된다. 이 단계에서 자아실현의 자유의지가 성숙할 경우 행동의 가치화가 유발되고 문제해결능력 단계로 나아간다.

4. 문제해결능력 단계

지적한 바와 같이 개인의 자아실현 자유의지의 성장은 개인행동에서 성취행동이 촉진되고, 개인의 자아실현 경향성은 활성화된다. 이러한 경우 자아실현 경향성은 준거의 틀로 작용하여 개인적 자아의 정체성은 강화된다. 정체성이 강화된 개인적 자아는 자신의 가치를 구현하기 위해 주도적 역할을 도모한다. 이러한 과정에서 개인은 자신의 목적을 설정하고 목적을 이루어 가는 과정에서 새로운 가치를 획득하고, 다른 사람과 유기적인 관계를 형성하여 자신의 가치를 발산하고자 한다.

다른 사람과 유기적인 관계를 형성하여 자신의 가치의 발산을 효과적으로 하기 위해서는 행동의 가치화가 요구된다. 지적한 바와 같이 행동의 가치화는 가치를 창출하고 이것을 다른 사람이 적용하는 상황을 만들어 내는 프로세스이며, 목적달성이나 문제해결의 능력을 만들어 낸다. 예로써 기업이 제품을 만들고 이것을 고객이 구매하는 상황을 만들어 낼 경우 기업은 이윤목적을 달성한다. 행동은 목적과 목적달성 수단으로 구성된다. 행동의 가치화는 행동의 목적이나 수단의 가치화를 의미하며, 개인으로 하여금 목적달성이나 문제를 해결하게 한다.

행동의 목적이나 목적달성 수단이 창의적, 긍정적, 고객지향적(또는 환경지향적) 및 자율적 결합의 가치를 만족할수록 행동은 보다 가치화되고 문제해결능력은 강화된다. 긍정적, 고객지향적, 독창적 및 자율결합의 가치를 행동의 가치화 조건이라 한다.

① 창의적 가치

창의성은 바람직한 인간의 욕구를 찾는 능력과 함께 이들을 만족시키는 자원, 기술 및 방법을 찾는 능력이다. 창의적 가치는 새로운 도약을 위한 프로세스를 유발한다.

② 긍정적 가치

보다 많은 사람들의 욕구를 만족 시키는 것은 긍정적이다. 예로써 국가의 경제정책이 보다 많은 국민의 경제적 욕구를 만족 시킬수록 긍정적이다. 긍정적 가치는 상생과 협력의 질서를 유발한다.

③ 고객지향적 가치

가치는 선택의 기준이며 선택된 것의 의도된 목적이다. 목적달성이나 문제해결을 위한 프로세스가 자신뿐만 아니라 환경이나 고객이 선호하는 가치를 창출할 경우 덜 위험하다.

④ 자율결합의 가치

자유로운 경쟁은 의도된 경쟁보다 진보가 빠르다(이경환, 2001). 사람들 간에 자율적 결합을 유발하는 가치는 의식적 결합을 유발하는 가치보다 자유로운 경쟁을 유발하므로 진보가 빠르다. 개인의 자아실현 자유의지가 성숙할 경우 개인은 자아실현능력 단계에 진입한다.

우리의 행동이 가치화 조건을 만족할수록 우리는 문제해결 능력단계에 진입하고 사회적 자아를 실현할 뿐만 아니라 개인의 사회적 자아는 개인적 자아와 조화로운 관계에 있다. 이러한 경우 개인은 완전자아실현 능력단계로 나아간다.

5. 완전자아실현 능력단계

지적한 바와 같이 완전기능능력 단계에서 행동의 가치화가 진전될수록 개인적 및 사회적 자아는 더욱 조화로운 관계에 있으며 자아실현 자유의지는 성숙한다. 이러한 경우 개인은 외부 환경과 무관하게 완전자아실현으로 나아간다. 완전자아실현은 개인적 및 사회적 자아 모두를 실현하는 것이다.

지적한 바와 같이 개인적 자아는 개인의 이상을 추구하게 하고 진실된 삶으로 나아가게 한다. 사회적 자아는 가치의 조건에 따라 실제적이거나 현실의 삶에 관계한다. 따라서 완전자아실현은 개인의 개인적

인 삶과 공공적 또는 사회적 삶 모두를 충만하게 하며, 개인의 재능, 능력 및 잠재적 가능성의 모든 사용과 이용을 포함한다. 완전자아실현의 사람들은 완전히 성취되고, 자신의 모든 가능성을 실현한다. 완전자아실현은 자아에 대한 지각을 실체로 전환하는 개인의 동기부여이다.

지적한 바와 같이 파워 5속성은 가치측정 프로세스와 상호작용으로 주어진 상황에서 생존에 가장 적합한 욕구, 동기, 감정이나 정서를 만들어 내고 행동을 유발한다. 동기와 정서는 흔히 서로 뒤얽히어 있으며, 동기는 정서의 원인이 되기도 하고, 정서가 동기의 원인이 될 수도 있다. 예로써 작업일정에 대한 분노는 새로운 직업을 구하기 위한 동기를 만들어 낼 수도 있다. 이전의 여자 친구에 대한 질투는 여자 친구의 룸메이트에게 청혼을 하기도 한다. 따라서 동기와 정서는 밀접하게 관계되고 있다(Zubriggen 등, 2002).

정서와 동기는 독립적으로 일어나지만 서로 간에 수렴하는 현격한 심리적 프로세스이다. 정서는 동기화된 행동을 동반할 수도 있으며, 동기요소로서 활동할 수 있다. 또한 동기화된 행동이 좌절될 경우 정서가 일어날 수 있다. 따라서 동기와 정서는 목적을 달성하기 위한 것이지만 이들의 역할은 다를 뿐만 아니라 이들이 형성되는 프로세스는 독립적이다(Crider 등, 1983).

동기에 의한 행동은 흔히 정서에 의해서 영향을 받아 변화된다. 예로써 사람이 일을 하고자 하는 동기가 즐거운 정서와 함께 할 경우 사람들은 보다 더 일에 몰두한다. 그러나 이러한 동기가 불유쾌한 감정과 함께할 경우 이러한 감정은 일을 방해한다. 따라서 동기와 정서는 협력이나 경쟁관계에 있다.

동기와 정서가 협력할 경우 정서는 동기를 지원한다. 이 경우 동기와 정서는 보다 강한 에너지를 가지고 목적 지향적 행동을 만들어 낸다. 동기와 정서가 경쟁관계에 있을 경우 정서는 동기가 지향하는 행동을 저해할 수도 있다. 그러나 동기와 정서가 경쟁할 경우 이들 중에 보다 영향력이 큰 것(예로써 자신의 생존에 보다 유리하다고 생각되는 것)이 행동을 만들어 낸다(이경환, 2011).

개인적 및 사회적 자아는 조화로운 관계는 창의시스템을 더욱 활성화 하고, 파워의 5속성의 능률적 또는 동시다발적 작용을 유발한다. 동기와 정서는 파워속성과 가치측정 프로세스에 의해서 발현하므로 자아실현 자유의지에 따른 성취행동은 우리에게 완전기능의 동기나 정서를 발현하게 한다. 완전기능의 동기와 정서는 때로는 결합하고 때로는 경쟁하여 우리로 하여금 완전자아실현으로 이끈다.

창의능력 개발 5단계의 특성은 독립적으로 나타나기도 하고 서로 중첩되기도 한다. 그러나 사람의 행동특성에서 특정의 단계특성이 현저히 나타날 경우 해당 단계에 있다. <그림 6-1>은 개인의 창의능력 개발 5단계를 나타낸다.

개인의 창의시스템의 개방은 자아실현 자유의지를 형성하고, 자아실현 자유의지는 창의시스템의 활성화를 촉진하여 개인으로 하여금 창의능력 개발 5단계로 나아가게 한다. 개인의 창의시스템과 자아실현 자유의지는 서로를 강화하는 요소가 된다.

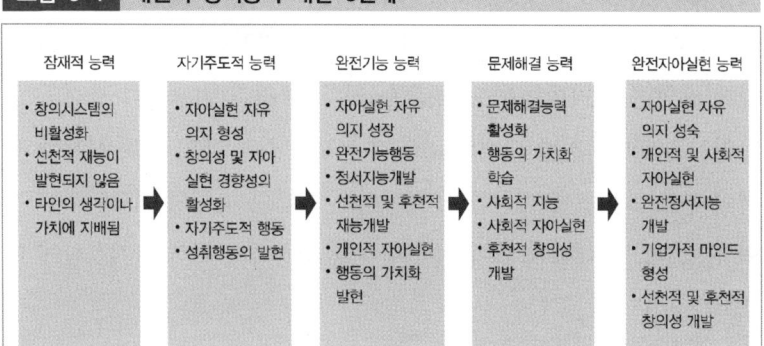

개인의 창의능력은 일생 동안 연속적이고 누적적으로 성장한다. 이러한 과정에서 자아는 새롭게 형성되어 새로운 목적을 설정하고 이것을 구현하고자 한다. 따라서 자아실현은 일회적인 것이 아니라 일생을 통해 이루어지는 연속적인 과정이며, 이것을 위해 개인의 창의시스템은 지속적으로 활성화 되어야 한다.

6.2 자기정화와 창의능력 개발

지적한 바와 같이 사람이 파워의 비합리적 조건에 지배될 경우 창의시스템은 활성화 되지 않으므로 개인은 잠재적 능력단계에 진입한다. 따라서 우리가 창의능력 개발 5단계로 나아가기 위해서는 파워의 비합리적 조건으로부터 자유로워야 한다. 자기정화는 우리에게 작용하는 파워의 비합리적 조건을 제거하는 프로세스를 의미한다.

우리가 파워의 비합리적 조건에 지배되는 원인을 알 경우 우리는 이것에 적합한 자기정화를 도모할 수 있다. 파워의 비합리적 조건의 유발원인은 다양하지만 대개의 경우 가치의 조건과 개인적 및 사회적 자아의 부조화에 크게 기인한다. 여기서는 이러한 파워의 비합리적 조건의 유발원인에 대해서 알아보고, 이것을 제거하기 위한 자기정화에 대해서 논의한다.

1. 가치의 조건과 파워의 비합리적 조건

지적한 바와 같이 자아실현 자유의지는 자아실현 경향성을 준거의 틀로 하여 형성된 개인적 자아에 의존하며, 자아실현 경향성은 표출되거나 개방될 적절한 조건을 기다리고 있다. Rogers(1961)에 의하면 개인이 무조건적 긍정적 존중을 지각할 경우 자아실현 경향성이 표출된다. 무조건적 긍정적 존중의 지각은 개인이 다른 사람으로부터 조건 없이 완전히 인정을 받고 있다고 느끼는 것을 의미한다. 이러한 경우 자아실현 경향성은 준거의 틀로 작용하며 자아실현 자유의지가 형성된다. 즉, 자아실현 경향성은 자신과 접촉하는 것으로부터 자유로울 때 개방된다(Maslow, 1965).

그러나 개인이 언제나 무조건적 긍정적 존중을 받는다는 것은 불가능하다. 부모조차도 자신의 아이들에게 조건적 긍정적 존중을 보인다. 조건적 긍정적 존중은 사람이 특정의 조건을 성취할 경우 다른 사람이 이들을 받아들이는 것에 관계한다. 예로써 부모가 아이에게 좋은 성적은 가치가 있다고 할 경우 아이는 좋은 성적을 얻고자 하며, 좋은 점수를 얻은 아이는 스스로 자신을 좋은 학생이라고 평가한다. 아이가 부모로부터 받는 따뜻함이나 사랑은 아이의 행동이나 어떠한 조건의 성취에 관계한다. 조건적 긍정적 존중은 개인의 준거의 틀이 가치의 조건에 지배되게 한다.

지적한 바와 같이 개인이 가치의 조건 즉, 다른 사람의 평가기준에 지배될 경우, 사람들은 자신의 진실 된 느낌에 대한 타당성을 무시하고 다른 사람으로부터 찬성을 얻기 위한 수단으로써 그들의 평가기준이나 기대치의 관점에서 행동한다. 이러한 경우 개인의 자아실현 경향성은 준거의 틀로 작용하지 않는다. 조건적 긍정적 존중에 의한 가치의 조건은 사람의 생각이나 행동이 파워의 비합리적 조건에 지배되게 한다(Rogers, 1961).

우리가 가치의 조건에 지배되지 않기 위해서는 우리에게 작용하는 조건적 긍정적 존중을 제거하거나 이것으로부터 벗어나야 한다. 사람은 사회적 존재이므로 환경으로부터 유발된 조건적 긍정적 존중을 제거하거나 벗어난다는 것은 거의 불가능하며, 때로는 불필요하다. 조건적 긍정적 존중에서 우리의 창의능력을 발현하기 위해서는 우리에게 작용하는 파워의 비합리적 조건을 자기주도적으로 제거하는 것이 바람직하다.

2. 개인적 및 사회적 자아의 부조화와 파워의 비합리적 조건

개인적 자아는 사람이 자신의 존재를 생각하고 스스로 되고자 하는 자아로서 개인의 사적인 행동에 관계하며 개인의 이상적 자아로 발전한다. 따라서 개인적 자아는 개인이 기꺼이 되고자 하거나, 되어야 한다고 생각하는 자신에 대한 그림이나 이미지이다. 예로써 개인이 되고자 하거나 되어야 한다고 생각하는 아버지의 이미지는 아버지에 대한 개인의 이상적 자아(ideal self)이다. 또는 학생이 되고자 하거나 되어야 한다고 생각하는 학생의 이미지는 학생에 대한 개인의 이상적 자아이다.

사회적 자아는 개인이 다른 사람에게 보여지는 방법과 보이는 것을 생각하는 것에 관계하며, 다른 사람이 자신에 대해 가지고 있는 기대와 역할로써 실제적 자아(real self)로 발전한다. 실제적 자아는 자신의 실제적 특성과 능력에 대한 지각이다. 실제적 자아는 개인의 실제적 경험을 기반으로 두고 있으며, 개인이 자신을 실제로 어떻게 보고 있는가를 나타낸다. 따라서 개인의 사회적 자아는 자신의 사회적 존재를 생각하고, 경험과 지식에 의해 학습된 가치의 조건을 추구한다.

개인적 및 사회적 자아는 자신의 정체성을 구현하기 위해 각각 방향 지향적이거나 목적 지향적 힘을 만들어 낸다. 따라서 개인적 및 사회적 자아는 크기와 방향을 가진 물리적 양 즉, 벡터(vector)이다. 개인적 자아와 사회적 자아는 벡터결합에 의해 개인의 행동방향과 그 힘의 크기가 결정된다. 이러한 과정에서 개인적 자아와 사회적 자아 중에 어느 것이 개인의 행동에 보다 영향력을 미치는가는 개인이 직면한 환경이나 상황에 따라 달라진다.

개인적 자아와 사회적 자아가 조화로운 관계에 있을 경우 우리는 자신의 경험에 대한 정확한 상징화(symbolization)를 도모하고 긍정적 생각을 하며, 완전자아실현으로 나아간다(Rogers, 1961). 따라서 개인적 및 사회적 자아가 조화로운 관계에 있을 경우 개인의 개인적 및 사회적 행동은 일관성이 있다. 이러한 경우 사람들은 자신의 경험이나 감각에 대해 긍정적인 해석을 하고, 심리적 또는 정신적 안정과 조화를 느끼고, 개인적 삶이나 사회적 삶에서 만족하고 진취적인 행동을 보인다. 또한 다른 사람과 조화로운 관계를 만들어 낸다.

그러나 개인적 및 사회적 자아의 불일치는 개인에게 불행, 불만족과 함께 극단적 경우에는 부적응을 유발한다. 이러한 부적응 상태에 있는 개인은 무엇이 잘못되고 있다는 부정확한 감정을 경험하거나, 문제의 원천을 정확히 파악하지 못하면서 불안을 느낀다(Rogers, 1961). 따라서 개인적 및 사회적 자아 간에 일관성이 낮을 경우 개인의 개인적 행동과 사회적 행동 간에는 갈등이 있다. 이러한 사람들은 자신을 부정하거나 사회적 경험이나 감각에 대해 부적절하거나 왜곡된 해석을 하며, 심리적 부적응이나 취약성을 나타낸다. 이 경우 개인은 무엇인가 나쁘다는 모호한 감정을 경험하고 명확히 지각될 때까지 위협을 느끼며, 이에 대응하기 위해 방어기제(defense mechanism)를 유발하며 흔히 파워의 비합리적 조건에 지배된다.

개인이 파워의 비합리적 조건에 지배될 경우 자아실현 경향성의 활성화는 저해되고 창의능력은 발현되지 않을 뿐만 아니라. 이러한 경우 개인의 행동은 학습의지에 지배되며, 개인의 선천적인 잠재적 능력이 발현되지 않거나 놓치게 된다(이경환, 2015). 사람들이 선천적인 잠재적 능력을 놓칠 경우 갑갑해지고, 완고해지며, 방어적이 된다. 그들은 위협을 느끼고, 짜증을 내며, 상당수준의 불편함과 불안을 경험한다. 그들의 삶이 다른 사람들이 원하거나 가치 있다고 생각하는 것을 지향하기 때문에 생활에서 실체적으로 만족을 경험하기가 쉽지 않다. 어떤 점에서는 자신이 누구인지 무엇을 원하는지에 대해서 실질적으로 알지 못한다(Rogers, 1961).

3. 자기정화와 파워의 비합리적 조건의 제거

자연의 생태계에는 다양한 유형의 자기정화 시스템이 있다. 예로써 오염된 물은 바다에서 정화되거나 태양열에 의해서 증발되는 과정에서 정화된다. 지구에 오염된 물의 정화시스템이 없다면 지구에는 생명체가 존재할 수 없게 된다. 지구를 둘러싸고 있는 오존층은 우주로부터 오는 방사능을 제거할 뿐만 아니라 지구의 오염된 공기를 정화한다. 오존층의 이러한 정화기능은 지구의 생명체를 보호한다. 사막의 모래먼지는 알칼리적 특성을 가지고 있다. 이러한 모래먼지는 지구의 산성화를 방지하여 토양의 정화를 도모한다. 자연의 생태계에 존재하는 이러한 정화시스템은 지구의 생태계를 유지하기 위해서는 필수적 요소이다.

지적한 바와 같이 사람은 태어날 때 자아실현 경향성이 80% 정도 개방되어 있으며, 파워의 비합리적 조건에 지배되지 않을 경우 개인은 창의능력 개발 5단계를 통해 완전자아실현으로 나아간다. 그러나 이러한 과정에서 우리가 가치의 조건에 지배되거나 개인적 및 사회적 자아의 부조화가 발생할 경우 우리는 파워의 비합리적 조건에 지배되어 잠재적 능력단계로 진입한다. 우리가 잠재적 능력단계에 진입할 경우 우리의 창의능력은 발현되지 않는다.

자연의 생태계의 정화시스템이 지구의 생태계를 유지하기 위한 필수적인 요소인 것과 같이 사람이 파워의 비합리적 조건으로부터 자유롭기 위해서는 자기정화가 요구된다. 자기정화는 우리에게 작용하는 파워의 비합리적 조건을 제거하는 프로세스를 의미한다. 우리가 파워의 비합리적 조건으로부터 자유롭기 위해서 우리는 다양한 방법으로 자기정화를 도모할 수 있다.

예로써 지적한 바와 같이 자아실현 자유의지의 성장은 사람으로 하여금 성취행동으로 나아가게 하고, 우리에게 작용하는 파워의 비합리적 조건이 제거된다. 따라서 자아실현 자유의지에 의한 성취행동은 개인의 자기정화를 포함하고 있다. 또한 우리의 행동이 행동의 가치화 조건을 만족할수록 우리의 사회적 자아는 자신의 개인적 자아와 조화로운 관계에 있다. 이러한 경우 개인은 파워의 비합리적 조건으로부터 자유롭게 된다. 개인이 의식적으로나 자율적으로 성취행동이나 가치화 조건을 만족할 경우 우리의 창의시스템은 개방된다(이경환, 2014).

양심은 사물의 가치를 변별하고 자기의 행위에 대하여 옳고 그름과 선과 악의 판단을 내리는 도덕적 의식에 관계한다. 우리 모두는 선한 양심을 가지고 있다고 믿고 있다. 선한 양심은 사람으로 하여금 자신의 행동에 대해 평가하고 도덕적인 책임을 느끼게 하여 선한 행동으로 나아가게 한다. 사람의 선한 양심은 자신에 작용하는 파워의 비합리적 조건을 제거하는 역할을 하므로 자기정화를 유발한다. 또한 사회구성원들에게 이러한 양심이 작용할 경우 이것은 사회에 작용하는 파워의 비합리적 조건을 제거하는 역할을 한다. 따라서 선한 양심은 개인뿐만 아니라 사회를 정화하는 기능을 가지고 있다. 사회에서 선한 양심의 작용은 사회를 정화하고, 그 구성원의 창의시스템을 개방한다.

　사회의 도덕과 윤리는 각각 사회의 수평적 및 수직적 질서를 만들어 낸다. 사회의 도덕과 윤리는 의도적으로 만들어진 것이 아니라 자율적이거나 자발적으로 형성된다. 따라서 도덕과 윤리는 사회구성원들로 하여금 자율적이거나 자발적 질서를 창출한다. 도덕과 윤리를 기반으로 한 질서는 사회를 정화하고 그 구성원의 창의시스템은 개방된다. 왜냐하면 지적한 바와 같이 자아실현 경향성은 자신과 접촉하는 것으로부터 자유로울 때 개방되기 때문이다(이경환, 2011).

　자기정화는 우리로 하여금 자신의 창의시스템을 개방하고 창의능력 개발 5단계를 통해 완전자아실현으로 나아가게 한다. 또한 창의능력 개발 5단계에서 각 단계의 행동특성은 다르다. 따라서 우리가 자신의 창의시스템을 개방하여 창의능력 개발 5단계로 나아가기 위해서는 나아가고자 하는 단계에 적합한 자기정화 방안을 선택하는 것이 바람직하다. 본 책의 제3부에서는 개인의 창의능력 개발 5단계에서 포지션을 진단하고, 진단에 따른 적합한 자기정화 방안을 제시한다.

자아실현 자유의지 순환과 창의능력 개발

자아실현 자유의지는 개인적 자아와 사회적 자아가 조화로울 경우 형성된다. 자아실현 자유의지의 형성, 성장, 성숙 및 쇠퇴에 이르는 일련의 과정을 자아실현 자유의지 수명주기라고 한다. 개인의 창의능력은 자아실현 자유의지 수명주기와 함께 창의능력 개발 5단계로 나아간다. 여기서는 자아실현 자유의지의 수명주기와 창의능력 개발 5단계의 관계를 알아보고, 자아실현 자유의지 순환에 의한 개인의 창의능력 개발의 실천적 방안에 대해서 논의한다.

7.1 자아실현 자유의지 수명주기와 창의능력 개발 5단계

지적한 바와 같이 바와 같이 개인에게 자아실현 자유의지가 형성되고 성장하여 성숙단계에 이를 경우 개인은 자기주도적 및 완전기능 능력 단계를 거처 문제해결과 완전자아실현 능력단계로 나아간다. 우리는 자아실현 자유의지의 형성, 성장, 성숙 및 쇠퇴에 이르는 일련의 과정을 자아실현 자유의지 수명주기라고 한다.

그림 7-1 자아실현 자유의지 수명주기

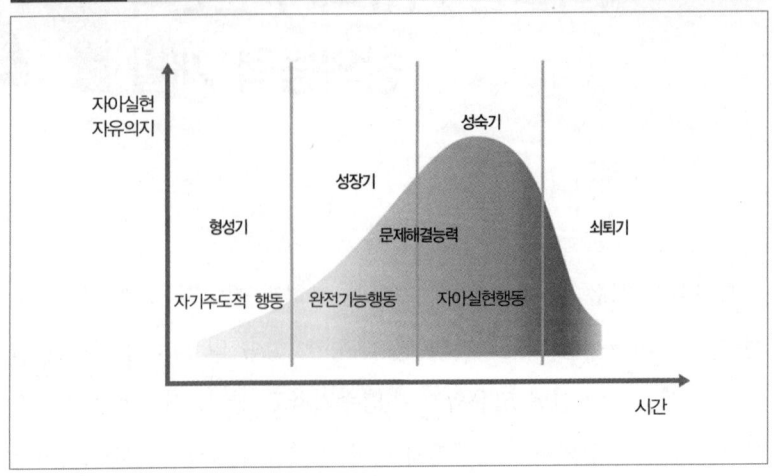

<그림 7-1>은 자아실현 자유의지 수명주기와 창의능력 개발 5단계를 나타내고 있다.

<그림 7-1>에서 보는 바와 같이 자기주도적 능력, 완전기능 능력, 문제해결능력과 완전자아실현능력 및 잠재적 능력단계는 각각 자아실현 자유의지의 형성, 성장, 성숙 및 쇠퇴의 단계에 관계한다.

1. 자아실현 자유의지 형성기

지적한 바와 같이 개인의 내면에 작용하는 파워의 비합리적 조건이 제거될수록 창의시스템은 개방되고, 자아실현 경향성이 준거의 틀로 작용하여 개인적 자아가 형성된다. 개인적 자아는 개인의 정체성으로서 자아의 고유성, 동일성, 통합성 및 주체성에 관계한다. 개인적 자아의 이러한 정체성은 개인으로 하여금 자아실현의 가치를 지각하게 하고, 개인적 자아와 사회적 자아를 조화롭게 하여 자아실현 자유의지를 만들어 내고, 자기주도적 행동을 유발하게 한다.

자아실현 자유의지는 외부로부터 부과되는 힘과는 독립적으로 자신의 내면의 기준에 의해서 행동을 결정하므로 개인은 자기주도적 능력단계로 진입한다. 이러한 개인은 환경이나 상황에 무관하게 완전자아실현으로 나아가기 위한 자기주도적 행동을 유발한다. 따라서 자아실현의 자유의지 형성단계는 창의능력 5단계로 나아가기 위한 단서가 된다. 자아실현 자유의지 형성기의 자기주도적 행동특성은 다음과 같다.

① 행동의 방향이나 목적이 명확하다.
② 자기주도적으로 행동한다.
③ 긍정적 행동으로 나아간다.
④ 환경이나 상황에 무관하게 계획을 수행한다.
⑤ 행동이 목적과 일관되는가를 지속적으로 평가한다.
⑥ 자신의 미래에 대해 부정적인 생각을 가지고 있지 않다.
⑦ 자아실현 경향성 활성화
⑧ 인지능력 향상
⑨ 자기정화에 대한 긍정적 태도형성

우리는 자아실현 경향성, 자아실현의 가치 및 자기주도적 행동을 자기주도적 능력 3요소라고 한다. 자아실현 경향성은 개인적 자아의 정체성을 형성하게 하고, 자아 정체성은 개인으로 하여금 자아실현의 가치를 지각하게 한다. 자아실현의 가치는 자기주도적 행동을 유발하고

자가주도적 행동은 자아실현 경향성을 활성화한다. 따라서 자기주도적 능력 3요소는 서로 간에 영향을 미치고 있다.

<그림 7-2> 자기주도적 능력 삼각모형은 자기주도적 능력 3요소의 상호작용을 나타내고 있다.

그림 7-2 자기주도적 능력 3각 모형

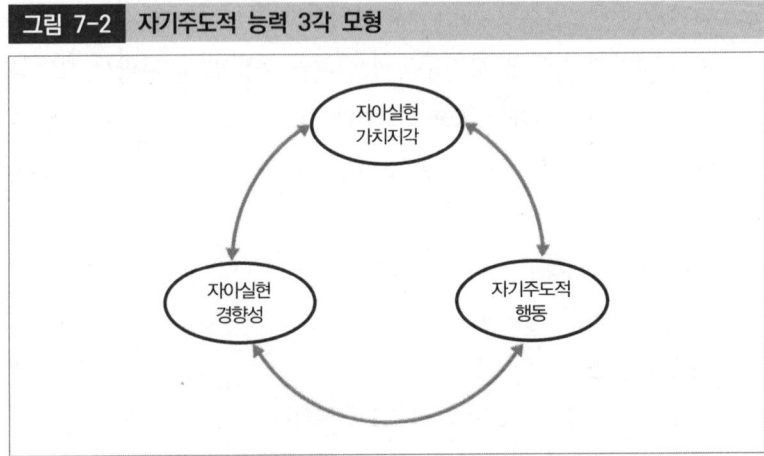

<그림 7-2> 자기주도적 능력 3각 모형에서 자기주도적 능력 3요소는 각각 고유한 역할을 한다. 자아실현의 가치지각은 개인으로 하여금 완전자아실현을 위한 자기주도적 행동을 이끌어 낸다. 자아실현 경향성은 개인적 자아를 형성하고, 개인적 자아와 사회적 자아를 일관되게 하며, 자아실현의 가치를 지각하게 한다. 자기주도적 행동은 자아실현 경향성을 활성화하고, 자아실현의 가치지각을 촉진한다.

자아실현 자유의지는 자기주도적 능력 3요소의 활성화를 촉진하여, 개인으로 하여금 자기주도적 행동을 유발하게 하고, 자기주도적 행동

은 자아실현 자유의지의 성장을 촉진한다.

2. 자아실현 자유의지 성장기

지적한 바와 같이 자아실현 자유의지에 따라 개인이 자기주도적 행동으로 나아갈수록 개인행동에서 성취행동 즉, 개인행동의 합리성, 일관성, 긍정성 및 자율성은 촉진된다. 개인이 성취행동을 추구할수록 개인에게 작용하는 파워의 비합리적 조건이 제거된다. 이러한 경우 개인의 자아실현 경향성은 더욱 개방되고, 창의시스템은 더욱 활성화 되며, 자아실현의 자유의지는 성장기에 진입하여 완전기능행동의 내재적 동기가 유발된다.

사회적 학습(social learning)은 다른 사람들에게 일어난 일을 관찰하고 듣는 것에 의한 행동의 거의 영구적인 변화를 의미한다. 예로써 우리의 행동의 대부분은 부모, 교사, 친구, 영화, 상사와 같은 모델에 대한 관찰을 통해 학습된 것이다. 사회적 학습은 자신이 속한 사회나 그 구성원의 생각이나 행동의 지각(perception)을 기반으로 이루어진다. 지각은 사람들이 환경에 대해 의미를 부여하기 위해 그들의 느낌이나 생각을 조직화 하고 해석하는 프로세스이다(Robbins, 1996).

개인의 동기적 상태(motivational state)는 지각에 영향을 미친다. 즉, 지각의 순간에 지각자의 욕구, 가치 및 욕망은 개인의 지각에 영향을 미친다. 예로써 사막에서 길을 잃은 사람은 오아시스(oasis)에 대한 신기루를 흔히 본다. 연구에 의하면 사람은 16시간 이상 먹지 않을 경우 음식에 관련된 어렴풋한 이미지나 모호한 그림을 지각한다. 즉, 사람은 자신의 동기적 상태에 관련된 것을 보고자하며, 듣고 싶어 하며, 믿고자 한다.

성취사회행동은 환경으로부터 성취행동요소의 지각에 의한 성취행동에 대한 사회적 학습을 의미한다. 지적한 바와 같이 자아실현 자유의지 성장은 개인행동에서 성취행동을 발현하고, 성취행동은 완전기능행동의 내재적 동기를 유발한다. 완전기능행동의 내재적 동기 상태는 개인으로 하여금 자신이 속한 사회나 환경으로부터 성취행동요소를 보다 용이하게 지각하게 하며, 이러한 지각이 학습될 경우 개인은 성취사회행동을 발현한다(이경환, 2014).

성취사회행동은 성취행동 4요소의 사회적 학습에 따라 사회행동의 합리성, 일관성, 긍정성 및 자율성으로 구성된다. 사회행동의 합리성, 일관성, 긍정성 및 자율성을 성취사회행동 4요소라 한다. 성취사회행동은 개인의 내면에 완전기능행동의 외재적 동기를 유발한다(이경환, 2014). 따라서 자아실현 자유의지에 의한 자기주도적 행동은 성취행동을 발현하여, 완전기능행동의 내재적 동기를 유발한다. 또한 이러한 내재적 동기는 흔히 성취사회행동을 발현하여 완전기능행동의 외재적 동기를 유발한다.

완전기능행동의 내·외재적 동기는 자아실현 자유의지를 보다 성장시키고, 창의시스템을 활성화 하여 개인으로 하여금 완전기능행동으로 나아가게 한다. 자아실현 자유의지 성장기의 완전기능행동 특성은 다음과 같다.

① 새로운 경험을 기꺼이 받아들이며,

② 자신에 관한 견해를 왜곡하거나 부정할 이유를 가지고 있지 않으며,
③ 사랑, 혐오감, 즐거움, 분노와 같은 감정을 깊게 느끼고 이것에 따라 행동하며
④ 비록 불쾌하거나 비위에 거슬리는 경험이라도 학습과 성장의 기회로 간주하며,
⑤ 탐욕스러운 생각에 시간을 낭비하지 않고 자신의 가치를 명확하게 지각한다.
⑥ 다른 사람과 조화로운 관계를 맺는다.
⑦ 자기충만(self-fulfillment)을 지각한다.
⑧ 정서지능 및 자각능력 향상

완전기능행동, 성취행동요소 및 성취사회행동요소를 완전기능능력 3요소라고 한다. 개인의 완전기능능력은 이들 3요소의 상호작용에 의해서 성장한다(이경환, 2014).

<그림 7-3>은 완전기능능력 3각 모형은 완전기능능력 3요소의 상호작용을 나타낸다.

<그림 7-3> 완전기능능력 성장 3각 모형에서 완전기능능력의 3요소는 자신의 고유한 역할을 한다.

성취행동요소는 자기정화를 도모하고 완전기능행동의 내재적 동기를 만들어 내며, 창의시스템을 활성화 하고 성취사회행동을 촉진한다. 성취사회행동요소는 자기정화를 도모하고 완전기능행동의 외재적 동기를 만들어 낸다. 성취행동요소와 성취사회행동요소에 의한 완전기능행동의 내·외재적 동기는 완전기능 행동으로 나아가게 한다. 완전기능 행동요소는 개인으로 하여금 완전기능행동에 대해 긍정적 태도를 가

지게 하고, 완전기능 행동으로 이끌며, 성취행동요소와 성취사회행동요소를 활성화한다.

그림 7-3 완전기능능력 3각 모형

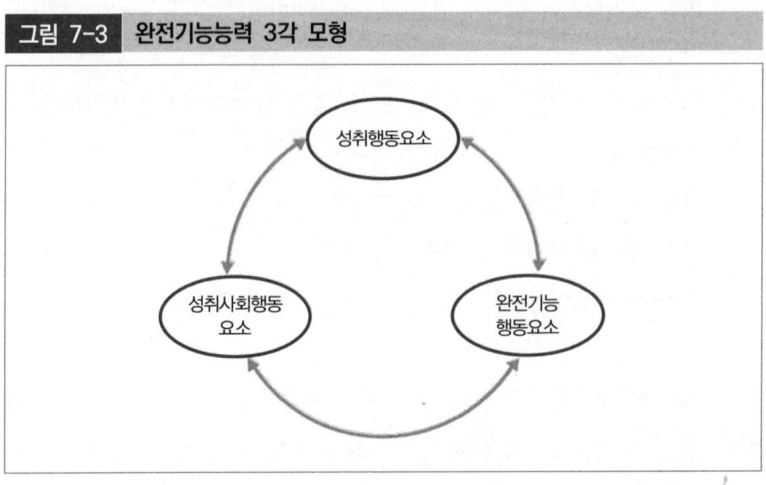

자아실현 자유의지의 성장은 자기주도적 능력 3요소의 활성화를 촉진하여, 개인으로 하여금 완전기능행동을 유발하게 하고, 완전기능행동은 행동의 가치화를 촉진한다. 이러한 경우 자아실현자유의지는 성숙단계에 진입한다.

3. 자아실현 자유의지 성숙기

자아실현 자유의지 성장에 의한 완전기능행동은 개인의 창의시스템을 보다 활성화 하고 개인적 자아의 정체성을 강화한다. 이러한 경우 개인적 자아는 자신의 본질을 구현하기 위해 행동의 가치화를 도모한다. 행동의 가치화는 문제해결능력을 만들어 내고 사회적 자아를 성장시키고, 자아실현 자유의지를 성숙단계에 진입하게 한다.

자아실현 자유의지가 성숙기에 진입한 개인에게는 자아실현 자유의지가 외부 환경과 무관하게 안정적으로 작용하여 개인으로 하여금 완전자아 실현으로 나아가게 한다. 완전자아실현은 개인적 자아와 사회적 자아 모두를 실현하는 것이다. 즉, 완전자아실현의 행동특성은 다음과 같다.

① 실체를 정확하게 지각한다.
② 자발적 행동성향을 가진다.
③ 사람보다 문제해결에 관심을 가진다.
④ 호의적인 유머감각을 가진다.
⑤ 소수의 사람과 깊은 사랑과 유대감을 가진다.
⑥ 민주적 가치를 수용한다.
⑦ 윤리의식이 강하다.
⑧ 창조적 성향을 가지고 있다.
⑨ 절정의 경험을 흔히 체험하거나 세계와 하나라는 느낌을 가진다.
⑩ 지각능력이 지속적으로 향상된다.
⑪ 학습능력이 지속적으로 개발된다.
⑫ 정서지능이 발달한다.

행동의 가치화, 완전기능행동 및 완전자아실현 행동요소를 완전자아실현능력 3요소라 한다. 완전자아실현능력의 자생적 성장은 완전자아실현능력 3요소의 정삼각형의 동적 균형에 의존한다(이경환, 2014).

<그림 7-4> 완전자아실현능력 3각 모형은 완전자아실현 3요소의 상호작용을 나타내고 있다.

그림 7-4 완전자아실현능력 3각 모형

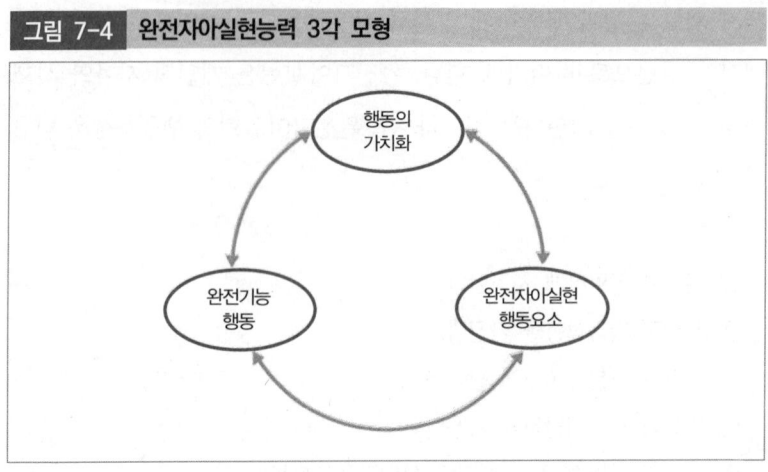

<그림 7-4> 완전자아실현능력성장 3각 모형에서 완전자아실현능력 3요소는 자신의 고유한 역할을 가지고 있다.

행동의 가치화는 사회적 자아의 정체성을 강화하고 문제해결 능력을 만들어 내며, 성취행동으로 나아가게 하며, 완전자아실현의 외재적 동기를 유발한다. 완전기능행동은 개인적 자아의 정체성을 강화하고 창의능력을 개발하고, 완전자아실현의 내재적 동기를 유발한다. 완전자아실현 행동요소는 개인으로 하여금 완전자아실현에 대해 긍정적 태도를 가지게 하고 완전자아실현행동으로 이끌어 내며, 행동의 가치화와 완전기능행동을 활성화한다.

자아실현 자유의지의 성숙은 완전자아실현능력 3요소의 활성화를 촉진하여, 개인으로 하여금 완전자아실현을 유발하게 하고, 완전자아실현은 자아실현 자유의지의 성숙을 촉진한다. 자아실현 자유의지가 자신의 목적을 달성할 경우 자아실현 자유의지는 정체성을 상실하고 쇠퇴단계에 진입한다.

4. 자아실현 자유의지 쇠퇴기

지적한 바와 같이 자아는 자신의 본질을 깨닫게 하고, 본질을 구현을 위해 주도적 역할을 한다. 이것을 위해 자아는 욕구를 만들어 내어 동기를 형성하고, 자아가 지향하는 목적을 설정한다.

욕구는 결핍일 뿐만 아니라 새로운 도약에 관계한다. 자아실현의 자유의지가 성숙될수록 자아에 의해 유발된 욕구가 만족되고, 만족된 욕구의 정체성은 약화된다. 정체성이 약화된 욕구는 새로운 자아실현의 동기를 만들어 내지 못하고 퇴색한다.

퇴색된 욕구는 자아실현의 단서로 작용할 수 없다. 이러한 경우 자아실현의 자유의지는 쇠퇴기로 나아간다(이경환, 2015). 자아실현 자유의지 쇠퇴기에는 창의능력이 발현되지 않는 잠재적 능력 단계이다.

의지는 자유로운 선택과 함께 자제적 행동(self-restraint behavior)을 기반으로 중단되지 않는 결심에 관계한다. 자아실현 자유의지는 개인으로 하여금 자제적 행동을 기반으로 창의능력 개발 5단계로 나가는 능력을 만들어 낸다.

7.2 자아실현 자유의지 순환과 창의적 행동특성

1. 자아실현 자유의지 주기적 순환과 조직적 행동

지적한 바와 같이 자아실현 자유의지는 개인적 및 사회적 자아가 조화로운 관계에서 창의시스템이 활성화될 경우 형성된다. <그림 7-5>는 자아실현 자유의지의 형성프로세스를 보이고 있다.

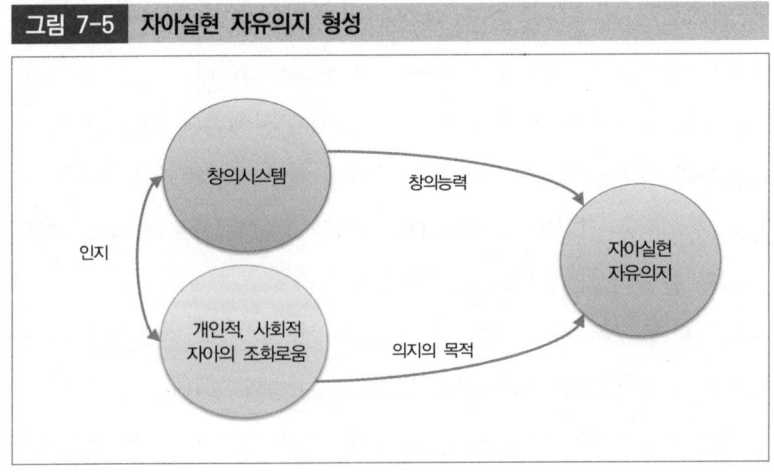

그림 7-5 자아실현 자유의지 형성

지적한 바와 같이 자아실현의 개인적 자아는 창의시스템에 포함된 자아실현 경향성을 준거의 틀로 하여 형성되며, 사회적 자아는 가치의 조건을 준거의 틀로 하여 형성된다. 개인적 및 사회적 자아는 사회적 상호작용에 의해서 발달되고 삶의 과정에서 많은 변화가 일어나 새로운 개인적 및 사회적 자아가 형성된다.

새롭게 형성된 개인적 자아는 새로운 목적을 설정하고 창의능력과 결합하여 새로운 자아실현 자유의지를 형성한다. 새롭게 형성된 자아실현 자유의지는 자신의 수명주기를 만들어 순환한다. 이러한 과정에서 개인적 자아가 성장할 경우 행동의 가치화를 도모하며, 사회적 자아와 조화로운 관계를 만들어 낸다. 개인적 및 사회적 자아의 조화로운 관계는 새로운 완전자아실현으로 나아간다.

우리의 삶에서 자아실현 자유의지 순환이 지속적으로 이루어 질 경우 이것은 자아실현 자유의지의 주기적 순환을 의미한다. 자아실현 자유의지의 주기적 순환은 자아실현 자유의지의 형성, 성장, 안정 및 쇠퇴의 단계가 규칙적으로 반복된다. 자아실현 자유의지의 주기적 순환은 개인의 삶에서 창의능력 개발 5단계가 규칙적으로 반복되는 것을 의미한다.

자유의지 주기적 순환은 개인의 창의능력을 창의능력은 일생 동안 연속적이고 누적적으로 성장시킨다. 이러한 과정에서 자아는 새롭게 형성되어 새로운 목적을 설정하고 이것을 구현하고자 한다. 따라서 자아실현은 일회적인 것이 아니라 일생을 통해 이루어지는 연속적인 과정이며, 이것을 위해 우리는 자아실현 자유의지를 가져야 한다.

자아실현 자유의지의 주기적 순환은 자아실현 자유의지의 변동에 대한 예측 가능성이 높을 뿐만 아니라 자아실현 자유의지를 의도적으로 유도할 수 있으므로 개인으로 하여금 용이하게 완전자아실현으로 나아가게 한다. 따라서 자아를 성취하고 지속적인 성장과 발전을 도모하기 위해서 개인은 자신의 자아실현 자유의지의 주기적 순환을 만들어 내어야 한다.

| 그림 7-6 | 자아실현 자유의지의 주기적 순환 |

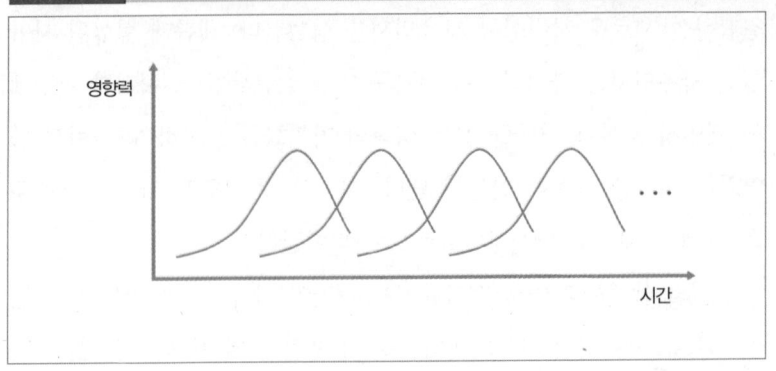

<그림 7-6>은 자아실현 자유의지의 주기적 순환을 나타낸다.

<그림 7-6>에서와 같이 자아실현 자유의지가 주기적 순환을 할 경우 개인은 지속적으로 자아를 성취하는 삶으로 나아간다. 자아실현 자유의지의 단기적 순환주기는 3년으로 나타나며, 장기적 순환주기는 15년으로 나타난다. 따라서 개인이 지속적으로 자아를 성취하기 위해서는 이러한 순환주기에 따라 학습과 경험을 통해 긍정적인 새로운 가치를 획득하고 자아실현 자유의지를 형성하여 이것의 주기적 순환을 만들어 내는 것이 바람직하다.

자아실현 자유의지는 완전자아실현을 위하여 자신을 조직화 하는 능력이며, 창의능력개발 5단계로 나아가게 한다. 따라서 자아실현 자유의지에 의해서 유발된 행동은 조직적 성향의 행동이다. 즉, 자아실현 자유의지는 조직적 성향의 행동을 유발한다. 조직적 성향의 행동은 행동이 있기 전에 목적을 만들어 내므로 합리적이며, 명분이 탄탄하고 견고하며, 장기적으로 유지될 수 있을 수 있다(이경환, 2007). 따라서

조직적 성향의 행동은 사람들로 하여금 집단이나 조직을 흔히 형성하게 한다.

2. 자아실현 자유의지 비주기적 순환과 비조직적 행동

자아실현 자유의지의 비주기적 순환은 자아실현 자유의지의 형성, 성장, 안정 및 쇠퇴에 이르는 일련의 단계가 불규칙하거나 다단계로 나타난다. 이러한 경우 자아실현 자유의지의 순환이 불규칙하여 개인은 창의능력 개발 5단계로 나아가지 못할 뿐만 아니라 일시적으로는 완전기능 또는 완전자아실현으로 나아가게 할 수는 있으나 지속적으로 자아를 성취할 수는 없다.

지적한 바와 같이 사람의 생각이나 행동이 파워의 비합리적 조건에 지배될 경우 창의능력은 발현하지 않는다. 따라서 자아실현의 자유의지가 외부적 압력이나 고의적인 의도에 의해 작용할 수 없거나, 개인이 파워의 비합리적 조건에 지배될 경우 자아실현의 자유의지는 비주기적으로 순환한다.

정서적으로 고통스러운 기억과 욕망은 억제되어 무의식에 내재한다. 무의식은 인간이 지각할 수 없는 마음의 영역 이지만 지속적으로 인간의 행동에 영향을 미친다(Atkinson 등, 2000). 파워의 비합리 조건에 지배되어 활성화되지 못한 자아실현 자유의지는 억제되어 무의식의 세계에 내재한다.

무의식에 억제된 자아실현 자유의지는 자신이 작용할 수 있는 환경을 만나게 되면 의식의 세계에 표출되어 행동으로 나타난다. 실제로 무의식의 세계에 억제되어 있는 자아실현 자유의지는 언제 터질지 모르는 시한폭탄과 같은 상태에 있다고 하여도 지나친 것은 아니다.

무의식에 억제되어 있는 자아실현 자유의지에 의한 행동은 비조직적 성향을 보인다. 비조직적 성향의 행동은 우연이나 시간의 흐름에 따라서 자연스럽고 순수하게 표출되질 수도 있으나 변형되어 본래의 행동과는 역방향으로 표출되어 지기도 한다. 예로써 인간은 도덕이나 윤리에 따라 행동한 것을 학습하고 있으나 생존에 위협을 느낄 경우 이에 역행하는 행동을 할 수도 있다(이경환, 2001).

비조직적 성향의 행동 중에 표출되어지지 않는 것은 인간 내면의 깊숙한 곳에 내재되어 개인의 문화를 형성하거나 또는 집단의 문화로서 존재할 수 있다. 비조직적 성향의 행동은 행동이 표출된 후 합리성이나 명분을 만들어 간다. 따라서 이러한 행동은 일관성이 낮고 복잡성과 혼란이 증가하여 견고성이 적어진다.

비조직적 성향에 의한 행동은 생존을 위해 본능적으로 형성되거나 학습에 의해서도 형성될 수 있다. 예로써 어린 아기가 어머니의 젖을 빨거나 뱀을 보면 싫어하는 행위는 본능적으로 형성된 비조직적 성향의 행동이다. 또한 윤리나 도덕, 믿음과 같은 비가시적 파워에 의한 행동은 흔히 학습에 의해서 형성된 비조직적 행동이다. 이러한 비조직적 성향의 행동은 주로 장기적인 행동에 속한다.

지금까지 지적한 바와 같이 인간의 행동은 자아실현 자유의지의 순환유형(또는 파워의 비합리적 조건의 지배패턴)에 따라서 조직적 성향 또는 비조직적 성향의 행동으로 나타난다. 조직적 성향의 행동은 합리적이고 명분이 견고하며 장기적으로 유지된다. 조직적 성향의 행동은 파워의 비합리적 조건에 지배되지 않을 경우 유발된다. 이에 비하여 비조직적 성향의 행동은 일관성이 낮고 복잡성과 혼란이 증가하여 견고성이 낮다. 비조직적 성향의 행동은 흔히 사회적 파행을 유발한다. 이러한 비조직적 성향의 행동은 파워의 비합리적 조건에 의해서 억제된 의지에 의해서 흔히 유발된다. 성취지향이나 자아실현의 행동은 조직적 성향의 행동이다.

자아실현 자유의지의 형성과정이 파워의 비합리적 조건에 지배될 경우 파행적 행동이 유발된다. 그러나 이러한 파행적 행동은 리더가 존재하거나 감정이나 군중심리가 이념으로 대체될 경우 이들은 파워 속성에 따라 주기적 순환을 할 수가 있다(이경환, 2001). 자아는 지적한 바와 같이 개인으로 하여금 자신의 본질을 깨닫게 하고 이것을 주도적으로 구현하고자 한다. 따라서 자아실현 자유의지가 비주기적 순환을 할 경우 개인의 자아가 성장하여 자아실현 자유의지를 리드할 때 자아실현 자유의지는 주기적 순환을 유발한다.

개인의 자아실현 자유의지가 외부적 힘이나 환경의 영향에 의해서 작용할 수 없는 경우 이러한 영향력을 극복하기 위해서 자아실현 자유의지를 성장시키는 것이 바람직하다. 자아실현의 자유의지는 자아실현 자유의지 3요소 즉, 자아실현 가치학습, 자아실현 경향성 및 개인의 자기정화의 상호작용에 의해서 자생적으로 성장한다.

자아실현 자유의지 자생적 성장

 지적한 바와 같이 자아실현 자유의지의 주기적 순환은 개인의 창의능력을 지속적으로 성장시킨다. 따라서 개인에게 자아실현 자유의지의 주기적 순환이 일생 동안 이루어 질 경우 그의 창의능력은 일생 동인 개발된다. 우리의 자아실현 자유의지가 일생 동안 주기적으로 순환하기 위해서 우리는 자아실현 자유의지의 자생적 능력을 가지고 있어야 한다. 여기서는 자아실현 자유의지의 자생적 능력에 대해서 알아보기로 한다.

8.1 자아실현 자유의지의 자생적 성장모형

 지적한 바와 같이 자아실현의 자유의지는 개인적 및 사회적 자아의 실현 즉, 완전자아실현으로 나아가게 하며, 완전자아실현은 개인적 자아와 사회적 자아가 조화로운 관계에 있을 경우에 이루어진다. Rogers(1961)는 개인적 및 사회적 자아의 조화로운 관계를 위해 다음을 지적하고 있다.

"우리의 실제적 생활에서 가치의 조건이 우리의 행동에 영향을 미친다. 우리 모두는 사회화 과정을 통해서 우리의 감정이나 행동 중에 어떤 것은 적절하며, 어떤 것은 부적절하다고 학습한다. 이러한 규범적인 규칙이 우리의 자아실현 경향성의 평가와 일치할 경우 우리는 진실된 자아 즉, 개인적 자아와 접촉할 수 있으며, 자아실현으로 나아간다. 이러한 경우 우리의 사회적 자아와 개인적 자아는 조화로운 관계에 있다."

자아실현의 가치나 행동특성은 자아실현 경향성을 준거의 틀로 하여 형성된다. 학습은 행동에서 상대적으로 영구적인 변화를 의미한다. 우리가 자아실현의 가치나 행동특성을 학습할 경우 우리의 행동은 자아실현 경향성의 평가와 일치하며, 개인적 자아와 사회적 자아는 조화로운 관계에 있거나 일관성을 가지고 있다. 이러한 경우 개인적 자아와 사회적 자아가 결합할 뿐만 아니라 자아실현 경향성이 활성화된다(이경환, 2015).

지적한 바와 같이 개인이 자신에 작용하는 파워의 비합리적 조건을 제거할 경우 즉, 자기정화를 도모할 경우 창의시스템이 활성화되고, 자기주도적 단계로 나아간다. 앞에서 우리는 사람이 성취행동을 추구할 경우 자아실현 경향성이 보다 활성화되고 창의시스템이 개방된다고 하였다. 개인이 일상에서 성취행동의 추구는 자기정화를 유발한다. 자기정화는 자아실현 경향성과 자아실현의 행동을 발현한다. 따라서 자아실현 가치학습, 자아실현 경향성 및 개인의 자기정화는 상호작용 관계에 있다.

자아실현 가치학습, 자아실현 경향성 및 개인의 자기정화를 자아실현 자유의지 3요소라 한다. 자아실현 자유의지 3요소는 상호작용을 통해 자아실현의 자유의지를 형성한다.

<그림 8-1>의 자아실현 자유의지 3각 모형은 자아실현 자유의지 3요소의 상호작용을 나타내고 있다.

그림 8-1　**자아실현 자유의지 3각 모형**

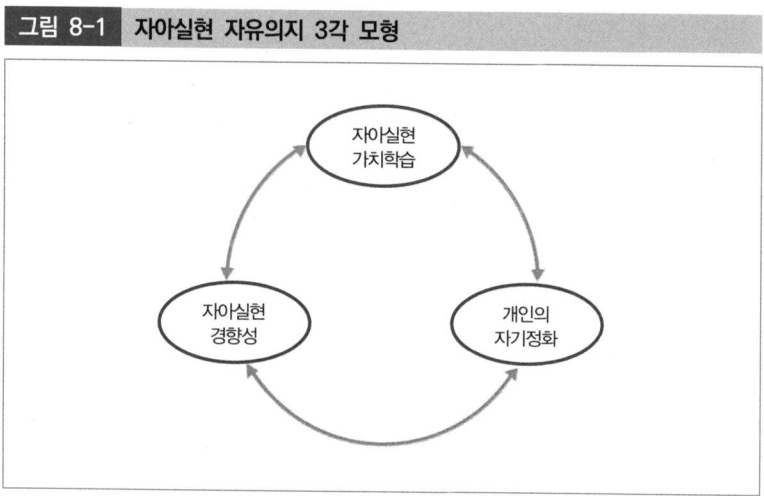

<그림 8-1> 자아실현 자유의지 3각 모형에서 자아실현 자유의지 3요소는 자신의 고유한 역할을 한다. 자아실현 가치학습은 의지의 방향을 완전자아실현으로 이끌어 내고, 개인적 및 사회적 자아를 조화롭게 한다. 자아실현 경향성은 자아실현 자유의지 형성을 위한 동기를 만들어 내며, 자기정화를 도모하게 한다. 개인의 자기정화는 자아실현 경향성을 활성화 하고, 자아실현 가치학습으로 리드한다.

인간의 생물학적, 심리적 또는 정신적 성장은 자발적이거나 자율적일 때 효과적이다. 자아실현의 자유의지 3요소가 정삼각형의 동적 균

형에 있을 때, 개인의 자아실현 자유의지는 자생적인 형성과 성장을 한다. 자아실현의 자유의지 3요소의 정삼각형의 동적 균형을 위해서 이들은 다음의 자아실현 자유의지 자생적 성장 조건을 만족해야 한다.

① 정체성 조건

자아실현 자유의지 3요소의 정체성이 클수록 이들은 각각 자신의 가치를 실현하기 위해 스스로 동기를 만들어 내고 낸다. 즉, 자아실현 자유의지 3요소의 정체성이 클수록 이들은 각각 자신의 가치 구현을 위한 행동의 동기를 만들어낸다. 자아실현 자유의지 3요소의 정체성 조건은 이들의 정체성이 대등한 것에 관계한다.

② 활성화 조건

자아실현 자유의지 3요소의 활성화는 이들의 활동성을 나타낸다. 자아실현 자유의지 3요소의 활성화는 이들의 정체성과 태도의 결합에 의존한다. 자아실현 자유의지 3요소가 활성화될수록 이들의 활동성은 보다 강하게 나타난다. 자아실현 자유의지 3요소의 활성화 조건은 이들의 활성화 수준이 대등한 것에 관계한다.

③ 영향력 조건

자아실현 자유의지 3요소의 영향력은 행동의 몰입으로 나타난다. 자아실현 자유의지 3요소의 영향력이 클수록 사람들은 이들이 지향하는 행동에 몰입한다. 자아실현 자유의지 3요소의 영향력은 정체성과 활동성의 결합에 관계한다. 자아실현 자유의지 3요소의 영향력 조건은 이들의 영향력 수준이 대등한 것에 관계한다.

　자아실현 자유의지의 자생적 성장조건은 자아실현 자유의지 3요소가 정체성 조건, 활성화 조건 및 영향력 조건 중에 적어도 하나 이상을 만족하는 경우를 의미한다. 이러한 경우 자아실현 자유의지는 자생적으로 성장한다. 자아실현 자유의지 3요소가 정삼각형의 동적 균형을 유지할 경우 개인의 자아실현 자유의지는 주기적 순환을 하고 이러한 과정에서 창의능력 개발 5단계는 개인의 삶에서 지속적으로 나타난다.

8.2 자아실현 자유의지 3요소의 정체성과 동기형성

　준거의 틀은 자신을 정의하고, 판단하는 가치의 집합으로써 개인의 경험, 지식 또는 감각에 대한 가치판단의 기준이나 표준에 관계한다. 따라서 준거의 틀은 개인의 생각이나 행동을 지배한다. 학습은 개인의 생각이나 행동에서 거의 영구적인 변화를 의미한다. 개인이 특정 가치를 학습할 경우 이는 준거의 틀의 변화를 의미한다.

　준거의 틀의 변화는 개인에게 새로운 정체성의 형성을 의미한다. 왜냐하면 지적한 바와 같이 정체성의 형성은 준거의 틀을 기반으로 형성되기 때문이다. 따라서 개인이 자아실현 자유의지 3요소에 대한 정체성을 형성하기 위해서는 이들에 대한 학습이 요구된다.

　학습은 행동의 결과가 학습자에게 유리하거나 이익이 된다고 생각될 때 일어난다. 따라서 자아실현 자유의지 3요소에 대한 효과적인 학습을 위해서 개인은 자신의 삶에서 자아실현의 의미와 가치를 우선적으로 인식하고, 자아실현 자유의지 형성에서 자아실현 자유의지 3요소의 역할에 대한 충분한 이해가 있어야 한다. 이러한 경우 개인은 의식적이거나 동기화된 노력으로 자아실현 자유의지 3요소에 대한 효과적인 학습으로 나아간다.

인간의 마음은 의식, 전의식 및 무의식으로 구성된다. 의식은 언제나 우리가 지각하고 있는 마음의 영역이다. 전의식은 현재는 지각되지 않고 있으나 의식이 쉽게 지각할 수 있는 마음의 영역이고 무의식은 의식에 접근할 수 없는 기억, 충동 및 욕망으로 구성된다. 의식과 무의식은 분리되어 있는 것이 아니라 이들 간에 지속적인 상호작용이 있다. 의식은 무의식으로부터 성장하며 무의식은 의식의 행렬(matrix)이며, 생활의 새로운 가능성의 기원이다.

지적한 바와 같이 개인이 자아실현 자유의지 3요소를 의식적이거나 동기화된 노력으로 학습할 경우 자아실현 자유의지를 형성하고 자기주도적 행동으로 나아간다. 또한, 자기주도적 행동은 개인의 자기정화를 활성화 하고, 자아실현 경향성을 개방함으로써 개인의 의식과 무의식에 작용하는 자아실현 자유의지의 성장을 촉진한다. 이러한 경우 개인의 내면에는 자아실현 자유의지 3요소의 정체성이 강화된다.

정체성은 개인에게 동일성, 연속성 및 전체성의 느낌을 가지게 하고 스스로 의식하고 있지 않을 지라도 개인의 삶의 질에 관계한다. 자아실현 자유의지 3요소의 정체성은 개인으로 하여금 그 가치를 깨닫게 하고 이것을 구현하기 위한 주도적 역할을 하게 한다. 이러한 과정에서 이들은 각각 자신의 가치구현을 위한 동기를 만들어 내고 목적을 설정한다. 따라서 정체성이 확립된 자아실현 자유의지 3요소는 스스로 동기를 만들어내고, 목적을 설정한다.

8.3 자아실현 자유의지 3요소의 활성화

태도는 대상에 대해 긍정적 또는 부정적 평가에 관계하며 사람의 행동에 영향을 미친다. 태도는 인지적, 정서적 및 행동적 요소로 구성된다. 인지적 요소는 태도의 대상에 대해서 사람들이 알고 믿는 것에 관계하고, 정서적 요소는 대상에 대한 감정에 관계되며, 행동적 요소는 대상에 대하여 특정의 방법으로 행동하고자 하는 성향에 관계한다. 따라서 특정 행동에 대해 동기가 있더라도 태도가 부정적일 경우 행동은 일어나지 않는다. 즉, 활동성은 동기와 태도의 결합에 의존한다.

지적한 바와 같이 정체성이 확립된 자아실현 자유의지 3요소는 자신의 가치구현을 위해 스스로 동기를 만들고 목적을 설정한다. 그러나 이들에 대한 태도가 부정적일 경우 동기가 형성되더라도 이들의 활동성은 저하된다. 따라서 자아실현 자유의지 형성을 촉진하기 위하여 개인은 자아실현 자유의지 3요소에 대해 긍정적인 태도와 감정을 가져야 한다.

태도의 형성은 자기지각(self-perception), 학습 또는 일관성에 대한 욕구(needs for consistency)에 의존한다.

개인이 특정 대상에 대한 태도에 대해 명확한 자각이 없거나 느끼지 못할 경우 대상에 관련된 지난 행동을 회상함으로써 태도를 알 수 있다(Bem, 1972). 예로써 자전거 타기에 대해 태도가 모호할 경우 지난날 자전거를 자주 탔었다면 자전거 타기에 대한 태도는 긍정적이다. 자신의 행동 관찰에 의한 태도의 형성을 자기지각 효과라고 한다. 따라서 개인이 자신의 행동에서 자아실현 자유의지 3요소의 특성이 빈번하게 나타나고 있다는 것을 자각할 경우 자아실현 자유의지에 대한 태도는 긍정적이다.

그러나 개인이 자아실현 자유의지에 대한 자신의 태도가 모호하거나 약할 경우 자신의 행동을 관찰하거나 행동진단을 통해 자아실현 자유의지에 대한 자신의 태도를 알 수 있다. 행동관찰이나 진단을 통해 자아실현 자유의지에 대한 태도가 부정적일 경우 자아실현 자유의지 3요소에 대한 학습이 요구된다. 왜냐하면 학습은 개인의 행동의 거의 영구적인 변화를 의미하며, 태도를 형성하기 때문이다.

사람들은 태도 간에 또는 태도와 행동 간에 일관성을 추구한다. 태도 간에 또는 태도와 행동 간의 일관성 추구를 일관성에 대한 욕구라고 한다. 합리적이고 언행일치의 사람으로 보이기 위해 서로 다른 태도를 조화시키고 또한 태도와 행동을 조화시킨다. 조화가 되지 않을 경우에는 인지 부조화가 일어난다. 인지부조화는 태도와 행동 간에, 또는 태도들 간의 불일치를 의미하며, 태도와 행동이 균형 상태로 가도록 내적 힘이 작용한다. 이러한 내적 힘은 태도나 행동을 변화시키기도 하고, 불일치를 합리화하는 새로운 인지를 다음과 같이 개발하기도 한다.

① 조화에 관계된 부정적인 요소의 중요성을 줄이거나
② 조화요소를 추가하거나
③ 부조화요소를 변화시켜 조화롭게 하고자 한다.

개인이 자신의 자아실현 자유의지 3요소의 영향력이나 크기가 다르다고 지각될 경우 인지부조화가 발생하며, 이들 간의 일관성을 만들기 위한 욕구를 발생시킨다. 일관성을 위한 이러한 욕구는 자아실현 자유의지 3요소들 간에 균형상태를 유지하기 위한 태도나 행동의 변화를 유발하거나, 인지부조화를 합리화하기 위한 새로운 인지를 개발하기도 한다.

자기지각이나 욕구에 대한 일관성을 통해 자아실현 자유의지 3요소에 대한 긍정적 태도를 형성하기 위해서는 이들에 대한 진단이 요구된다. PSAD의 개인의 자아실현 능력진단은 자아실현 자유의지 3요소에 대한 진단을 통해 이들에 대한 개인의 태도를 알 수 있게 한다.

8.4 자아실현 자유의지 3요소의 영향력과 몰입행동

힘의 상호작용은 힘의 결합을 만들어 낸다. 힘의 결합은 보다 영향력이 있는 힘을 중심으로 이루어진다. 힘의 결합에서 보다 영향력이 있는 것은 조직의 핵이 되고, 나머지는 주변부가 된다. 조직의 핵은 주변부를 지배하고 주변부는 조직 핵에 귀속한다. 따라서 조직 핵의 가치는 조직의 지배적 가치가 되고 그 주변부는 조직 핵을 지원한다(이경환, 2001).

힘의 영향력은 가속도와 질량의 곱셈이다. 자아실현 자유의지 3요소의 가속도는 이들의 활성화 수준에 관계하고 질량은 이들의 정체성에 관계한다. 자아실현 자유의지 3요소의 영향력은 이들의 활성화와 정체성의 곱셈으로 나타난다. 지적한 바와 같이 자아실현 자유의지 3요소는 상호작용 관계에 있으므로 이들은 보다 영향력이 있는 요소를 중심으로 결합한다. 자아실현 자유의지 형성은 자아실현 자유의지 3요소의 상호작용에 의존한다. 따라서 자아실현 자유의지는 자아실현 자유의지 3요소의 결합체이다.

자아실현 자유의지 3요소의 결합에서 보다 영향력이 있는 요소는 자아실현 자유의지의 핵이 되고 나머지 요소들은 그 주변부를 형성한다. 자아실현 자유의지의 핵의 가치는 자아실현 자유의지의 지배적 가치가 되고 그 주변부는 지배적 가치를 지원한다. 따라서 자아실현 자유의지의 특성은 자아실현 자유의지의 핵의 가치에 관계한다.

예로써 자아실현 자유의지의 3요소 중에 자기정화의 영향력이 가장 클 경우 자기정화는 자아실현 자유의지의 핵이 되고 다른 요소는 주변부가 된다. 이 경우 자아실현 자유의지는 자아실현 경향성을 활성화하고, 완전 기능하는 것으로 나아가게 한다.

그러나 완전기능이 언제나 완전자아실현으로 이끄는 것은 아니다. 왜냐하면 완전자아실현은 개인적 자아와 사회적 자아가 조화로운 관계에 의존하는 데, 개인의 자기정화가 개인적 자아와 사회적 자아 간에 조화로운 관계로 이끄는 것은 아니기 때문이다.

자아실현의 가치나 행동특성을 학습할 경우 자아실현의 가치가 준거의 틀로 작용하여 자아실현의 가치를 기반으로 한 사회적 자아가 형성된다. 이러한 사회적 자아는 개인적 자아와 조화로울 뿐만 아니라 자아실현 자유의지 형성의 기반이 된다. 뿐만 아니라 이러한 사회적 자아는 개인적 자아와 결합하여 개인으로 하여금 완전자아실현으로 나아가기 위하여 주도적 역할을 한다. 따라서 완전자아실현으로 나아가기 위해서는 자아실현 가치학습을 자아실현 자유의지의 핵으로 한 자아실현 자유의지가 바람직하다.

힘의 영향력은 힘의 수용자의 욕구나 가치를 만족시키는 정도에 관계한다. 즉, 우리가 다른 사람의 욕구나 가치를 만족시킬수록 우리의 영향력은 크다. 또한 힘의 영향력은 행동의 몰입에 관계한다. 따라서 자아실현 자유의지 3요소의 영향력이 클수록 이들은 상호작용을 통해 개인으로 하여금 자아실현 자유의지 형성을 위한 행동에 몰입하게 한다.

자아실현 자유의지 3요소가 정삼각형의 동적 균형에 있을 경우 자아실현 자유의지는 주기적 순환을 유발하고 개인의 창의능력은 지속적으로 개발된다. 따라서 우리가 창의능력을 지속적으로 개발하기 위해서는 자아실현 자유의지 3요소에 대한 진단을 통해 이들 간에 정삼각형의 동적 균형을 도모하는 것이 요청된다.

[제3부]

창의능력 진단과 개발

개인의 창의능력 진단과 개발

우리에게 작용하는 파워의 비합리적 조건을 제거할 경우 우리는 창의능력 개발 5단계를 통해 완전자아실현으로 나아간다. PSAD는 창의능력과 파워의 비합리적 조건을 유발하는 개인적 및 환경적 요인을 진단하여 개인으로 하여금 창의능력 개발 5단계로 나아가기 위한 프로그램을 제시한다. 여기서는 개인의 창의능력진단의 필요성과 PSAD의 창의능력진단 시스템의 원리와 구조 및 진단프로세스와 함께 창의능력개발을 위한 자기주도적 학습방안에 대해 알아보기로 한다.

9.1 창의능력 진단의 필요성

1. 우리나라 창의능력 개발 교육의 현황

지적한 바와 같이 창의시스템은 사람으로 하여금 창의능력 개발 5단계로 나아가게 하여 완전자아실현을 성취하게 한다. 이러한 창의시스템은 선천적인 것이므로 모든 사람이 태어날 때부터 완전자아실현의 능력을 가지고 있다. 이러함에도 불구하고 많은 사람이 창의능력 개발 5단계를 통해 완전자아실현으로 나아가지 못하고 있다.

예로써 이지영(2012)은 인천과 서울의 초등학교 5학년 243명의 자아실현 유형에 대한 연구하였다. 연구에 의하면 이들 중에 85명(35%)이 완전자아실현으로, 10명(4%)이 사회적 자아실현으로, 34명(14%)이 개인적 자아실현으로 나아가고 있으며, 잠재적 능력단계에 있는 학생은 114명(47%)으로 나타나고 있다.

안철용(2013)은 인천에 소재한 중학교 2학년 213명의 자아실현 유형에 대해서 연구하였다. 연구에 의하면 이들 중에 64명(30%)은 완전자아실현의 행동특성을, 43명(20%)은 사회적 자아실현의 행동특성을, 30명(14%)은 개인적 자아실현의 행동특성은 보이고 있으며, 나머지 76명(36%)은 잠재적 능력단계에 있는 것으로 나타나고 있다.

오형남(2013)의 연구에 의하면 수원에 소재한 고등학교 2학년 159명 중에 51명(32%)은 완전자아실현의 행동특성을, 16명(10%)은 사회적 자아실현의 행동특성을, 29명(18%)은 개인적 자아실현의 행동특성은 보이고 있으며, 나머지 63명(40%)은 잠재적 능력단계에 있는 것으로 나타나고 있다.

심재성(2013)은 부천에 소재한 중소기업 직원 150명의 자아실현 유형에 대해서 연구하였다. 연구에 의하면 이들 중에 35명(23%)은 완전자아실현의 행동특성을, 61명(41%)은 사회적 자아실현의 행동특성을, 2명(1%)은 개인적 자아실현의 행동특성은 보이고 있으며, 나머지 52명(35%)은 잠재적 능력단계에 있는 것으로 나타나고 있다.

<표 9-1>은 이들의 연구에 따른 우리나라 초·중·고등학생과 사회인

의 자아실현 유형과 분포를 보이고 있다.

표 9-1 초·중·고등학생과 사회인의 자아실현 유형과 분포

자아실현유형 집단유형	완전 자아실현	사회적 자아실현	개인적 자아실현	잠재적 능력단계	합계
초등학생	85 (35)	10 (4)	34 (14)	114 (47)	243명
중등학생	64 (30)	43 (20)	30 (14)	76 (36)	213명
고등학생	51 (32)	16 (10)	29 (18)	63 (40)	159명
사회인	35 (23)	61 (41)	2 (1)	52 (35)	150명
합계	235 (31)	130 (17)	95 (12)	305 (40)	765명

주 : ( ) 내 숫자는 %임.

집단이나 조직의 자아실현 표준모형은 이들 구성원 중에 완전자아실현에 속한 구성원이 30%, 사회적 및 개인적 자아실현에 속한 구성원이 50%, 잠재적 단계에 속한 구성원이 20% 즉, (30-50-20)이다. 집단이나 조직의 자아실현 표준모형(30-50-20)은 이들의 창의역량 진단을 위한 척도로 사용된다(이경환, 2014).

<표 9-1>에서와 같이 765명 중에 235명(31%)이 완전자아실현으로, 130명(17%)이 사회적 자아실현으로, 95명(12%)이 개인적 자아실현으로 나아가고 있으며, 나머지 305명(40%)가 잠재적 능력단계에 있는 것 즉, (31-29-40)으로 나타나고 있다. 우리가 <표 9-1>의 결과를 일반화하기에는 다소 한계가 있지만 자아실현 표준모형(30-50-20)에서 볼 때

우리나라의 학교교육이나 사회교육에서 사람들의 창의능력 개발은 미흡한 것을 나타나고 있다. 따라서 우리나라의 많은 사람들이 자신의 선천적인 창의능력을 개발하지 못하고 있는 것으로 생각된다.

또 다른 예로써 2014년 스위스 국제 경영원(IMD)에서 발표한 교육부문 국가경쟁력 평가에 의하면 우리나라 초·중·고학생의 학업성적은 최상위이지만 대학 교육평가는 총 60개국 중 53위를 기록하고 있다. 한국 어린이·청소년 행복지수 국제 비교에 의하면 우리나라 어린이·청소년의 삶의 만족도가 OECD 26개 국가에서 가장 낮게 나타나고 있다. 삶의 만족도, 주관적 행복, 학교생활 만족 등 6개 부문을 합산해서 표준화 한 행복지수도 우리나라 학생이 가장 낮게 나타나고 있다.

뿐만 아니라 우리나라 대학교육에서 대학생들의 창의성 개발도 미흡한 실정이다. 예로써 2009년 교육과혁신연구소에 의하면 우리나라 대학생은 강의시간에 필기를 열심히 할수록, 수업태도가 수용적일수록 학점이 좋았다. 중·고등학교 때 공부하던 방식을 그대로 하고 있다. 문과, 이과, 예체능 사이에 차이가 없다고 보고하고 있다. 실제로 오늘날 우리나라의 대부분의 대학생들은 좋은 학점을 받고 다양한 자격증을 획득하여 그들이 기대하는 기업에 취업하기를 바라고 있다.

2. 창의능력 진단·개발의 필요성

지적한 바와 같이 완전자아실현은 개인적 및 사회적 자아 모두를 성취하는 것이다. 개인적 자아실현은 개인의 개인적 목적이나 이상을 성취하는 것이다. 사회적 자아실현은 개인의 사회적 목적을 달성하거나 사회적 포지션(social position)을 성취하는 것이다. 따라서 완전자아실현은 개인의 이상과 실제적 삶을 성취하게 하여 개인의 삶의 만족과 행복을 증진하게 한다.

앞에서 지적한 바와 같이 창의능력은 우리 모두가 문제 상황에서 다양한 방범을 생각해 내는 과정에서도 발현하며, 개인의 지능보다 성격이나 노력에 의존한다. 또한 개인은 창의시스템의 활성화 수준에 따라 창의능력 개발 5단계로 나아간다. 창의시스템의 활성화는 자아실현 경향성의 활성화에 의존한다. 사람은 태어날 때 자아실현 경향성이 80% 정도 개방되어 있으며, 창의성은 자아실현 경향성에 포함된다. 따라서 우리가 태어날 때의 자아실현 경향성의 개방을 유지할 경우 우리 모두는 완전자아실현으로 나아간다.

그러나 지적한 바와 같이 성장과정에서 우리에게 부과된 가치의 조건이나 개인적 및 사회적 자아의 부조화와 같은 환경적 또는 개인적 요인은 우리를 파워의 비합리적 조건에 지배되게 한다. 개인이 파워의 비합리적 조건에 지배될 경우 창의능력은 발현되지 않으며, 자아실현 자유의지는 비주기적 순환을 유발하거나 소멸한다. 이러한 경우 개인의 행동은 학습의지에 지배되며, 개인의 선천적인 잠재적 능력이 발현되지 않거나 놓치게 된다.

사람들이 선천적인 잠재적 능력을 놓칠 경우 갑갑해지고, 완고해지며, 방어적이 된다. 그들은 위협을 느끼고, 짜증을 내며, 상당수준의 불편함과 불안을 경험한다. 그들의 삶이 다른 사람들이 원하거나 가치있다고 생각하는 것을 지향하기 때문에 생활에서 실체적으로 만족을 경험하기가 쉽지 않다. 어떤 점에서는 자신이 누구인지 무엇을 원하는

지에 대해서 실질적으로 알지 못한다(Rogers, 1961).

지적한 바와 같이 개인의 창의능력은 창의능력 개발 5단계를 따라 성장한다. 따라서 우리가 자신의 창의능력을 개발하기 위해서는 먼저 자신의 창의능력이 창의능력 개발 5단계에서 어떠한 단계에 있는가를 알고, 보다 바람직한 단계로 진입하기 위한 효과적인 방안을 모색하는 것이 요구된다. 창의능력진단은 파워의 비합리적 조건을 유발하는 환경적 및 개인적 요인을 알게 하고 우리로 하여금 창의능력 개발 5단계로 나아가게 하는 프로세스를 포함한다.

우리에게 작용하는 파워의 비합리적 조건을 제거할 경우 우리의 자아실현 경향성은 활성화 될 뿐만 아니라 우리가 태어났을 때보다 더 개방될 수 있다. 이러한 경우 우리의 창의시스템은 보다 활성화 되고, 자아실현 자유의지는 자생적으로 성장한다. 따라서 우리가 창의능력 개발 5단계를 통해 완전자아실현으로 나아가기 위해서는 창의능력진단은 필수적인 요소이다. 창의능력진단은 개인의 창의능력 개발의 단서가 된다.

창의능력 진단은 우리가 선천적으로 창의시스템을 가지고 태어나는데도 불구하고 왜 우리는 자신의 창의능력을 마음껏 누리지 못하고 있는 것인가? 우리는 어떠한 잠재적 창의능력을 가지고 있으며, 무엇이 문제였기에 창의능력 개발 5단계로 나아가지 못하는 것인가? 나의 창의시스템이 활성화되기 위해서는 어떠한 조치가 필요한 것인가? 에 대한 해답을 찾는 과정이다.

9.2 자아실현 자유의지 수명주기와 창의능력 진단

지적한 바와 같이 자아실현 자유의지가 수명주기를 따라 순환할 경우 개인의 창의능력은 창의능력 개발 5단계로 나아간다. 그러나 개인이 파워의 비합리적 조건에 지배될 경우 자아실현의 자유의지는 수명주기를 따라 순환하지 못하며, 개인의 창의능력은 잠재적 능력단계로 진입한다. 창의능력진단의 초점은 개인의 창의능력의 파악에 있는 것보다 개인의 창의능력 개발에 있다. 따라서 개인의 창의능력진단은 다음 내용을 포함하는 것이 바람직하다.

- 개인의 자아실현 자유의지는 그 수명주기를 따라 순환하고 있는가?
- 개인의 창의능력은 창의능력 개발 5단계에서 어떠한 단계에 있는가?
- 개인에게 파워의 비합리적 조건을 유발하는 요인은 무엇인가?
- 창의능력 개발을 위한 실천적 방안은 제안되고 있는가?

① 자아실현 자유의지 주기적 순환능력 진단

지적한 바와 같이 자아실현 자유의지가 자생적 성장조건을 만족할 경우 자아실현 자유의지는 주기적 순환을 하고 이러한 과정에서 개인의 창의능력은 지속적으로 개발된다. 자아실현 자유의지의 자생적 성장조건은 자아실현 자유의지 3요소가 정삼각형의 동적 균형을 유지하는 것이다.

자아실현 자유의지 3요소의 정삼각형의 동적 균형은 이들이 정체성, 활성화 및 영향력 조건을 만족하는 것이다. 따라서 우리가 자아실현 자유의지 3요소가 정삼각형의 동적 균형에 있는가를 진단할 경우 우리는 개인의 자아실현 자유의지가 그 수명주기에서 어떤 단계에 있는가를 알 수 있고 나아가 창의능력 개발을 위한 학습방법을 알 수 있다.

② 창의능력 개발 5단계에서 개인의 포지션 진단

지적한 바와 같이 창의능력 개발 5단계 즉, 자기주도적, 완전기능, 문제해결과 완전자아실현 및 잠재적 능력단계는 각각 자아실현 자유의지 수명주기에서 자아실현 자유의지 형성, 성장, 성숙 및 쇠퇴에 이르는 단계의 행동특성이다. 이러한 능력들의 자생적 형성과 성장은 각각 자기주도적 능력, 완전기능능력 및 완전자아실현능력 3요소의 정삼각형의 동적 균형에 의존한다.

자기주도적 능력, 완전기능능력 및 완전자아실현능력 3요소의 동적 균형조건은 이러한 3요소가 정체성, 활성화 및 영향력 조건을 만족하는 데 있다(이경환, 2015). 따라서 우리가 이들 3요소의 정삼각형의 동적 균형조건을 진단할 경우 우리는 개인의 창의능력이 창의능력 개발 5단계에서 어떠한 단계에 있는가를 알 수 있으며, 나아가 창의능력 개발을 위한 학습방안을 알 수 있다.

③ 파워의 비합리적 조건 유발요인 진단

지적한 바와 같이 파워의 비합리적 조건은 개인으로 하여금 창의능력 개발 5단계로 나아가는 데 장애요인으로 작용한다. 또한 파워의 비합리적 조건은 개인적 및 환경적 요인에 의해서 유발된다.

파워의 비합리적 조건의 개인적 유발요인은 지적한 바와 같이 개인적 및 사회적 자아의 부조화나 이들의 미흡한 형성에 기인된다. 또한 자아실현 자유의지가 자생적 조건을 만족할 경우 개인적 및 사회적 자아는 조화로운 관계에 있으며, 자아실현 자유의지 3요소가 안정적이면서 지속적으로 발현한다.

그러나 자아실현 자유의지가 자생적 조건을 만족하지 못할 경우 개인적 및 사회적 자아는 부조화의 관계에 있고, 자아실현 자유의지 3요소가 불안정하게 발현한다. 따라서 개인의 생각이나 행동에서 자아실현 자유의지 3요소의 패턴을 진단할 경우 우리는 이들의 일관성과 개인에게 작용하는 파워의 비합리 조건의 개인적 유발요인을 비합리성 정도를 알 수 있다.

또한 파워의 비합리적 조건의 환경적 유발요인은 조건적 긍정적 존중에서 개인에 부여된 가치의 조건에 크게 기인한다. 지적한 바와 같이 성취사회행동의 발현은 완전기능행동을 유발하고 창의시스템을 활성화하며, 개인의 자아실현 자유의지의 성장을 도모한다. 따라서 파워의 비합리적 조건을 유발하는 환경적 요인진단을 위해서는 개인행동에서 나타나는 성취사회행동을 진단하는 것이 바람직하다.

개인의 생각이나 행동에서 자아실현 자유의지 3요소와 성취사회행동요소가 나타나는 패턴을 진단할 경우 우리는 개인의 생각이나 행동에 작용하는 파워의 비합리적 조건의 정도를 알 수 있다. 따라서 창의능력진단은 자아실현 자유의지 3요소의 작용패턴과 성취사회행동 진단을 포함하는 것이 바람직하다.

④ 창의능력 개발의 자기주도적 학습방안

지적한 바와 같이 창의능력 개발 5단계 즉, 자기주도적 능력, 완전기능 능력 및 완전자아실현능력의 자생적 형성과 성장은 각각, 자기주도적 능력 3요소, 완전기능 능력 및 완전자아실현능력 3요소의 정삼각형의 동적 균형에 의존한다. 또한 개인의 창의능력 개발은 창의능력 개발 5단계의 연속적이며 누적적 성과에 의존한다. 따라서 우리가 창의능력 개발 5단계의 특정단계에서 다음 단계로 진입하기 위해서는 다음 단계의 능력 3요소의 행동으로 거의 영구적인 변화가 요구된다.

지적한 바와 같이 학습은 경험이나 훈련에 의해서 개인의 행동이 거의 영구적으로 변화되는 것이다. 따라서 우리가 창의능력 개발 5단계의 특정단계에서 다음 단계로 진입하기 위해서는 이러한 단계의 능력 3요소가 지향하는 행동을 학습해야 한다. 예로써 자기주도적 능력단계에 있는 개인이 완전기능 능력단계로 진입하기 위해서 완전기능 능력 3요소를 학습해야 한다.

자기주도적 학습은 다른 사람의 도움여부와는 상관없이 학습자가 주도적으로 스스로 학습요구를 진단하고, 학습목표를 설정하며, 학습에 관한 자원을 확보하며, 학습전략을 수립하고 학습을 실행 후 결과를 평가하는 활동을 포함한다(Knowles, 1975). 자기주도적 학습은 스스로 관심과 동기를 갖고 관리한다는 의미에서 개인적이며, 남이 가르쳐줄 때보다 행동의 변화가 빠르다. 개인이 창의능력 개발 5단계의 특정단계로 진입하기 위해서는 이러한 단계의 능력 3요소에 대한 자기주도적 학습이 바람직하다.

자기주도적 학습은 학습에 대한 내재적 동기가 유발되고, 긍정적 학습태도가 형성되어 학습자가 학습에 몰입할 경우 학습효과는 높게 나타나며, 학습내용에 따라 선천적 또는 후천적 창의성이 개발된다. 지적한 바와 같이 정체성은 내재적 동기를 유발하고, 활성화는 태도를 포함하며, 영향력은 행동의 몰입에 관계한다. 따라서 창의능력 진단은 자아실현 자유의지 3요소, 자기주도적 능력 3요소, 완전기능 능력 및 완전자아실현능력 3요소의 정체성, 활성화 및 영향력 진단을 포함하는 것이 바람직하다.

<표 9-2>는 자아실현 자유의지의 주기적 순환을 통해 개인이 창의능력 개발 5단계로 나아가기 위하여 개인의 창의능력진단에 포함되어야 할 진단내용에 관한 것이다.

표 9-2 자아실현 자유의지 수명주기와 창의능력진단

창의능력 진단항목	진단내용
자아실현 자유의지 주기적 순환능력	• 자아실현 자유의지 자생적 성장조건 진단
개인의 창의능력 단계	• 자기주도적, 완전기능 및 완전자아실현능력 3요소의 정삼각형의 동적 균형 진단
파워의 비합리적 조건 유발요인	• 자아실현 자유의지 3요소 패턴 진단 • 성취사회행동 진단
창의능력 개발을 위한 학습방안 진단	• 창의능력 개발 각 단계의 능력3요소의 정체성, 활성화, 영향력 진단

개인의 창의능력 진단은 개인의 자아실현 자유의지가 그 수명주기에서 어떤 위치에 있는가 또는 개인의 창의능력이 창의능력 개발 5단계에서 어떤 단계에 있는가를 파악하는 데 그치는 것이 아니다. 보다

중요한 것은 이러한 진단을 기반으로 창의능력 개발을 위한 효과적인 자기주도적 학습방안을 제시하여 학습자의 창의능력을 개발하는 데 있다. <표 9-2> 자아실현 자유의지 수명주기와 창의능력진단의 진단항목과 내용은 자아실현 자유의지의 주기적 순환을 유발하여 창의능력 개발 5단계로 나아가는 데 기여할 것으로 생각된다.

사람의 창의시스템은 선천적인 것이며, 창의성과 자아실현 경향성 및 파워 5속성으로 구성된다. 따라서 창의시스템은 유전적 청사진을 의미한다. 인간의 삶의 본질은 이러한 유전적 청사진에 가치 있는 내용이 더해지는 데 있다. 자아실현 자유의지의 주기적 순환은 개인적 및 사회적 자아 모두를 실현하므로 유전적 청사진을 완성하는 삶으로 이끌어 간다. 이러한 삶을 유지하고 고양하기 위해서는 창의능력 진단과 개발은 불가결한 요소가 된다.

9.3 PSAD와 창의능력 진단 및 개발

1. PSAD 창의·인성 진단시스템 개요

PSAD(Prime Self-Actualization Diagnostics)의 창의·인성진단 시스템은 자아실현 자유의지 수명주기의 각 단계에 따라 개인의 창의능력을 진단하고, 개인의 창의·인성을 개발하기 위한 자기주도적 학습방법을 기반으로 개인으로 하여금 창의능력 개발 5단계로 나아가게 하는 진단 및 학습시스템이다.

PSAD 창의·인성진단은 개인의 자아실현 능력 진단방법(특허 제10-1542200호)과 자아실현 리더십능력 진단시스템 및 진단방법(특허 제10-1464289호)을 기반으로 한다. PSAD는 진단결과를 계량적 지수로 나타내며, 진단에 따른 행동의 예측력은 최소 85%이다. PSAD 개인의 창의·인성 진단시스템의 특성과 내용은 다음과 같다.

① 개인의 자아실현 자유의지 주기적 순환능력 진단

지적한 바와 같이 자아실현 자유의지의 주기적 순환능력은 자아실현 자유의지 3요소의 정삼각형의 동적 균형에 의존한다. 자아실현 자유의지 3요소의 정삼각형의 동적 균형은 이들이 정체성, 활성화 및 영향력 조건을 만족하는 것이다.

PSAD는 자아실현 자유의지 3요소에 대한 개인의 자기보고(self-report)로부터 자아실현 자유의지 3요소의 정체성, 활성화 및 영향력을 측정하고 이것을 기반으로 개인의 자아실현 자유의지의 주기적 순환능력을 진단한다. 또한 PSAD는 개인의 의지유형(예: 자아실현 자유의지 또는 자아실현 학습의지 등)을 진단하고 자아실현 자유의지 형성을 위한 자기주도적 학습방안을 제시한다.

② 개인의 창의능력 진단

지적한 바와 같이 자아실현 자유의지 3요소, 자기주도적 능력 3요소, 완전기능능력 및 완전자아실현능력 3요소의 정삼각형의 동적 균형 조건을 진단할 경우 우리는 개인의 창의능력이 창의능력 개발 5단계에서 어떠한 단계에 있는가를 알 수 있으며, 나아가 창의능력 개발을 위한 학습방안을 알 수 있다.

우리는 자아실현 자유의지 3요소, 자기주도적 능력 3요소, 완전기능 능력 3요소 및 완전자아실현능력 3요소를 창의능력 개발 요소라고 한다. PSAD는 창의능력 개발 요소에 대한 개인의 자기보고로부터 이들 요소의 정체성, 활성화 및 영향력을 측정하고 이것을 기반으로 개인의 창의능력이 창의능력 개발 5단계에서 어떠한 단계에 있는가를 측정하고 바람직한 단계로 나아가기 위한 자기주도적 학습방안을 제시한다.

③ 개인의 근원적 창의능력 진단

지적한 바와 같이 개인의 근원적 창의능력은 독창적, 차별적, 공감적, 리더적 및 적응적 창의능력으로 구분한다. PSAD는 창의능력에 대한 개인의 자기보고로부터 개인의 근원적 창의능력을 진단하고 이것을 기반으로 근원적 창의능력 개발을 위한 자기주도적 학습방안을 제시한다.

④ 개인의 파워의 비합리적 조건의 유발요인 진단

지적한 바와 같이 개인의 생각이나 행동에서 자아실현 자유의지 3요소와 성취사회행동요소가 나타나는 패턴을 진단할 경우 우리는 개인적 및 사회적 자아의 일관성 정도와 함께 개인에게 작용하는 파워의 비합리성 정도를 알 수 있다. 뿐만 아니라 개인적 및 사회적 자아의 일관성 정도는 창의능력 개발 요소가 개인의 생각이나 행동에서 나타나는 패턴에 관계한다.

PSAD는 창의능력 개발요소나 성취사회행동요소에 대한 개인의 자기보고로부터 이들이 개인의 생각이나 행동에서 나타나는 행동패턴을 측정하고, 개인에게 작용하는 파워의 비합리적 조건의 유발요인을 규명한다. PSAD는 이것을 기반으로 개인에게 작용하는 파워의 비합리적 조건을 제거하기 위한 자기주도적 학습방안을 제시한다.

⑤ 창의능력 개발을 위한 자기주도적 학습프로그램 제안

지적한 바와 같이 개인이 창의능력 개발 5단계의 특정 단계로 진입하기 위해서는 진입하고자 하는 단계의 창의능력 개발 요소에 대한 자기주도적 학습이 바람직하다. 예로써 자기주도적 능력단계에 있는 사람이 완전기능능력단계로 진입하기 위해서는 완전기능능력 3요소를 학습해야 한다. PSAD는 창의능력 개발 5단계를 기반으로 창의능력 개발을 위한 개인별 맞춤형 학습프로그램을 제안한다. 이러한 학습은 학습내용에 따라 선천적 또는 후천적 창의성이 개발된다.

자기주도적 학습은 학습에 대한 내재적 동기가 유발되고, 긍정적 학습태도가 형성되어 학습자가 학습에 몰입할 경우 학습효과는 높아진다. 앞에서 우리는 정체성이 내재적 동기를 유발하고, 활성화는 태도를 포함하며, 영향력은 행동의 몰입에 관계한다고 하였다. PSAD는 자아실현 자유의지 3요소, 자기주도적 능력 3요소, 완전기능 능력 및 완전자아실현능력 3요소의 정체성, 활성화 및 영향력 진단을 기반으로 개인의 창의능력 개발의 내재적 동기유발, 긍정적 태도 및 학습에 몰입을 통하여 학습효과를 높이는 방안을 제시한다. .

⑥ 창의능력 개발의 자기주도적 학습성과 측정

자적한 바와 같이 학습은 거의 영구적인 행동의 변화를 의미한다. 행동의 거의 영구적인 변화는 자발적으로 이러한 행동이 발현되는 것을 의미한다. 자발적 행동은 내재적 동기에 의해서 유발되고, 내재적 동기는 정체성에 의해서 발현된다. 따라서 자기주도적 학습과정에서 학습대상에 대해 정체성이 형성될 경우 이것은 행동의 거의 영구적인 변화를 의미한다.

PSAD는 창의능력 개발 요소 즉, 자아실현 자유의지 3요소, 자기주도적 능력 3요소, 완전기능 능력이나 완전자아실현능력 3요소에 대한 자기주도적 학습 후에 이들 요소의 정체성의 측정을 통해 학습자로 하여금 자신의 학습성과를 평가하는 프로세스를 제공한다.

⑦ 개인의 능력진단

지적한 바와 같이 개인의 능력은 재능, 인지능력, 지각능력, 적성, 문제해결능력 또는 정서지능으로 나타나며, 파워속성에 본능의 형태나 잠재적 귀속으로 흔히 내재한다.

PSAD는 능력에 대한 개인의 자기보고로부터 개인의 재능, 인지능력, 지각능력, 적성, 문제해결능력 또는 정서지능을 진단하고 이것을 기반으로 이들을 개발하기 위한 자기주도적 학습방안을 제시한다.

우리가 PSAD의 창의능력 진단과 이것을 기반으로 한 창의능력 개발 원리와 실천적 방안을 학습할 경우 우리는 자기주도적 노력으로 자신의 창의성을 개발하고 완전자아실현으로 나아갈 수 있다. 뿐만 아니라 우리는 자신의 선천적 및 후천적 창의성 개발수준을 알 수 있다.

따라서 PSAD에 의한 창의·인성진단은 우리의 창의능력과 자아실현 능력 개발에 크게 기여한다.

2. PSAD 창의·인성 진단시스템의 구조

PSAD 창의·인성 진단시스템은 자아실현 자유의지 수명주기에 따라 창의·인성 간편진단, 일반진단, 정밀진단진단으로 구성된다.

① PSAD 창의·인성 간편진단

PSAD 간편진단은 자아실현 자유의지와 자기주도적 능력의 자생적 성장능력에 대한 진단이며, 그 내용은 다음과 같다.

- 자아실현 자유의지 3요소(자아실현 경향성, 자아실현의 가치지각 및 개인의 자기정화)의 정체성, 활성화 및 영향력 진단을 통해 자아실현 자유의지의 자생적 성장능력 진단
- 자아실현 자유의지 3요소의 행동포지션(행동패턴) 분석을 통해 개인적 및 사회적 자아의 일관성 정도와 파워의 비합리적 조건의 작용수준 진단
- 자기주도적 능력 3요소(자아실현 경향성, 자아실현의 가치학습 및 자기주도적 행동)의 정체성, 활성화 및 영향력 진단을 통해 자기주도적 능력의 자생적 성장능력 진단
- 자기주도적 능력 3요소의 행동포지션(행동패턴)을 분석하여 이들의 안정성과 지속성을 진단하고, 파워의 비합리적 조건 유발요인 진단

자기주도적 능력은 자아실현 자유의지 형성기의 행동특성이다. PSAD 간편진단에서는 다음과 같은 개인 행동특성을 알 수 있다.

- 개인의 의지유형(자아실현 및 성취지향적 자유의지, 자아실현 및 잠재된 학습의지)과 크기
- 창의시스템의 활성화 정도
- 자기주도적 능력의 자생적 성장능력
- 자아실현 자유의지 자생적 성장능력
- 자아실현 자유의지 형성에 필요한 학습내용

② PSAD 창의·인성 일반진단

PSAD 일반진단은 완전기능능력에 대한 진단이며, 그 내용은 다음과 같다.

- 완전기능능력의 자생적 성장능력진단
- 완전기능능력에 영향을 미치는 개인적 및 환경적 요인진단
- 완전기능능력 3요소의 행동포지션(행동패턴) 진단
- 근원적 창의능력 진단
- 완전기능능력 3요소에 대한 개인의 태도 진단
- 파워의 비합리적 조건 유발요인 진단.

완전기능 능력은 자아실현 자유의지의 성장기에 나타나는 행동특성이다. PSAD 일반진단은 다음의 행동특성을 알게 한다.

- 완전기능행동 유형(완전기능, 외재적, 내재적 및 불완전 행동)과 크기
- 선천적 창의성의 활성화 수준
- 완전기능행동의 자생적 성장능력
- 성취행동과 성취사회행동 패턴
- 개인적 자아실현의 내재적 및 외재적 동기

- 개인적 자아실현을 위한 개인의 노력
- 완전기능 행동에 대한 몰입 정도
- 완전기능 행동을 위한 학습내용

③ PSAD 창의·인성 정밀진단

PSAD 정밀진단은 문제해결능력과 완전자아실현능력에 관한 진단이며 그 내용은 다음과 같다.

- 완전자아실현능력 자생적 성장능력 진단
- 완전자아실현능력 3요소의 행동포지션(행동패턴)을 분석하여 이들의 안정성과 지속성 진단
- 문제해결능력(행동의 가치화 능력) 진단
- 후천적 창의능력 개발 능력 진단
- 파워 5속성의 정체성, 활동성 및 영향력 진단
- 개인의 적성, 재능, 성격 및 리더십유형 진단
- 완전자아실현능력 3요소에 대한 개인의 태도 진단
- 파워의 비합리적 조건 유발요인 진단

완전자아실현 능력은 자아실현 자유의지의 성숙기에 나타나는 행동특성이다. PSAD 정밀진단은 다음의 행동특성을 알게 한다.

- 선천적 및 후천적 창의성의 활성화 수준
- 문제해결능력
- 자아실현의 유형과 크기
- 완전자아실현능력의 자생적 성장 능력
- 행동의 가치화 패턴

- 파워 5속성의 작용 패턴
- 개인의 재능, 성격, 적성 등
- 완전자아실현의 내재적 및 외재적 동기수준
- 완전자아실현에 대한 태도와 몰입 수준
- 정서지능의 유형

3. PSAD 창의·인성 진단 프로세스

 개인의 창의능력은 자아실현 자유의지 수명주기를 따라 창의능력 개발 5단계를 통해 연속적이고 누적적으로 개발되어 성장한다. 뿐만 아니라 개인의 창의능력은 자아실현 자유의지가 주기적 순환을 할 경우 일생 동안 누적적으로 성장한다.

 지적한 바와 같이 PSAD 간편진단은 자아실현 자유의지 자생적 성장능력과 자기주도적 능력진단이며, PSAD 일반진단은 완전기능능력에 대한 진단이고, PSAD 정밀진단은 문제해결 및 완전자아실현능력에 대한 진단이다. PSAD 창의·인성진단은 우리의 창의능력이 창의능력 개발 5단계에서 어떤 단계에 있는가를 알게 하고 다음 단계로 진입하기 위한 자기주도적 학습프로그램을 제시한다.

 PSAD는 보다 효과적인 창의능력 개발을 위한 자기주도적 학습방안을 학습의 내재적 동기, 학습활동 수준, 학습에 대한 태도 및 학습에 몰입측면에서 제시한다. 따라서 우리가 자아실현 자유의지 수명주기를 따라 창의능력 개발 5단계로 나아가기 위해서 우리는 창의능력 진단을 PSAD 창의·인성 간편, 일반 및 정밀진단 순으로 하는 것이 바람직하다.

<그림 9-1>은 자아실현 자유의지 수명주기에 따른 PSAD 창의·인성진단 프로세스를 나타낸다.

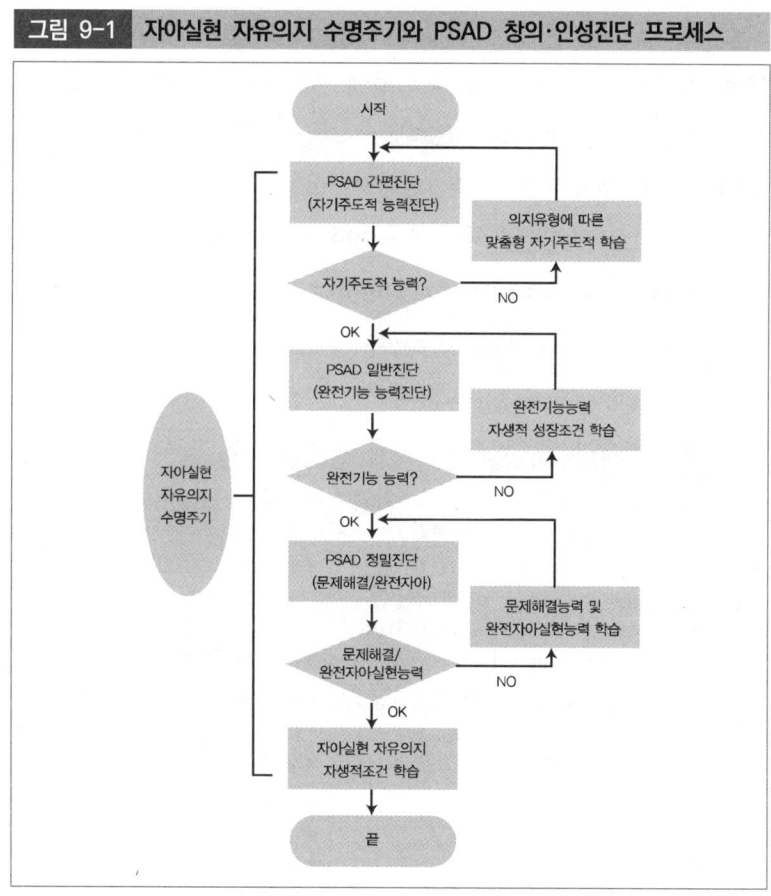

그림 9-1 자아실현 자유의지 수명주기와 PSAD 창의·인성진단 프로세스

<그림 9-1> PSAD 창의·인성진단은 자기주도적 능력, 완전기능 능력, 문제해결능력 및 완전자아실현능력의 자율적 또는 자생적 성장을

위한 자기주도적 학습프로그램을 제공한다. 뿐만 아니라 개인에 작용하는 파워의 비합리적 조건을 진단하고 이것을 제거하는 방안을 제시하여 개인의 창의시스템의 개방을 도모한다.

<그림 9-1> PSAD 창의·인성진단에서는 창의능력 개발 요소의 정체성, 활동성 및 영향력과 함께 이들에 대한 태도를 분석한다. PSAD는 이러한 분석을 기반으로 학습자로 하여금 창의능력 개발을 위한 학습동기를 형성하게 하고, 학습활동을 촉진하며, 학습에 대한 긍정적 태도와 함께 학습에 몰입을 증진하는 방안을 제시한다.

<표 9-3>은 자아실현 자유의지 수명주기에 따른 개인의 창의능력진단 내용과 효과를 나타내고 있다

표 9-3 자아실현 자유의지 수명주기와 창의능력 진단

진단 항목	진단내용	진단효과
자아실현 자유의지 자생적 성장능력	• 자아실현 자유의지 3요소 정체성, 활성화, 영향력 • 자아실현 자유의지 3요소의 작용패턴	• 자아실현 자유의지 자생적 성장을 위한 학습방향 • 파워의 비합리적 조건의 작용 정도 • 자아실현 경향성 개방
자기주도적 능력의 자생적 성장능력	• 자기주도적 능력 3요소의 정체성, 활성화, 영향력 및 작용패턴	• 자아실현 자유의지 형성 • 선천적 창의성 발현 • 자기주도적 행동유발
완전기능 능력의 자생적 성장능력	• 완전기능능력 3요소의 정체성, 활성화, 영향력 및 작용패턴	• 자아실현 자유의지 성장 • 재능 및 정서지능개발 • 근원적 창의능력 개발 • 완전기능행동 유발
완전자아실현 능력 자생적 성장능력	• 완전자아실현 능력 3요소의 정체성, 활성화, 영향력 및 작용패턴	• 자아실현 자유의지 성숙 • 문제해결능력 발현 • 후천적 창의성 개발 • 완전자아실현 행동유발

창의능력 개발은 개인의 지각능력, 학습능력, 지능개발, 정서지능과 재능개발을 촉진하므로 개인을 전인격체적 인재로 성장하게 한다.

9.4. PSAD와 창의능력 개발의 자기주도적 학습방안

지적한 바와 같이 우리가 창의능력 개발 5단계로 나아가기 위해서는 창의능력 개발 요소에 대해 자기주도적 학습을 도모하는 것이 바람직하다. 자기주도적 학습은 학습에 대한 동기가 크고, 긍정적 태도를 가지고, 학습에 몰입할 때 학습효과는 높아진다.

PSAD 창의·인성진단 시스템은 학습자의 학습에 대한 동기, 태도, 학습활동 및 학습에 몰입을 고려하여 학습자로 하여금 창의능력 개발을 위한 자기주도적 학습을 도모하게 한다.

1. 정체성 지수와 자기주도적 학습의 내재적 동기

동기는 행동을 강요하는 내면의 추진력으로서 개인이 어떤 목적을 위해서 행동을 일정한 방향으로 작동시키는 내적 상태에 관계하며, 그 발생원천에 따라 내재적 동기(intrinsic motive)와 외재적 동기(extrinsic motive)로 구분한다.

외재적 동기는 포상이나 칭찬과 같은 외적 인센티브에 의한 동기부여를 의미한다(Lefton 등, 2005). 외재적 동기에 의한 자기주도적 학습은 외적 인센티브가 제거될 경우 학습은 더 이상 유발되지 않는다. 외재적 보상은 내재적 가치를 저해할 수도 있다. 왜냐하면 이러한 보상은 사람들이 스스로 어떤 것을 선택하고 있다는 느낌을 저해하기 때문이다. 이에 비하여 개인적 통제와 능력은 사람으로 하여금 자기 자신에 대해 좋은 감정을 느끼게 하고, 그들의 창조적 작업을 고무한다(Lefton 등, 2005).

내재적 동기는 외적인 인센티브에 의해서 유발되는 것이 아니라 스스로 변화를 통해 자기만족과 기쁨을 추구한다. 내재적 동기에 의한 행동은 자발적이다(Lefton 등, 2005). 사람들이 내재적으로 동기화될 때 '그 활동이 즐거워서' 또는 '활동이 제공하는 도전적 느낌'을 위해서와 같이 흥미에 따라 행동한다. 내재적 동기는 자신의 흥미에 따르고 역량을 연습하고, 이러한 과정에서 적정 도전을 추구하고 숙달하려는 경향성이다. 내재적 동기는 심리적 욕구와 성장을 위한 추구로부터 자발적으로 출현한다(Deci & Ryan, 1985).

지적한 바와 같이 정체성은 개인의 자아로서 자신의 본질을 구현하기 위해 스스로 동기를 유발한다. 개인의 정체성이 유발한 동기는 내재적 동기이다. 왜냐하면 개인의 정체성은 자신의 가치구현을 위해 주도적 역할을 하기 때문이다. 자아실현 자유의지 3요소, 자기주도적 능력 3요소, 완전기능능력 및 완전자아실현능력 3요소들 중에 정체성이 높은 요소들은 내재적 동기를 유발하고 자신의 본질을 구현하고자 한다. 따라서 창의성 개발이나 자아실현 자유의지의 형성과 성장을 위한 자기주도적 학습은 이러한 요소 중에 정체성이 큰 요소를 중심으로 이루어지는 것이 바람직하다.

PSAD에서는 자아실현 자유의지 3요소, 자기주도적 능력 3요소, 완전기능능력 및 완전자아실현능력 3요소의 정체성 지수가 0.35보다 클 경우 이러한 요소는 자신의 가치구현을 위한 내재적 동기를 만들어 내고, 이것의 구현을 위해 주도적 역할을 한다고 진단한다. 따라서 PSAD는 학습자로 하여금 학습자의 이러한 3요소의 정체성 지수가 0.35보다 큰 요소를 우선적으로 학습하게 하고 이후 정체성 지수가 0.35보다 낮은 요소에 대해 학습한다. 이러한 학습은 학습자의 흥미를 증진하고, 스스로 변화를 도모하므로 학습효과를 높일 수 있다.

2. 활성화 지수와 자기주도적 학습활동 수준

지적한 바와 같이 동기는 행동을 강요하는 내면의 추진력으로서 개인이 어떤 목적을 위해서 행동을 일정한 방향으로 작동시키는 내적 상태이므로 동기는 행동의 단서가 된다. 그러나 동기가 있다고 해서 반드시 행동이 유발되는 것은 아니다. 예로써 학생은 학업에 대한 동기를 가지고 있으나 모든 학생이 열심히 공부하는 것은 아니다. 또한 정체성 지수가 0.35보다 낮다고 하여 행동이 유발되지 않는 것은 아니다. 왜냐하면 행동은 동기와 태도의 상호작용에 의해서 유발되기 때문이다. 지적한 바와 같이 행동에 대한 태도가 부정적일 경우 동기가 있더라도 행동은 유발되지 않는다.

자아실현 자유의지 3요소, 자기주도적 능력 3요소, 완전기능능력 및 완전자아실현능력 3요소활성화 지수는 해당 요소에 의한 행동능력을 의미한다. PSAD는 이러한 요소들의 정체성 지수가 모두 0.35보다 낮을 경우 학습자로 하여금 이들 3요소의 활성화 지수가 큰 요소를 우선적으로 학습하게 한다. PSAD는 학습자로 하여금 이러한 요소의 활성화 지수가 33.4보다 큰 요소를 우선적으로 학습하고, 이후 활성화 지수가 33.4보다 낮은 요소에 대해 학습하게 한다. 왜냐하면 학습은 동기에 의해서 이루어지는 것이 아니라 행동에 의존하기 때문이다.

3. 영향력 지수와 자기주도적 학습몰입

지적한 바와 같이 영향력은 행동의 몰입에 관계한다. 따라서 자아실현 자유의지 3요소, 자기주도적 능력 3요소, 완전기능능력 및 완전자아실현능력 3요소의 영향력은 해당 요소를 기반으로 한 행동의 몰입을 의미한다. 즉, 요소의 영향력 지수가 클수록 해당 요소에 의한 행동몰입은 높게 나타난다. 몰입은 해당 일에 열정이 생기고, 아이디어가 지속적으로 나오고, 업무성과가 높아지고, 자신감이 넘치는 행동으로 나아간다. 몰입은 즐거움을 느끼는 상태, 뇌가 가장 좋은 환경에서 활동할 수 있는 상태에서 그 능력을 발현하는 것이다. PSAD는 자아실현 자유의지 3요소, 자기주도적 능력 3요소, 완전기능능력 및 완전자아실현능력 3요소영향력 지수가 15.36 보다 클 경우 개인은 이러한 요소가 지향하는 행동에 몰입한다고 진단한다.

활동성이 높다는 것이 해당 일에 몰입을 의미하는 것은 아니다. 예로써 우리가 책을 읽고 있다고 해서 책 읽기에 몰입하고 있는 것은 아니다. 책 읽기에 몰입하고 있는 상태는 책을 읽음으로써 즐거움을 느끼고, 책 읽기에 집중하고, 재미와 유희를 경험하는 것을 의미한다.

PSAD는 자아실현 자유의지 3요소, 자기주도적 능력 3요소, 완전기능 능력 및 완전자아실현능력 3요소의 활성화 지수가 15.36 보다 클 경우 학습자로 하여금 이러한 요소를 우선적으로 학습하게 한다. 그러나 이러한 요소가 없을 경우 영향력 지수가 보다 큰 요소를 우선적으로 학습하게 한다.

지적한 바와 같이 개인의 창의능력은 창의능력 개발 5단계 즉, 자기주도적, 완전기능, 문제해결과 완전자아실현 및 잠재적 능력단계를 통해 연속적이고 누적적으로 개발되어 성장한다. 또한 자기주도적 학습효과는 학습에 대한 내재적 동기가 크고, 긍정적이 태도를 가지고, 학습에 몰입할 때 높아진다. 따라서 우리가 창의능력 개발 5단계의 특정 단계에 진입하고자 할 경우 우리는 PSAD 진단을 통해 진입하고자 하는 단계의 창의능력 개발 3요소의 정체성, 활성화 및 영향력 지수를 파악하고, 이들 지수가 큰 요소를 우선적으로 학습하는 것이 바람직하다.

4. 행동포지션과 자기주도적 학습태도

지적한 바와 같이 PSAD는 자아실현 자유의지의 자생적 성장능력, 자기주도적 능력, 완전기능능력 및 완전자아실현능력 3요소들이 개인의 생각이나 행동에서 나타나는 행동패턴을 측정하고, 파워의 비합리적 조건의 유발요인을 규명한다. PSAD는 이러한 행동패턴을 행동포지션(XX-YY-ZZ)로 나타내며, (XX-YY-ZZ)를 행동포지션 지수라고 한다. PSAD 에 의한 이러한 행동포지션은 자아실현 자유의지 3요소, 자기주도적 능력 3요소, 완전기능능력 및 완전자아실현능력 3요소에 따른 개인의 행동패턴을 나타내므로 이들에 대한 개인의 태도를 포함한다.

지적한 바와 같이 태도는 대상에 대해 긍정적 또는 부정적 평가에 관계하며 사람의 행동에 영향을 미치며, 인지적, 정서적 및 행동적 요소로 구성된다. 따라서 자아실현 자유의지 3요소, 자기주도적 능력 3요소, 완전기능능력 및 완전자아실현능력 3요소의 행동포지션(XX-YY-ZZ)은 이들에 대한 개인의 인지적, 정서적 및 행동적 측면을 알게 한다. 학습자가 이들에 대해 긍정적 태도를 가질 경우 이들에 대한 자기주도적 학습성과는 높게 나타난다.

표준행동포지션의 행동포지션 지수는 (30-50-20)이다. PSAD는 표준행동포지션을 기반으로 자아실현 자유의지 3요소, 자기주도적 능력 3요소, 완전기능능력 및 완전자아실현능력 3요소의 행동포지션(XX-YY-ZZ)을 규범적 행동포지션, 쏠림 행동포지션 및 양극화 행동포지션으로 구분한다. PSAD는 이러한 프로세스를 통해 이들에 대한 개인행동의 방향성이나 태도를 진단하고, 창의능력 개발을 위한 자기주도적 학습방안을 모색한다.

① 규범적 행동포지션

규범적 행동포지션은 표준행동포지션(30-50-20)에 접근하는 행동포지션이다. 행동포지션이 표준행동포지션(30-50-20)에 접근할수록 해당 행동포지션에 따른 행동특성은 보다 안정적으로 발현하며, 그 빈도는 자신이 속한 인구 통계학적 집단에서 평균수준이다. 따라서 규범적 행동포지션에 속한 사람의 창의능력 개발을 위한 자기주도적 학습은 안정적이고 환경적응력이 높다.

규범적 행동포지션에 속한 사람의 개인적 및 사회적 자아는 조화로운 관계로 나아가고자 하는 행동성향을 보인다. 지적한 바와 같이 개인적 및 사회적 자아가 조화로운 관계에 있을 경우 우리는 자신의 경험에 대한 정확한 상징화를 도모하고 긍정적 생각을 하며, 완전자아실현으로 나아간다. 따라서 규범적 행동포지션에 속한 사람은 파워의 비합리적 조건으로부터 자유롭게 된다.

② 쏠림 행동포지션

쏠림 행동포지션은 행동포지션이 행동포지션 지수(XX)와 (ZZ) 중에 어느 하나로 치우친 것(예: 80-20-00)을 의미한다. 행동포지션이 (XX)나 (ZZ)에 치우칠 경우 해당 포지션에 의한 행동특성은 자신이 속한 인구통계학적 집단보다 빈번하게 나타나고 있으나, 어느 경우든 해당 행동은 비탄력적이 되어 유연성이 결여될 수 있다. 쏠림 행동포지션은 개인의 행동이 개인적 자아나 사회적 자아 중에 어느 하나에 지배되는 행동성향을 보인다.

사회적 자아에 지배되는 행동성향의 사람들은 사회적 자아실현으로 나아간다. 그러나 이러한 성향의 사람들은 흔히 사회적 자아와 실제적 경험 간의 부조화를 경험하며, 이것은 이들에게 위협과 불안을 야기한다(Rogers, 1961). 따라서 이들은 창의능력 개발을 위한 학습에서 흔히 부조화를 경험하며, 이러한 경험은 이들이 파워의 비합리적 조건에 지배되는 원인이 된다. 사회적 자아에 지배되는 행동성향의 사람들이 창의능력 개발을 위한 자기주도적 학습을 위해서는 이것을 위한 외재적 동기부여가 요구된다.

개인적 자아에 지배되는 행동성향의 사람들은 흔히 개인적 자아실현으로 나아간다. 또한 이들은 흔히 창의능력 개발을 위한 자기주도적 학습에 열심을 보인다. 그러나 이러한 사람은 사회적 자아가 발달하지 않고 있어 때로는 목적성 결여로 자기중심적 행동을 보인다. 이러한 경우 효과적인 자기주도적 학습을 위해 이들에게 자아실현의 가치교육을 하는 것이 바람직하다.

③ 양극화 행동포지션

양극화 행동포지션은 행동포지션 지수(YY)가 낮고 (XX)와 (ZZ)가 모두 큰 포지션(예 : 40-20-40)을 의미한다. 행동포지션이 양극화 요인 포지션에 접근할수록 해당 요인에 의한 개인 행동특성은 양극화 되어 일관성의 결여로 신뢰성이 낮다. 양극화 행동포지션은 개인적 및 사회적 자아 간에 부조화적이거나 개인적 및 사회적 자아 모두가 형성되지 않은 행동성향을 흔히 보인다.

개인적 및 사회적 자아의 부조화적인 행동성향의 사람들은 창의능력 개발을 위한 자기주도적 학습에서 불안정한 태도를 보이거나 환경적응력과 신뢰성이 낮게 나타난다. 또한 개인적 및 사회적 자아 모두가 형성되지 않은 사람들은 창의능력 개발의 자기주도적 학습에 대해 갑갑해하고, 완고해지며, 방어적이 된다.

양극화 행동포지션의 사람들의 이러한 불안정한 태도나 낮은 환경적응력과 완고한 방어적 행동은 이들이 파워의 비합리적 행동에 지배되는 원인이 된다. 이러한 사람들이 자아실현 자유의지 3요소에 대한 자기주도적 학습을 효과적으로 수행하기 위해서는 이들에게 외재적 동기부여와 함께 자아실현의 의미와 가치를 교육하는 것이 바람직하다.

9.5. PSAD와 창의능력 개발의 자기주도적 학습효과

PSAD창의·인성진단을 기반으로 창의능력 개발 5단계의 특정 단계에서 다음 단계로 진입을 위한 자기주도적 학습효과는 초기 3~4개월에는 10~20%, 다음 5~6개월에는 0~5%, 이후 6~7개월에는 10~20% 향상되는 것으로 나타나고 있다. 예로써 잠재적 능력단계에 속한 사람이 자기주도적 능력단계로 진입을 위한 자기주도적 학습 효과는 처음 3~4개월에는 10~20%, 다음 5~6개월에는 0~5%, 이후 6~7개월에는 10~20% 향상된다. 이러한 자기주도적 학습효과는 창의능력 개발의 모든 단계에서 나타난다.

우리는 창의능력 개발 5단계에 따른 자기주도적 학습에서 초기 3~4개월을 도입기, 다음 5~6개월을 정체기, 이후 6~7개월을 성장기라고 한다. 우리가 창의능력 개발 5단계의 특정 단계에서 다음 단계로 진입을 위한 자기주도적 학습을 지속적으로 도모할 경우 이러한 도입기, 정체기 및 성장기가 규칙적으로 반복적으로 나타난다. <그림 9-2>는 창의능력 개발을 위한 자기주도적 학습효과를 보이고 있다.

그림 9-2 자기주도적 학습성과

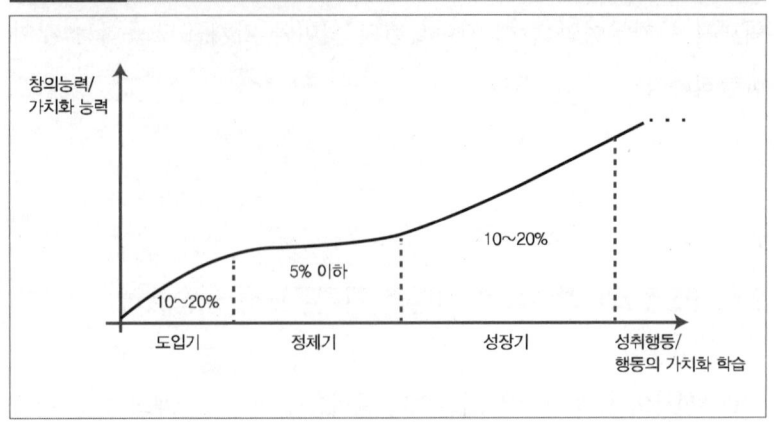

지적한 바와 같이 특정의 분야에서 세계적인 전문가가 되기 위해서는 1만 시간의 연습이 필요하다. 특정 분야에서 지속적이면서 규칙적인 노력은 우리의 후천적 창의성을 개발한다. 예로써 천재적 철학자 칸트나 과학자 아인슈타인은 규칙적인 삶을 추구한 것으로 널리 알려지고 있다. 프로 야구선수나 골프선수가 지속적이고 규칙적으로 연습을 하지 않을 경우 운동능력은 저하된다. 이들의 이러한 노력은 자신의 분야에서 후천적 창의력을 개발하게 하였다.

지적한 바와 같이 자아실현 자유의지의 주기적 순환 즉, 자아실현 자유의지 수명주기의 규칙적인 반복은 지속적으로 개인으로 하여금 창의능력 개발 5단계로 나아가게 한다. 우리가 창의능력 개발 5단계의 특정 단계에서 다음 단계로 진입을 위한 자기주도적 학습을 지속적이고 규칙적으로 도모할 경우 <그림 9-2>와 같이 우리의 창의능력은 지속적으로 성장한다. 사람의 창의능력은 일생 동안 연속적이고 누적적으로 성장한다. 따라서 우리가 창의능력 개발을 위한 자기주도적 학습을 지속적이고 규칙적으로 도모할 경우 우리는 다음과 같은 삶을 누릴 수 있다.

① 창의능력 개발은 선·후천적 재능을 발현한다.
재능은 개인의 소질이나 능력이며, 장래 발전의 바탕이 된다. 지적한 바와 같이 이러한 재능은 창의시스템과 학습스키마의 상호작용에 의해서 형성되며, 재능형성 과정에서 지배적으로 작용한 파워속성에 속성에 기억되고, 후손에게 전달된다.
모든 사람은 부모나 조상으로부터 적어도 하나 이상의 재능을 유전으로 받고 있다. 그러나 이러한 재능의 형성과 발현은 창의시스템 개방으로부터 시작된다. 유전된 선천적 재능의 발현이나 후천적 재능개발은 창의능력에 관계한다.

② 창의능력 개발은 인지능력을 향상한다.
지적한 바와 같이 파워 5속성은 각각 고유한 인지능력을 가지고 있다. 파워의 5속성은 자신이 가진 인지능력을 통해 환경을 이해하고 환경이 자신에게 또한 자신이 환경에 어떻게 영향을 미치는가를 알게 한다. 이러한 파워의 5속성은 주어진 상황에서 자율적으로 또는 의식적으로 작용하여 인간의 생존에 가장 유리한 패턴으로 작용한다(이경환, 2009).
지적한 바와 같이 자아실현 경향성은 파워속성을 활성화 하며, 이들이 주어진 상황에서 가장 합리적인 패턴으로 능률적이거나 동시다발적으로 작용하게 한다. 파워속성이 능률적이거나 동시다발적으로 작용할수록 개인의 인지능력은 향상된다. 따라서 창의시스템이 개방은 인지능력을 향상한다.

③ 창의능력 개발은 정서지능을 향상한다.
지적한 바와 같이 파워속성은 인지능력 가치측정 프로세스와 상호작용으로 정서를 형성한다. 따라서 개인의 내면에 파워의 5속성이 능률적이거나 동시다발적으로 작용할수록 정서의 형성이 활성화 되어 개인은 정서적으로 성숙하게 되어 완전기능정서로 나간다.
개인이 완전기능정서로 나아갈수록 정서지능은 개발되고, 자기인식, 자기관리, 사회적 인식 및 관계관리 능력이 향상된다. 파워의 5속성의 능률적 또는 동시다발적 작용은 창의시스템의 개방에 의존한다. 즉, 정서지능의 개발은 창의능력에 관계한다.

④ 창의능력 개발은 완전자아실현으로 나아가게 한다.
모든 유기체는 특정의 천부적인 능력이나 잠재적 가능성 즉, 유전적 청사진(genetic blueprint)을 가지고 태어난다. – "삶이 진전됨에 따라 실질적인 내용이 유전적 청사진에 더해진다." 인생의 목적은 유전적 청사진을 성취하여 우리가 되고자 하는 것에서 최선의 것이 되는 것이다. 사람의 유전적인 청사진은 자아실현 경향성이다(Rogers, 1961).
개인은 창의시스템의 활성화 수준에 따라 창의능력 5단계 즉, 잠재적 능력단계, 자기주도적 능력단계, 완전기능 능력단계, 문제해결 능력단계 및 완전자아실현 능력단계로 나아간다. 우리가 창의능력 5단계로 나아가는 것은 우리의 유전적 청사진을 성취하는 것을 의미한다. 이것을 위해서는 창의능력진단과 함께 개발을 위한 자기주도적 학습을 지속적이고 규칙적으로 도모하는 것이 바람직하다.

PSAD 간편진단과 자기주도적 능력 개발

PSAD 간편진단은 의지와 자기주도적 능력에 대한 진단이다. 자기주도적 능력은 자아실현 자유의지에 의해서 유발된다. 따라서 PSAD 간편진단은 개인의 의지유형을 진단하고 자아실현 자유의지 형성을 통해 개인에게 자기주도적 능력을 획득하게 하는 프로세스를 포함한다.

10.1 PSAD 간편진단 개요

1. 자기주도적 능력 및 자아실현 자유의지의 자생능력 진단

지적한 바와 같이 자아실현 자유의지와 자기주도적 능력은 각각 자아실현 자유의지 3요소와 자기주도적 능력 3요소가 정삼각형의 동적 균형을 유지할 경우 자생적으로 형성되고 성장한다. 또한 이러한 정삼각형의 동적 균형은 이들이 각각 자아실현 자유의지 및 자기주도적 능력의 자생적 성장조건을 만족하는 것에 관계한다.

PSAD는 자아실현 자유의지 3요소나 자기주도적 능력 3요소에 대한 개인의 자기보고로부터 이들의 자생적 성장조건을 다음과 같이 진단하고, 이들이 정삼각형의 동적 균형을 위한 자기주도적 학습프로그램을 제시한다.

① 정체성 조건

자아실현 자유의지 3요소나 자기주도적 능력 3요소의 정체성이 클수록 이들은 각각 자신의 가치구현을 위해 스스로 동기를 만들어 낸다. PSAD는 이들의 정체성 지수가 0.35보다 클 경우 이들은 각각 자신의 가치구현을 위한 내재적 동기를 유발한다고 진단한다.

자아실현 자유의지 3요소나 자기주도적 능력 3요소의 정체성 조건은 이들 요소의 정체성이 대등한 것에 관계한다. PSAD는 이들의 정체성 지수가 5% 오차범위 내에 있을 때 이들의 정체성이 대등하다고 진단한다.

② 활성화 조건

자아실현 자유의지 3요소나 자기주도적 능력 3요소의 활성화는 이들의 활동성을 나타낸다. 자아실현 자유의지 3요소나 자기주도적 능력 3요소의 활성화는 이들의 정체성과 태도의 결합에 의존한다. 즉, 활성화 = 정체성 * 태도이다. PSAD는 이들의 활성화 지수가 33.4보다 클 경우 이들은 행동능력이 있다고 진단한다.

자아실현 자유의지 3요소나 자기주도적 능력 3요소의 활성화 조건은 이들 요소의 활성화가 대등한 것에 관계한다. PSAD는 이들의 활성화 지수가 5% 오차범위 내에 있을 때 활성화 수준이 대등하다고 진단한다.

③ **영향력 조건**

자아실현 자유의지 3요소나 자기주도적 능력 3요소의 영향력은 행동의 몰입에 관계한다. 즉, 이들 3요소의 영향력이 클수록 사람들은 이들이 지향하는 행동에 몰입한다. PSAD는 이들의 영향력 지수가 15.36보다 클 경우 사람들은 관련 행동에 몰입한다고 진단한다.

자아실현 자유의지 3요소나 자기주도적 능력 3요소의 영향력 조건은 이들 요소의 영향력이 대등한 것에 관계한다. PSAD는 이들의 영향력 지수가 5% 오차범위 내에 있을 때 이들의 영향력 수준이 대등하다고 진단한다.

자아실현 자유의지나 자기주도적 능력의 자생적 성장조건은 자아실현 자유의지 3요소나 자기주도적 능력 3요소가 3요소가 정체성 조건, 활성화 조건 및 영향력 조건 중에 적어도 하나이상을 만족하는 경우를 의미한다. PSAD는 자아실현 자유의지 3요소나 자기주도적 능력 3요소가 정체성 조건, 활성화 조건 및 영향력 조건 중에 적어도 하나이상을 만족할 경우 이들은 자생적으로 성장한다고 진단한다.

2. 자아실현 자유의지 수명주기단계 진단

PSAD는 개인의 자아실현 자유의지가 그 수명주기에서 어떠한 단계에 있는가를 다음과 같이 진단한다.

① 자아실현 자유의지 형성단계 진단

자아실현 자유의지 3요소 중에 어느 하나의 정체성이 0.35보다 클 경우 개인은 자아실현 자유의지가 형성단계에 있다고 진단한다.

② 자아실현 자유의지 성장단계 진단

자아실현 자유의지 3요소 중에 어느 두 요소의 정체성이 0.35보다 클 경우 자아실현 자유의지가 성장단계에 있다고 진단한다.

③ 자아실현 자유의지 성숙단계 진단

자아실현 자유의지 3요소 모두의 정체성이 0.35보다 클 경우 자아실현 자유의지는 성숙 단계에 있다고 진단한다.

3. 개인의 의지유형진단

지적한 바와 같이 의지는 개인적 자아와 사회적 자아를 기반으로 형성된다. 자아실현 경향성은 개인적 자아를 형성하고 자유의지를 만들어 낸다. 자아실현의 가치학습은 자아실현의 사회적 자아를 형성하고 학습의지를 형성한다.

PSAD 간편진단은 자아실현 경향성을 X축으로 하고 자아실현 가치학습을 Y축으로 한 의지진단 그리드를 기반으로 이루어진다. <그림 10-1>은 의지진단 그리드를 나타낸다.

그림 10-1 의지진단 그리드

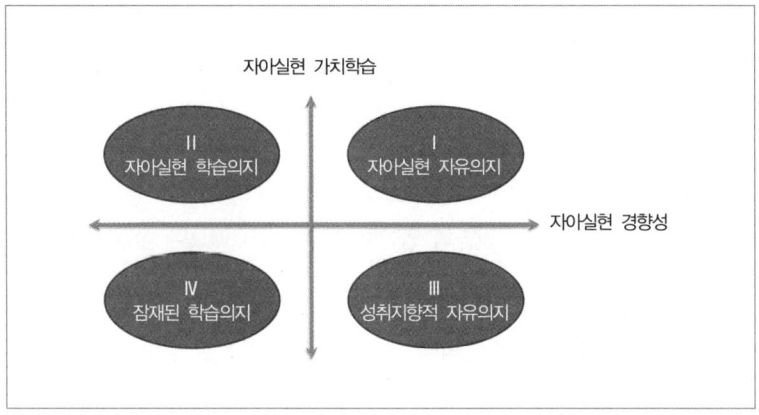

<그림 10-1>의 자아실현 경향성 (X)축에서 우측으로 갈수록 자아실현 경향성의 영향력은 크고, 좌측으로 갈수록 가치의 조건의 영향력이 크다. 따라서 (X)축에서 우측으로 나아갈수록 자유의지의 형성이 활성화되고, 좌측으로 나아갈수록 학습의지가 형성된다.

<그림 10-1>의 자아실현 가치학습 (Y)축에서 위로 갈수록 자아실현의 가치학습의 영향력이 크고, 아래로 갈수록 자아실현 가치학습의 영향력은 낮다. 따라서 자아실현 가치학습 (Y)축에서 위로 갈수록 자아실현의 학습의지는 보다 활성화 되고, 아래로 갈수록 자아실현의 학습의지는 저해된다.

PSAD는 자아실현 자유의지 3요소나 자기주도적 능력 3요소에 대한 개인의 자기보고(self-report)로 부터 개인의 자아실현 경향성의 영향력과 자아실현 가치학습이나 자아실현 가치지각의 영향력 수준을 측정하고 <그림 10-1> 의지진단 그리드 포지션(X, Y)에 의해서 개인의

의지유형을 다음과 같이 진단한다.

① **자아실현 자유의지** : 자아실현 경향성의 영향력과 자아실현 가치학습의 영향력 지수 모두가 15.36보다 클 경우

② **성취지향적 자유의지** : 자아실현 경향성 영향력 지수가 15.36보다 크고, 자아실현 가치학습의 영향력 지수가 15.36보다 적을 경우

③ **자아실현 학습의지** : 자아실현 경향성 영향력 지수가 15.36보다 적고, 자아실현 가치학습의 영향력 지수가 15.36보다 클 경우

④ **잠재된 학습의지** : 자아실현 경향성 지수와 자아실현 가치학습의 영향력 지수 모두가 15.36 보다 적을 경우

4. 자기주도적 능력 및 자아실현 자유의지 행동포지션 진단

지적한 바와 같이 행동포지션(XX-YY-ZZ)는 행동에 대한 태도와 개인적 및 사회적 자아의 조화 또는 부조화를 알게 하고, 우리의 내면으로부터 유발된 파워의 비합리적 조건을 인식하게 한다.

PSAD는 자아실현 자유의지 3요소나 자기주도적 능력 3요소에 대한 개인의 자기보고로부터 이들의 행동포지션을 도출하고, 행동포지션의 유형이나 패턴에 따라 자아실현 자유의지나 자기주도적 능력에 대한 태도, 개인적 및 사회적 자아의 일관성 정도, 파워의 비합리적 조건을 다음과 같이 진단한다.

① 규범적 행동포지션의 경우

자아실현 자유의지나 자기주도적 능력 행동포지션이 규범적 행동포지션에 접근할수록 이들에 의한 행동특성은 보다 안정적으로 발현하며, 그 빈도는 자신이 속한 인구 통계학적 집단에서 평균수준이다. 따라서 자아실현 자유의지 3요소나 자기주도적 능력 3요소에 대한 이러한 사람의 자기주도적 학습은 안정적이고 환경적응력이 높다.

지적한 바와 같이 규범적 행동포지션에 속한 사람은 개인적 자아와 사회적 자아는 조화로운 관계로 나아가고자 하는 행동성향을 보인다. 따라서 이러한 개인은 자아실현 자유의지를 형성하고 자신의 삶에서 행복을 느끼고, 만족하며 환경적응이 높다. 또한 자아실현 자유의지 3요소나 자기주도적 능력 3소에 대해 규범적 행동포지션을 가진 사람은 파워의 비합리적 조건으로부터 비교적 자유롭게 된다.

② 쏠림 행동포지션의 경우

쏠림 행동포지션은 자아실현 자유의지나 자기주도적 능력 행동포지션이 포지션 지수(XX)와 (ZZ) 중에 어느 하나로 치우친 것을 의미한다. 이들의 행동포지션이 (XX)나 (ZZ)에 치우칠 경우 해당 포지션에 의한 행동특성은 자신이 속한 인구통계학적 집단보다 빈번하게 나타나지만 행동은 비탄력적이 되어 유연성이 결여될 수 있다. 쏠림 행동포지션은 개인의 행동이 개인적 자아나 사회적 자아 중에 어느 하나에 지배되는 행동성향을 보인다.

사회적 자아에 지배되는 행동성향의 사람들은 흔히 자아실현 학습의지를 형성하고 사회적 자아실현으로 나아간다. 또한 이들은 창의능력 개발 학습에서 흔히 부조화를 경험하며, 이러한 경험은 이들이 파워의 비합리적 조건에 지배되는 원인이 된다. 자아실현 학습의지에 속한 사람의 창의능력 개발을 위한 자기주도적 학습을 위해서는 이것을 위한 외재적 동기부여가 요구된다.

개인적 자아에 지배되는 행동성향의 사람들은 흔히 성취지향적 자유의지를 형성하고 개인적 자아실현으로 나아간다. 또한 이들은 창의능력 개발을 위한 자기주도적 학습에 열심을 보이지만 사회적 자아가 발달하지 않고 있어 때로는 목적성 결여로 자기중심적 행동을 보인다. 자기중심적 행동은 파워의 비합리적 조건에 지배되는 원인이 된다. 성취지향적 자유의지에 속한 사람들이 창의능력 개발을 위한 자기주도적 학습을 위해서는 자아실현의 가치학습이 요구된다.

③ 양극화 행동포지션의 경우

양극화 행동포지션은 포지션 지수(YY)가 작고, (XX)와 (ZZ)가 모두 큰 포지션을 의미한다. 양극화 행동포지션에 접근할수록 개인행동은 양극화 되어 일관성의 결여로 신뢰성이 낮다. 양극화 행동포지션은 개인적 자아와 사회적 자아가 불일치하거나 개인적 및 사회적 자아 모두가 형성되지 않은 때 흔히 나타난다. 자아실현 자유의지 3요소나 자기주도적 능력 3요소에 대해 양극화 행동포지션은 흔히 잠재된 학습의지를 형성하게 한다.

지적한 바와 같이 개인적 및 사회적 자아 불일치는 개인에게 불행, 불만족과 함께 극단적 경우에는 부적응을 유발하고, 개인은 파워의 비합리적 조건에 지배된다. 개인적 및 사회적 자아 모두가 형성되지 않은 사람은 흔히 자신에 대해 갑갑해하고, 짜증을 내며, 완고해지며, 방어적이며, 위협을 느끼고, 상당수준의 불편함과 불안을 경험하므로 파워의 비합리적 조건에 쉽게 지배된다. 따라서 양극화 행동포지션은 개인으로 하여금 파워의 비합리적 조건에 쉽게 지배되게 한다.

지적한 바와 같이 사람이 파워의 비합리적 조건에 지배될 경우 자아실현 경향성은 개방되지 않으므로 우리는 창의능력 개발 5단계로 나아갈 수 없다. PSAD 창의·인성진단은 개인에게 자신의 개인적 및 사회적 자아에 의한 부조화를 발견하게 하고 자기주도적 학습을 통해 완전 자아실현으로 나가게 한다.

<표 10-1>은 PSAD 간편진단의 내용을 나타내고 있다.

표 10-1 PSAD 간편진단 내용

진단항목	진단 내용	비고
의지유형	• 자아실현 자유의지 • 성취지향적 자유의지 • 자아실현 학습의지 • 잠재적 학습의지	• 자아실현 자유의지 수명주기 단계진단 • 의지의 크기와 영향력 • 미래의 행동방향
자기주도적 능력 3요소	• 정체성(내재적 동기수준) • 활성화(행동 능력) • 영향력(행동 몰입 수준) • 행동포지션(태도, 자아 일관성)	• 자기주도적 능력의 자생적 성장능력 • 선천적 창의성 개방 정도
자아실현 자유의지 3요소	• 정체성(내재적 동기수준) • 활성화(행동 능력) • 영향력(행동 몰입 수준) • 행동포지션(태도, 자아 일관성)	• 자아실현 자유의지 자생적 성장능력 • 자아실현 경향성 개방 수준

자유의지와 학습의지는 상호의존적이면서 독립적이다. 자아실현 자유의지와 학습의지는 방향성을 가진 인간 내면의 힘 즉, 벡터(vector)이다. PSAD 간편진단은 개인의 의지유형 진단과 함께 이들의 크기를 측정한다.

10.2 의지유형과 개인의 미래의 행동특성

의지는 개인의 미래의 행동방향을 의미한다. 자아실현 자유의지, 성취지향적 자유의지, 자아실현 학습의지 및 잠재된 학습의지가 나아가고자 하는 미래의 행동방향은 다음과 같다.

① 자아실현 자유의지

자아실현 자유의지는 개인에게 완전자아실현(개인적 및 사회적 자아실현)의 기반을 제공한다. 자아실현 자유의지에 속한 사람의 개인적 및 사회적 자아는 일관성이 있다. 자아실현 자유의지에 의한 개인의 미래의 행동방향은 다음과 같다.

- 완전자아실현실현으로 나아간다.
- 완전기능행동으로 나아간다.
- 선천적 및 학습된 창의성을 이끌어 낸다.
- 자아실현 경향성의 활성화
- 학습된 창의능력과 선천적 창의능력 활성화

- 자아실현의 내·외재적 동기부여
- 개인적 및 사회적 자아의 일관성 유지

자아실현 자유의지의 사람이 개인적 및 사회적 자아의 일관성이 낮을 경우 독선적 행동을 보이기도 한다. 자아실현의 자유의지의 지속적인 성장은 자아실현의 자유의지 3요소의 정삼각형의 동적 균형에 의존하므로 이들이 자아실현의 자유의지의 자생적 성장조건을 만족하도록 관리되는 것이 바람직하다.

② 성취지향적 자유의지

성취지향적 자유의지는 개인적 자아를 실현하는 기반을 제공한다. 성취지향적 자유의지에 따른 개인의 미래의 행동방향은 다음과 같다.

- 개인적 자아실현으로 나아간다.
- 선천적 창의성을 이끌어낸다.
- 완전기능행동으로 나아간다.
- 개인적 자아실현의 내재적 동기부여
- 배타적 행동
- 때로는 목적성 결여로 자기중심적 행동을 보임.

성취지향적 자유의지는 자기주도적 행동을 유발하지만 때로는 목적성이 결여되기도 한다. 성취지향적 자유의지의 지속적인 성장은 개인적 자아실현으로 나아가지만 완전자아실현으로 나아가는 것에는 한계성이 있다. 완전자아실현을 위해서는 자아실현의 가치학습이 요구된다.

③ 자아실현 학습의지

자아실현 학습의지는 사회적 자아를 중심으로 형성된 의지이다. 지적한 바와 같이 사회적 자아는 자신의 내면의 가치기준이 아니라 다른 사람이 자신에게 부여한 가치에 따른 것이다. 따라서 자아실현 학습의지는 사회적 자아실현의 기반을 제공하고, 자아실현의 외재적 동기를 부여한다. 자아실현 학습의지에 따른 미래의 행동방향은 다음과 같다.

- 사회적 자아실현으로 나아간다.
- 학습된 능력 발휘
- 학습된 창조성을 이끌어낸다.
- 행동의 가치화를 도모한다.
- 자아실현의 외재적 동기부여
- 의존적 또는 수동적 행동
- 배려적 행동

자아실현 학습의지는 배려적 행동을 흔히 보이며, 자신의 사회적 자아를 성취한다. 그러나 자아실현 학습의지에 속한 사람은 아이디어는 있으나 행동이 결여되기도 한다.

④ 잠재된 학습의지

잠재된 학습의지는 개인의 창의시스템이 활성화나 개방되지 않아 의지가 잠재적 가능성으로 존재한다. 잠재된 학습의지에 따른 개인의 미래 행동방향은 다음과 같다.

- 개인적 및 사회적 자아형성이 미흡하다.

- 행동의 몰입 정도가 낮다.
- 학습의지와 자유의지의 형성이 미흡하다.
- 자아실현의 동기부여가 미흡하다.
- 폐쇄적 행동
- 감사의 마음을 모름.
- 잘못을 인정하지 않음.

잠재적 학습의지에 속한 사람들은 흔히 열등감과 우월감에서 극과 극으로 간다. 이들은 자신의 열등감을 들어내지 않기 위해 다른 사람을 음해하기도 한다. 잠재적 학습의지에 속한 사람들은 자신의 자아실현 자유의지 자생적 조건을 만족시키기 위한 자기주도적 학습이 요구된다.

10.3 성취행동과 파워의 비합리적 조건의 제거

지적한 바와 같이 모든 사람은 태어날 때 자아실현 경향성이 80% 정도 개방되어 있다. 자아실현 경향성의 이러한 개방은 모든 사람은 태어나면서부터 자아실현 자유의지를 형성하고 창의능력 개발 5단계로 나아가 완전자아실현을 성취할 수 있다는 것을 의미한다. 이러함에도 불구하고 많은 사람들이 창의능력 개발 5단계로 나아가지 못하고 있는 실정이다.

예로써 PSAD 간편진단에 따른 개인의 의지유형 분석에 의하면 분석 대상자 중에 자아실현 자유의지는 30~36%, 성취지향적 자유의지는 16~22.3%, 자아실현 학습의지는 5~10%, 잠재적 학습의지는 40~44%로 나타나고 있다. 따라서 분석 대상자의 64~70%의 사람들의 내면에는 자아실현 자유의지의 형성이 이루어 지지 않는 것으로 나타나고 있다.

사람들이 태어날 때 선천적으로 자아실현 경향성이 개방되어 있는데도 불구하고 자아실현 자유의지를 형성을 통해 완전자아실현을 성취하지 못하는 원인은 그들의 생각이나 행동이 파워의 비합리적 조건에 지배되기 때문이다. 지적한 바와 같이 개인에게 행동이 파워의 비합리적 조건이 작용하는 요인은 가치의 조건과 개인적 및 사회적 자아의 부조화에 크게 기인한다.

앞에서 우리는 자아실현 자유의지가 성장할 경우 개인은 성취행동 즉, 개인행동의 합리성, 일관성, 긍정성 및 자율성으로 나아가고 개인이 자아실현 경향성은 보다 활성화 된다고 하였다. 우리가 성취행동을 의식적으로 또는 자발적으로 추구할 경우에도 우리에게 작용하는 파워의 비합리적 조건이 제거되고, 자아실현 경향성이 활성화 되어 창의능력이 개방된다(이경환, 2015).

1. 행동의 합리성

행동의 합리성은 최대의 능률적인 수단으로 미리 결정된 목적으로 이끄는 일련의 행동을 조직화하는 것에 관계한다(Scott, 1981). 즉, 합리적 행동은 목적지향적 행동이다. 따라서 행동의 합리성은 개인의 행동이 목적달성에 기여하는 정도에 의존한다.

목적은 행동의 동기를 만들어 내므로 행동의 목적이 명확할수록 개인의 행동은 감정이나 군중심리에 지배되지 않는다. 따라서 행동의 합리성을 의식적 또는 의도적으로 추구할 경우 개인의 생각이나 행동은 파워의 비합리적 ①조건에 지배되지 않는다.

2. 행동의 일관성

행동의 일관성은 행동 간의 조화나 부합에 관계한다. 예로써 개인의 지난 행동과 현재의 행동이 부합하거나 조화로울 경우 개인의 행동은 일관성이 있다. 행동의 일관성이 높을 경우 행동은 예측 가능해지고 신뢰성과 성실성이 높게 나타난다.

지적한 바와 같이 개인적 자아는 개인의 내면의 욕구에 관계하고, 사회적 자아는 표출된 욕구에 관계한다. 개인의 자아실현 자유의지는 개인의 내면의 욕구와 표출된 욕구를 일관되게 한다. 따라서 행동의 일관성은 파워의 비합리적 ②조건을 인간의 내면으로부터 제거한다.

3. 행동의 긍정성

행동의 긍정성은 사람들의 이익에 기여하는 정도에 관계한다. 개인 행동이 자기에게 만 이익이 된다면 긍정적이라고 하기는 어렵다. 나와 너 그리고 우리 모두에게 이익이 되는 행동은 긍정적이다. 우리의 행동이 보다 많은 사람에게 이익이 될수록 이러한 행동은 더욱더 긍정적이다.

행동의 가치화는 환경이 선택하는 가치를 만들고, 환경이 이것을 적용하는 상황을 창출하는 것이다. 예로써 우리가 손님을 초대하고 손님이 좋아하는 음식을 준비하고, 손님이 식사할 수 있는 상황을 만들 경우 즉, 손님접대에 행동의 가치화가 있을 경우 주인과 손님은 모두 만족한다. 따라서 행동의 긍정성은 행동의 가치화에 의존한다.

우리의 행동이 가치화될 경우 우리는 서로의 욕구나 가치를 만족시킨다. 욕구는 행동을 유발하는 요인이며, 가치는 행동을 선택하는 요인이다. 사람들이 서로의 욕구와 가치를 만족시킬 경우 이들은 자율적이거나 자발적으로 결합한다. 사람들 간에 이러한 결합은 파워의 비합리적 ③조건을 제거한다.

4. 행동의 자율성

행동의 자율성은 자발적 행동의 정도에 관계한다. 자발적 행동은 의도된 행동보다 진보가 빠르다. 예로써 스스로 공부하는 것은 자율적 행동에 의한 공부이다. 강요에 의한 공부는 타율적 공부이다. 자율적 공부는 학습효과가 높아진다.

인간은 사회적 존재로서 정치, 경제, 사회 및 문화와 같은 다양한 관계에서 자신의 포지션(position)을 확립하고자 한다. 자율적 행동은 인간이 자신의 포지션을 확립하고자 하는 프로세스에서 흔히 발생한다.

행동의 자율성은 자아실현 자유의지를 강화한다. 자아실현 자유의지에 따른 행동은 잠재된 창의성을 실제적인 창의적 아이디어로 전환한다. 창의성은 생명력을 창출하며, 생명력은 스스로 변화하는 능력이다. 따라서 행동의 자율성은 파워의 비합리적 ④조건을 배제할 뿐만 아니라 창의적 행동을 유발한다.

<표 10-2> 성취행동요소와 성취행동 군은 인천지역의 중학생 212명의 행동에서 성취행동요소가 작용하는 수준에 따라 이들을 5개의 군으로 분류한 것이다.

표 10-2 성취행동요소와 성취행동 군

성취행동요소 \ 성취행동군	Ⅰ군 n=35	Ⅱ군 n=90	Ⅲ군 n=51	Ⅳ군 n=28	Ⅴ군 n=8	유의 확률
합리성	1.10 (0.69)	0.10 (0.81)	-0.58 (0.79)	-0.49 (0.66)	-0.51 (1.87)	0.00
일관성	1.11 (0.52)	0.35 (0.64)	-0.56 (0.67)	-1.23 (0.75)	-0.89 (1.08)	0.00
긍정성	1.13 (0.53)	-0.08 (0.64)	-0.98 (0.64)	0.06 (0.75)	2.03 (0.53)	0.00
자율성	1.36 (0.50)	0.02 (0.67)	-0.99 (0.54)	-0.21 (0.70)	1.32 (0.75)	0.00

주 : n은 표본의 수임, ( )안의 숫자는 표준편차임. 안철용(2013), 지각된 자아와 실체적 자아가 성취도에 미치는 영향에 관한 연구, 인하대학교 경영대학원 경영학 석사학위 청구 논문

<표 10-2>에서 성취행동 Ⅰ군에 속한 35명의 학생의 성취행동 4요소가 가장 활발하게 나타나고 있다. 이에 비해 Ⅲ군에 속한 51명의 학생의 성취행동 4요소는 가장 저조하게 나타나고 있다.

지적한 바와 같이 개인이 성취행동요소를 추구할 경우 개인의 내면에는 파워의 비합리적인 요소가 제거되고, 이는 파워의 5속성을 활성

화한다. <표 10-3> 성취행동군과 파워속성의 작용은 <표 10-2>의 성취행동군에 따른 파워속성의 작용수준을 보이고 있다.

표 10-3 성취행동군과 파워속성의 작용

성취행동군 파워의 5속성	Ⅰ군 n=35	Ⅱ군 n=90	Ⅲ군 n=51	Ⅳ군 n=28	Ⅴ군 n=8	유의 확률
창조	0.98 (0.88)	-0.02 (0.83)	-0.82 (0.72)	0.04 (0.80)	0.96 (0.91)	0.00
보존	0.61 (0.74)	0.06 (0.93)	-0.57 (0.91)	-0.11 (1.01)	0.64 (1.18)	0.00
결합	0.84 (0.84)	0.02 (0.88)	-0.75 (0.76)	0.01 (0.92)	0.89 (0.96)	0.00
지배	0.87 (0.96)	0.05 (0.77)	-0.71 (0.80)	-0.30 (0.96)	1.02 (0.86)	0.00
귀속	0.87 (0.81)	-0.01 (0.79)	-0.88 (0.86)	0.24 (0.77)	1.05 (0.80)	0.00

주 : n은 표본의 수임. ( )안의 숫자는 표준편차임. 안철용(2013), 전게서.

<표 10-3>에서와 같이 성취행동요소가 가장 활발하게 작용하는 Ⅰ군에 속한 35명의 학생들에게는 파워의 5속성이 가장 활발하게 작용하고 있다. 이에 비해 성취행동요소의 작용수준이 가장 낮은 Ⅲ군에 속한 51명의 학생에게는 파워의 5속성이 가장 저조하게 작용한다.

지적한 바와 같이 창의시스템에서 창의성은 자아실현 경향성은 활성화하고, 자아실현 경향성은 파워의 5속성을 능률적이거나 동시다발적으로 작용하게 한다. 따라서 Ⅰ군에 속한 35명의 학생들의 창의능력은 개방되어 자아실현 자유의지가 형성된다. 이에 비하여 Ⅲ군에 속한 51명의 학생의 창의능력은 개방되지 않고 있다. 즉, 성취행동을 추구할

경우 창의시스템이 개방된다.

10.4 자아실현 자유의지 형성을 위한 학습방안

지적한 바와 같이 창의능력 개발 5단계의 특정의 단계에서 다음 단계로 진입하기 위해서는 진입하고자 하는 단계의 능력 3요소에 대한 자기주도적 학습이 요구된다. 또한 자기주도적 학습은 학습자가 주도적으로 스스로 학습요구를 진단하고, 학습목표를 설정하며, 학습에 관한 자원을 확보하며, 학습전략을 수립하고 학습을 실행 후 결과를 평가하는 활동을 포함한다.

PSAD 간편진단은 개인의 의지진단을 통해 의지유형을 파악하고, 개인으로 하여금 자아실현의 자유의지를 형성하고, 자기주도적 능력단계에 진입하기 위한 자기주도적 학습프로세스를 포함한다. PSAD는 이러한 학습을 효과적으로 수행하기 위하여 학습프로그램을 공통프로그램과 개인별 맞춤형 프로그램으로 구분하여 학습을 도모한다.

1. 자기주도적 능력 개발의 공통프로그램

자기주도적 능력 개발의 공통프로그램은 의지유형에 관계없이 자아실현 자유의지를 형성하고, 자기주도적 능력단계로 나아가고자 하는 사람들이 공통적으로 학습하는 프로그램을 의미한다. 자기주도적 능력 개발을 위한 공통프로그램은 다음과 같다.

① 창의시스템의 개념과 역할
- 창의시스템의 개념
- 창의시스템의 구조
- 창의시스템 3요소의 역할
- 선천적 및 후천적 창의성

② 자아실현 가치학습
- 자아실현의 의미와 가치
- 자아의 유형과 역할
- 자아실현의 유형과 의미

③ 의지의 개념과 역할
- 의지의 개념과 유형
- 의지형성 원리
- 자아와 의지
- 의지의 유형과 행동특성

④ 창의능력 개발 5단계 의미와 역할
- 창의능력 개발 5단계의 개념
- 자아실현 자유의지의 수명주기와 창의능력 개발 5단계
- 자아실현 자유의지의 주기적 순환과 창의능력 개발

⑤ 자아실현 자유의지 형성원리
- 자아실현 자유의지 3요소의 개념과 역할

- 자아실현 자유의지 자생적 성장조건
- 자아실현 자유의지 3요소의 정체성, 활성화, 영향력의 개념

⑥ **자기주도적 능력 형성원리**
- 자기주도적 능력 3요소의 개념과 역할
- 자기주도적 능력 자생적 성장조건
- 자기주도적 능력 3요소의 정체성, 활성화, 영향력의 개념

⑦ **행동포지션과 개인행동 특성**
- 행동포지션의 개념과 역할
- 행동포지션의 유형
- 행동포지션과 개인적 및 사회적 자아의 조화성

⑧ **PSAD 창의·인성진단 시스템의 의미와 가치**
- 창의능력 진단의 의미와 필요성
- PSAD시스템의 개념과 구조
- PSAD 간편진단의 개념과 기능

2. 자기주도적 능력 개발의 개인별 학습 프로그램

지적한 바와 같이 자아실현 자유의지와 자기주도적 능력은 각각 자아실현 자유의지 3요소와 자기주도적 능력 3요소에 의해서 형성된다. 자아실현 자유의지 3요소나 자기주도적 능력 3요소에 대한 학습효과는 이러한 요소들에 대한 학습자의 내재적 동기, 학습자의 태도와 몰입 및 학습행동의 지속성과 안정성 등에 크게 의존한다.

1) 자기주도적 능력 개발의 개인별 맞춤형 학습 프로그램

(1) 개인별 맞춤형 학습 방안

지적한 바와 같이 창의능력 개발 5단계의 특정단계로 진입하기 위해서는 진입하고자 하는 단계의 창의능력 개발 요소가 지향하는 행동으로 거의 영구적인 변화가 있어야 한다. 따라서 우리가 자아실현 자유의지를 형성하거나 자기주도적 능력 단계로 진입하기 위해서는 자아실현 자유의지 3요소나 자기주도적 능력 3요소를 학습해야 한다.

PSAD 간편진단은 자아실현 자유의지 및 자기주도적 능력 3요소의 정체성, 활성화 및 영향력을 진단한다. 지적한 바와 같이 이러한 정체성과 활성화 및 영향력은 각각 자아실현 자유의지 3요소와 자기주도적 능력 3요소에 대한 자기주도적 학습의 내재적 동기, 태도, 몰입 및 학습의 안정성과 지속에 관계한다. 자아실현 자유의지 및 자기주도적 능력 3요소의 정체성, 활성화 및 영향력은 개인에 따라 차이가 있다. 예로써 어떤 사람은 자유의지 3요소 중에 개인의 자기정화 지수가 크지만 다른 사람은 자아실현의 가치학습의 영향력 지수가 높다.

따라서 자기주도적 능력 개발을 위한 개인별 맞춤형 자기주도적 학습의 경우 학습자는 이들 3요소에 대한 정체성 지수, 활성화 지수 및 영향력 지수가 큰 요소를 우선적으로 학습하는 것이 바람직하다. 왜냐하면 이러한 학습은 학습에 대한 내재적 동기, 긍정적 태도와 몰입으로 학습성과가 높아지기 때문이다. PSAD 간편진단에서는 학습자의 학습성과를 높이기 위하여 자아실현 자유의지 및 자기주도적 능력 3요소의 정체성, 활성화 및 영향력이 높은 것을 우선적으로 학습하게 한다.

(2) 자기주도적 학습의 성과 측정 방안

지적한 바와 같이 학습 즉, 행동의 거의 영구적인 변화는 학습된 행동이 자발적으로 발현되는 것을 의미한다. 또한 자발적 행동은 내재적 동기에 의해서 유발되고, 내재적 동기는 정체성에 의해서 발현된다. 따라서 자아실현 자유의지 3요소나 자기주도적 능력 3요소의 학습에서 이들 요소에 대해 학습자의 정체성이 형성될 경우 이것은 이들에 대해 학습이 이루어 진 것을 의미한다.

PSAD는 자아실현 자유의지 3요소나, 자기주도적 능력 3요소 대한 자기주도적 학습과정에서 이들 요소에 대한 학습자의 자기보고로부터 이들의 정체성을 측정한다. PSAD는 이것을 기반으로 자아실현 자유의지 3요소나, 자기주도적 능력 3요소 대한 개인의 학습성과를 다음과 같이 평가한다.

① 자아실현 자유의지 3요소나, 자기주도적 능력 3요소의 정체성 지수가 0.46 이상의 경우 학습성과는 매우 양호한 것으로 평가한다.
② 자아실현 자유의지 3요소나, 자기주도적 능력 3요소의 정체성 지수가 0.35~0.46의 경우 학습성과는 양호한 것으로 평가한다.
③ 자아실현 자유의지 3요소나, 자기주도적 능력 3요소의 정체성 지수가 0.29~0.35 미만일 경우 학습성과를 조금 미흡한 것으로 평가한다.

<표 10-4>는 자아실현 자유의지 3요소나, 자기주도적 능력 3요소 대한 자기주도적 학습성과의 평가기준을 나타낸다.

표 10-4 정체성 지수와 학습성과 평가

학습내용	정체성 지수	학습성과
자아실현 자유의지 자기주도적 능력 3요소	• 0.29~0.35 • 0.35~0.46 • 0.46 이상	조금 미흡 양호 매우 양호

자유의지 3요소나, 자기주도적 능력 3요소에 대한 자기주도적 학습자는 <표 10-4> 학습성과 평가기준을 기반으로 자신의 학습성과를 스스로 평가할 수 있다. 또한 <표 10-4> 학습성과 평가기준은 다음의 자기주도적 능력 개발의 의지유형별 조직학습 프로그램에도 적용한다.

2) 자기주도적 능력 개발의 의지유형별 조직학습 프로그램

지적한 바와 같이 의지는 개인의 미래의 행동방향을 의미한다. 따라서 자아실현 자유의지 3요소와 자기주도적 능력 3요소에 대한 학습자의 내재적 동기, 태도와 몰입 및 학습행동의 지속성과 안정성은 학습자의 의지유형에 따라 다르다. 창의능력 개발을 위한 조직학습의 경우 학습자의 의지유형에 따라 이들을 구분하여 학습조직을 형성하는 것이 바람직하다.

① 자아실현 학습의지와 자기주도적 능력 개발

지적한 바와 같이 자기주도적 능력은 자아실현 자유의지를 기반으로 형성된다. 자아실현 자유의지는 개인적 자아와 사회적 자아가 조화로운 관계에 있을 경우 자아실현 자유의지 3요소 즉, 자아실현의 가치

지각, 자아실현 경향성 및 개인의 자기정화의 상호작용으로 형성된다. 자아실현 학습의지는 사회적 자아가 개인적 자아보다 영향력이 상대적으로 미약하거나 개인적 자아가 형성되지 않을 경우 흔히 형성된다.

지적한 바와 같이 자기주도적 학습효과는 학습에 대한 학습자의 내재적 동기, 태도 및 몰입 의존한다. 또한 자아실현 학습의지를 가진 사람은 흔히 자아실현의 가치학습에 대해 내재적 동기나 긍정적 태도 또는 행동몰입을 보인다. 따라서 자아실현 학습의지의 사람이 자아실현의 자유의지 형성을 위해서는 먼저 자아실현의 가치학습을 도모하는 것이 바람직하다. 이후 자기정화를 도모하여 자아실형 경향성을 활성화하는 것이 바람직하다.

개인의 자기정화는 자아실현 경향성이나 창의성을 개방하는 프로세스이다. 지적한 바와 같이 자아실현 경향성이나 창의시스템의 개방은 개인이 무조건적 긍정적 존중을 지각하거나 성취행동에 의존한다. 우리가 일상에서 언제나 무조건적 긍정적 존중을 지각하는 것은 거의 불가능하다. 따라서 우리는 성취행동을 통해 자신에게 작용하는 파워의 비합리적 조건을 제거하여 자아실현 경향성이나 창의시스템을 개방하는 것이 바람직하다.

자아실현 학습의지를 가진 사람은 성취행동 4요소 중에 행동의 자율성과 일관성이 상대적으로 높다. 따라서 자아실현의 학습의지를 가진 사람의 경우 자아실현의 자유의지 형성을 위해서 행동의 긍정성을 바탕으로 행동의 자율성, 일관성 및 합리성을 순서대로 학습하는 것이 바람직하다.

② 잠재적 학습의지와 자기주도적 능력 개발

　잠재적 학습의지는 개인적 및 사회적 자아가 형성되지 않거나, 이들의 영향력이 모두 미약하거나, 사회적 및 개인적 자아가 양극화될 경우 흔히 형성된다. 따라서 잠재적 학습의지의 사람은 자아실현 경향성이나 창의시스템이 개방되지 않고 잠재적 능력으로 존재한다. 잠재적 학습의지의 사람이 자아실현 자유의지를 형성하기 위해서는 먼저 자아실현 경향성이나 창의시스템이 우선 개방되는 것이 바람직하다.

　잠재적 학습의지의 사람은 자아실현 자유의 3요소가 잠재적 능력으로 존재하므로 이들에 대한 내재적 동기가 낮으며, 이들에 대한 태도가 불분명할 뿐만 아니라 행동몰입 수준도 낮다. 또한 이들은 흔히 의존적이거나 수동적 행동특성을 보인다. 따라서 이러한 의지를 가진 사람으로 하여금 성취행동을 학습하게 하기 위해서는 성취행동을 위한 외재적 동기부여가 요구된다.

　외재적 동기는 외부적 인센티브에 의해서 유발된다. 또한 학습은 행동의 결과가 학습자에게 유리하거나 이익이 된다고 생각될 때 일어난다(Skinner, 1971). 따라서 잠재적 학습의지를 가진 사람에게 성취행동의 학습을 위한 동기부여를 위해서는 학습자의 욕구를 파악하고 이것에 적합한 외부적 인센티브의 제공으로 성취행동의 결과가 자신에게 유익하다는 것을 지각하게 해야 한다.

　잠재적 학습의지의 사람이 자아실현 자유의지를 가지기 위해서는 성취행동에 대한 학습을 통해 성취지향적 자유의지 형성을 도모하고 이후 자아실현의 가치학습으로 나아간다. 잠재적 학습의지를 가진 사람은 개인적 및 사회적 자아의 형성이 미약하므로 행동의 일관성이 결여되고, 목적의식이 매우 낮다. 따라서 잠재적 학습의지를 가진 사람의 경우 성취지향적 자유의지 형성을 위해서는 행동의 긍정성을 바탕으로 행동의 일관성, 합리성, 자율성을 순서대로 학습하는 것이 바람직하다.

③ 성취지향적 자유의지와 자기주도적 능력 개발

성취지향적 자유의지는 개인적 자아가 사회적 자아보다 영향력이 상대적으로 크거나 사회적 자아가 형성되지 않을 경우 흔히 형성된다. 지적한 바와 같이 자아실현 경향성이 개방될 경우 개인적 자아가 형성되고, 개인적 자아의 고유성, 동일성, 통합성 및 주체성은 개인으로 하여금 자아실현의 가치를 지각하게 하여 자아실현 자유의지를 형성한다. 그러나 이러한 과정에서 자유방임적 행동에 의한 자기규제적 또는 자제적 행동과 같은 자기절제가 따르지 않을 경우 성취지향적 자유의지가 흔히 형성된다.

성취지향적 자유의지의 사람은 성취지향적 행동을 보이고 있으나 때로는 목적성 결여로 자기중심적 행동을 보이고 있다. 성취지향적 자유의지의 사람의 이러한 행동은 개인적 자아와 조화로운 사회적 자아의 결여에 기인되고 있다. 그러나 이러한 사람은 흔히 자아실현 경향성에 대해 내재적 동기나 긍정적 태도 또는 행동몰입을 보인다. 따라서 성취지향적 자유의지의 사람이 자아실현의 자유의지 형성을 위해서는 먼저 자아실현 경향성의 의미와 가치에 대한 학습을 도모하고, 이후 자아실현의 가치학습으로 나아가는 것이 요구된다.

④ 자아실현 자유의지와 자기주도적 능력 개발

지적한 바와 같이 자아실현 자유의지는 자아실현 자유의지의 자생적 조건을 만족할 경우 형성되어 성장한다. 자아실현 자유의지의 자생적 성장조건은 자아실현 자유의지 3요소 즉, 자아실현 가치학습, 자아실현 경향성 및 개인의 자기정화가 정삼각형의 동적 균형이다. 따라서 자아실현 자유의지를 가진 사람은 자신의 자아실현 자유의지 3요소 중에 정체성, 활동성 또는 영향력이 가장 큰 요소를 우선적으로 학습하여 자기주도적 능력 개발을 도모하는 것이라 바람직하다.

3. 체험학습과 자기주도적 능력 개발

① 무조건적 긍정적 존중의 체험

Rogers(1961)는 자아실현 경향성이 접촉하는 것으로부터 자유로운 것을 무조건적 긍정적 존중이라고 한다. 무조건적 긍정적 존중은 개인의 느낌, 태도 및 행동에 관계없이 개인의 가치를 인정하고 온정, 존경 및 사랑을 무조건적으로 받는 것을 의미한다. 무조건적 긍정적 존중은 개인이 다른 사람으로부터 자신의 욕구가 조건 없이 수용되는 것이 아니라 비록 거절의 경우에도 이것이 전인격체적 관계에서 이루어지는 것을 의미한다. 따라서 사람들 간의 전인격체적 관계는 자아실현 경향성을 활성화한다.

일상에서 우리가 언제나 무조건적 긍정적 존중을 경험한다는 것은 불가능하다. 그러나 사람들이 어린 시절의 무조건 긍정적 존중의 경험을 가지고 있을 경우 자신의 욕구충족과 자유로운 삶에 대한 접촉의 느낌을 거의 잃지 않는다. 이러한 방법으로 아이들은 자신의 행동이 다른 사람에게 미치는 영향을 고려하면서 내부적 평가기준을 기반으로 행동하고, 느끼고, 생각하는 어른으로 성장한다(Rogers, 1961). 따라서 어린 시절의 무조건적 긍정적 존중의 경험은 자아실현 경향성과 창의능력 개방에 중요한 역할을 한다.

학습의지는 자아실현 경향성이나 창의능력이 개방되지 않을 경우에 형성된다. 어린 시절에 무조건적 긍정적 존중의 경험이 없을 경우 학습의지를 가지고 있을 가능성이 매우 높다. 이러한 사람의 경우 무조건적 긍정적 존중체험 프로그램에 참여하는 것도 바람직하다.

② 자기주도적 체험학습과 관광

경험은 과거, 현재 및 미래를 각각 분리된 이질적인 과정이 아니라 상호 관련되고 연속되어 변화와 발전해가는 계속성의 원리이다. 따라서 질적 경험은 삶의 모든 영역을 평가하는 도구이다. 교육은 경험 안에서, 경험에 의해서, 경험을 위해서 이루어지는 발전이다. 경험에는 태도, 동기, 흥미가 포함되어 있으며, 경험에 포함된 이러한 요소들이 경험내용을 일정한 교과로 이끌어 간다(Dewey, 1938).

경험의 이러한 개념과 원리는 체험학습으로 구체화 된다. 체험학습은 체험과 학습이 결합한 형태로 오감을 통해 경험하고 온 몸으로 체득하는 모든 교육적인 효과이다. 이러한 체험학습은 체험대상에 대한 동기를 가지고 흥미를 유발하는 방향으로 이루어지며, 참여자로 하여금 능동적이고 창의적인 생각을 하게한다. 또한 체험학습은 사전에 배웠던 지식을 경험대상과 연계하여 생각하게 하며, 참여자와 경험대상간의 상호작용으로 교육효과를 높인다(김현자, 2015).

그러나 모든 유형의 체험학습이 참여자의 창의성을 개방하는 것은 아니다. 왜냐하면 지적한 바와 같이 개인의 창의성은 자아실현 경향성의 개방조건에서 개방되는 데 모든 체험학습이 자아실현 경향성의 개방조건을 만족하는 것이 아니기 때문이다. 따라서 체험학습이 참여자의 창의성을 개방하기 위해서는 체험학습이 자아실현 경향성의 개방조건을 만족시켜야 한다.

지적한 바와 같이 자기주도적 학습은 학습자가 주도적으로 스스로 학습 요구를 진단하고, 학습목표를 설정하며, 학습에 관한 인적, 물적 자원을 확보하며, 학습전략을 수립하고 학습을 실행 후 결과를 평가하는 활동을 포함한다. 우리가 체험학습에 이러한 자기주도적 학습원리를 적용할 경우 이러한 체험학습은 자아실현 경향성의 개방조건을 만족시킨다. 따라서 개인의 창의성을 개방하기 위한 체험학습은 자기주도적으로 이루어지는 것이 바람직하다.

어린아이 시절의 다양한 체험활동은 선천적 재능, 상상력, 성향, 동기의 자극이 되어 자아실현 경향성과 창의성을 활성화한다. 다양한 체험활동과 실습은 폭넓은 시야를 가지게 함으로써 근원적 5창의능력 즉, 독창적, 차별적, 공감적, 리더적 및 적응적 창의능력을 창출한다. 다양한 체험활동에 따른 경험과 실습은 왕성한 호기심을 기르고, 훈련의 기회를 가짐으로써 개인의 창의능력은 개발된다.

관광은 일상에서 벗어나 여유로움과 위락과 함께 체험학습을 도모한다. 자기주도적 체험학습의 원리를 도입한 관광은 자아실현 경향성의 개방조건을 만족시킨다. 자기주도적 체험관광은 참여자들에게 체험하면서 떠오르는 생각을 능동적이고, 자신의 관점으로 정리하는 기회를 제공한다. 이러한 체험관광은 흥미를 가지고 적극적으로 참여하여 참여자의 목적을 얻는 형태로 이루어지며, 개인의 자아실현 경향성과 창의성이 활성화되며, 잠재된 재능을 개방하는 기회를 제공한다. 자기주도적 체험학습과 관광은 개인적 및 사회적 자아를 조화롭게 한다.

표 10-5 의지유형과 자기주도적 능력 개발 방법

의지유형	자기주도적 능력 개발 방법	비 고
공통 프로그램	• 창의시스템의 개념과 역할 • 자아실현 가치학습 • 창의능력 개발 5단계 의미와 역할 • 의지의 개념과 유형 • 자아실현 자유의지 형성원리 • 자기주도적 능력 형성원리 • 창의능력 진단의 의미와 가치 • 행동포지션과 개인행동특성	• 자아실현 자유의지 수명주기 진단방법 학습 • 자기주도적 학습성과 측정방법 학습
자아실현 학습의지	• 자아실현의 가치학습(1) • 성취행동학습(2) • 무조건적 긍정적 존중 체험 • 자기주도적 체험학습과 관광	• 긍정성, 자율성, 일관성, 합리성 순으로 학습
잠재적 학습의지	• 성취행동학습(1) • 자아실현의 가치학습(2) • 무조건적 긍정적 존중 체험 • 자기주도적 체험학습과 관광	• 외재적 동기부여 • 긍정성, 일관성, 합리성, 자율성 순으로 학습
성취지향적 자유의지	• 자아실현 경향성의 의미와 가치(1) • 자아실현 가치학습(2)	
자아실현 자유의지	• 자기주도적 능력 3요소 • 완전기능행동 학습	• 자아실현 자유의지 3요소 • 정삼각형 동적 • 균형관리

주 : ( ) 내 숫자는 학습우선순위를 의미함.

<표 10-5>는 의지유형에 따른 자기주도적 능력 개발 방법에 관한 것이다.

4. PSAD와 자기주도적 능력개발의 학습효과

학습은 학습내용을 지식이나 정보로 이해하거나 인식하는 것에서 나아가 학습내용이 학습자의 생각이나 행동에서 자발적으로 발현되는 것을 의미한다. 지적한 바와 같이 자발적 생각이나 행동은 내재적 동기에 의해서 발현되고, 내재적 동기는 정체성에 의해서 유발된다. 따라서 학습은 학습내용의 가치가 학습자의 정체성으로 형성되는 것을 의미한다.

자아실현 자유의지 형성이나 자기주도적 능력개발을 위한 자기주도적 학습에서 공통 및 맞춤형 학습프로그램에 대해 학습자의 정체성이 형성될 경우 학습자의 이들에 대한 학습은 성공적으로 이루어 진 것을 의미한다. 이러한 경우 우리는 다음과 같은 학습효과를 기대할 수 있다.

- 자아실현 자유의지 형성
- 자기주도적 행동유발
- 창의시스템의 개방
- 자기정화에 대한 긍정적 태도형성
- 자아실현 경향성 활성화
- 개인의 자기정화능력 향상
- 정서 충실화
- 인지와 지각능력 향상
- 자아실현을 위한 단서

지적한 바와 같이 창의능력개발 5단계의 특정 단계에서 다음 단계로 진입을 위한 자기주도적 학습효과는 초기 3~4개월에는 10~20%, 다음 5~6개월에는 0~5%, 이후 6~7개월에는 10~20% 향상된다. 학습의지에 속한 사람의 창의능력이 10%내외 정도 향상될 경우 이러한 사람의 내면에는 자유의지가 형성되고 자신이 관심을 가지고 있거나 흥미를 느끼는 분야에서 자기주도적 행동을 유발한다. 따라서 학습의지를 가진 사람이 자아실현 자유의지를 가지기 위해서는 최소 3개월 이상 꾸준히 성취행동을 추구하는 것이 바람직하다.

10.5 PSAD 간편진단의 예

1. PSAD 간편진단을 보기 전에

PSAD(Prime Self-Actualization Diagnostics) 간편진단은 개인의 자아실현능력 진단방법(특허 제10-1542200호)을 기반으로 개인의 의지와 자기주도적 능력을 진단하는 진단시스템이다. 자기주도적 능력은 자아실현 자유의지에 의해서 유발되고, 자아실현 자유의지는 창의능력에 관계한다. 따라서 PSAD 간편진단은 개인의 의지유형을 진단하고, 창의능력 개발과 자아실현 자유의지 형성을 통해 개인으로 하여금 자기주도적 능력을 획득하기 위한 다음의 프로세스를 포함한다.

1) 개인의 의지유형 진단

의지는 특정의 목적이나 방향으로 나아가기 위해 자신을 조직화하는 능력이다. 예로써 국가 대표 야구선수가 되고자 하는 의지는 개인으로 하여금 국가대표 야구선수의 가치를 지속적으로 깨닫게 하고, 자신의 유·무형적 및 경제적 요소를 조직화하여 국가대표 야구선수로 나아가게 하는 능력을 만들어 낸다. 의지는 미래의 행동방향을 의미한다. 따라서 우리가 의지유형을 알 경우 우리의 미래의 행동방향을 예견할 수 있다.

PSAD는 개인의 의지를 자아실현 및 성취지향적 자유의지와 자아실현 및 잠재적 학습의지로 구분한다. 자아실현 자유의지, 성취지향적 자유의지 및 자아실현 학습의지는 각각 개인을 완전 자아실현, 개인적 자아실현 및 사회적 자아실현으로 나아가게 한다. 잠재적 학습의지는 개인의 능력이 개발되지 않고 있어 잠재적 가능성을 가지고 있다는 것을 의미한다. PSAD는 개인의 의지를 진단하고 자아실현 자유의지의 자생적 성장을 위한 학습방안을 제시한다.

2) 개인의 자아실현 자유의지의 자생적 성장능력 진단

자아실현 자유의지는 자아실현 자유의지 3요소 즉, 자아실현 가치학습, 자아실현 경향성 및 개인의 자기정화가 자생적 성장조건을 만족할 경우 자생적으로 형성·성장한다. 자아실현 자유의지 3요소의 자생적 성장조건은 이들이 정체성, 활성화 및 영향력 조건 중에 적어도 하나 이상을 만족하는 것이다.

① **정체성 조건** : 자아실현 자유의지 3요소의 정체성 지수가 5% 오차범위에 있는 것을 의미한다.

② **활성화 조건** : 자아실현 자유의지 3요소의 활성화 지수가 5% 오차범위에 있는 것을 의미한다.

③ **영향력 조건** : 자아실현 자유의지 3요소의 영향력 지수가 5% 오차범위에 있는 것을 의미한다.

자아실현 자유의지 자생적 조건을 만족하는 개인은 창의능력 개발 5단계 즉, 잠재적, 자기주도적, 완전기능, 문제해결 및 완전자아실현 능력단계로 나아간다. 창의능력 개발 5단계의 행동특성은 <그림 10-2>와 같다.

그림 10-2 창의능력 개발 5단계와 행동특성

잠재적 능력	자기주도적 능력	완전기능 능력	문제해결 능력	완전자아실현 능력
• 창의시스템의 비활성화 • 선천적 재능이 발현되지 않음 • 타인의 생각이나 가치에 지배됨	• 자아실현 자유의지 형성 • 창의성 및 자아실현 경향성의 활성화 • 자기주도적 행동 • 성취행동의 발현	• 자아실현 자유의지 성장 • 완전기능행동 • 정서지능개발 • 선천적 및 후천적 재능개발 • 개인적 자아실현 • 행동의 가치화 발현	• 문제해결능력 활성화 • 행동의 가치화 학습 • 사회적 지능 • 사회적 자아실현 • 후천적 창의성 개발	• 자아실현 자유의지 성숙 • 개인적 및 사회적 자아실현 • 완전정서지능 개발 • 기업가적 마인드 형성 • 선천적 및 후천적 창의성 개발

PSAD 간편진단은 자아실현 자유의지 3요소의 정체성, 활성화 및 영향력을 측정하여 자아실현 자유의지 자생적 능력을 진단하고, 개인의 자아실현 자유의지 자생적 능력향상을 위한 자기주도적 학습방안을 제시한다.

3) 파워의 비합리적 조건의 유발요인 진단

개인의 생각이나 행동이 파워의 비합리적 조건에 지배될 경우 개인의 창의능력은 발현되지 않는다. 파워의 비합리적 조건은 다음과 같다.

① 사람의 생각이나 행동이 합리적이지 않고 감정이나 군중심리와 같은 파행에 의존하거나
② 사람의 표출된 욕구와 내재된 욕구가 다르거나
③ 사람들의 욕구가 다르면서 이들의 크기가 대등하거나
④ 사람이 주체적으로 추진하고자 하는 에너지가 역기능적 힘에 의해서 무효화 된 경우

자아실현 자유의지 3요소의 행동포지션이 규범적 포지션에 접근할 경우 개인적 자아와 사회적 자아가 조화로운 방향으로 나아가는 행동성향을 보이며, 개인은 파워의 비합리적 조건으로부터 자유롭게 된다. 그러나 자유의지 3요소의 행동포지션이 쏠림이나 양극화 포지션에 접근할 경우 개인은 파워의 비합리적 조건에 쉽게 지배되는 경향을 보인다.

PSAD 간편진단은 자아실현 자유의지 3요소의 행동포지션을 도출하고 개인이 파워의 비합리적 조건에 지배되는 원인을 진단하고, 이것을

제거하기 위하여 개인적 자아와 사회적 자아의 조화로움을 위한 자기주도적 학습방안을 제시한다.

4) 자기주도적 능력단계 진입을 위한 학습

개인이 창의능력 개발 5단계의 특정 단계에 진입한다는 것은 개인의 생각이나 행동이 해당 단계의 행동특성으로 거의 영구적인 변화를 의미한다. 개인의 생각이나 행동의 거의 영구적인 변화를 학습이라고 한다. 따라서 개인이 자기주도적 능력 단계에 진입하기 위해서는 자아실현 자유의지 3요소나 자기주도적 능력 3요소를 학습해야 한다.

자기주도적 학습은 학습자가 주도적으로 학습요구를 진단하고, 학습목표와 학습전략을 수립하고, 실행 후 결과를 평가하는 활동을 포함한다. 자기주도적 학습은 스스로 관심과 동기를 갖고 이루어지므로 남이 가르쳐줄 때보다 학습이 빠르다. PSAD 간편진단은 개인으로 하여금 자아실현 자유의지를 형성하고 자기주도적 능력단계로 진입하기 위한 맞춤형 자기주도적 학습방안을 제시한다.

자기주도적 학습은 학습에 대한 내재적 동기가 발현되고, 긍정적 학습태도와 함께 학습에 몰입할 경우 학습효과는 높아지며, 이러한 과정에서 선천적 또는 후천적 창의성이 개발된다. PSAD 간편진단은 학습자의 학습에 대한 내재적 동기, 학습태도 및 학습몰입을 고려하여 자아실현 자유의지 3요소나 자기주도적 능력 3요소에 대한 학습우선순위를 결정하여 학습효과를 높인다.

2. PSAD 간편진단 결과

1) 의지유형 진단 결과

귀하의 의지는 자아실현 학습의지에 속합니다.

<표 10-6>은 의지유형에 따른 개인의 행동특성을 나타내고 있다. 의지는 개인의 미래의 행동의 방향을 의미한다.

표 10-6 의지와 미래행동방향

의지의 유형	행동 특성
자아실현 자유의지	• 완전자아실현으로 나아감. • 전인격적 행동 발현 • 완전기능 행동으로 나아감. • 선천적 및 학습된 창조성을 이끌어 냄. • 자아실현 경향성의 활성화 • 문제해결능력 발현
성취지향적 자유의지	• 개인적 자아실현으로 나아감. • 선천적 창조성을 이끌어 냄. • 인성개발을 위한 자기 주도적 행동을 이끌어 냄 • 완전기능행동으로 나아감. • 개인적 자아실현의 내재적 동기 유발
자아실현 학습의지	• 사회적 자아실현으로 나아감. • 사회적 포지션을 위한 자기주도적 행동을 이끌어 냄. • 학습된 창조성을 이끌어 냄. • 행동의 가치화를 도모. • 자아실현의 외재적 동기부여
잠재된 학습의지	• 개인적 및 사회적 자아형성 미흡. • 자기주도적 행동 미흡. • 학습의지와 자유의지 형성 미흡. • 자아실현의 동기부여 미흡.

귀하께서는 <표 10-6> 의지와 미래행동방향으로부터 자신의 미래의 행동특성을 알아보기 바랍니다.

2) 자아실현 자유의지의 자생적 성장능력 진단 결과

① 자아실현 자유의지 3요소 정체성 지수
- 정체성은 개인에게 동일성과 연속성의 느낌을 가지게 하고 의식하지 않을 지라도 개인의 삶의 질에 관계한다. 정체성은 개인으로 하여금 자신의 본질을 깨닫게 하고, 구현하기 위한 내재적 동기를 만들어 내고 주도적 역할을 한다.
- PSAD는 자아실현 자유의지 3요소의 정체성 지수가 0.35보다 클 경우 이들은 자신의 가치구현을 위한 동기를 만들어 내고, 이것의 구현을 위해 주도적 역할을 한다고 진단한다. 정체성 지수0.35를 표준 정체성 지수라고 한다.

<표 10-7>는 귀하의 자아실현 자유의지 3요소의 정체성 지수이다.

표 10-7 자아실현 자유의지 3요소의 정체성 지수

자아실현 자유의지 요소	정체성 지수	비고
자아실현 경향성	0.36	표준보다 높다
자아실현 가치학습	0.40	
자기정화	0.25	

- 귀하는 <표 2-2>로부터 자아실현 자유의지 3요소 중에 어느 것의 정체성이 확립되어 자신의 가치 구현을 위해 스스로 동기를 유발하고 있는가를 진단해 보세요.

② 자아실현 자유의지 3요소의 활성화 지수
- 정체성이 확립된 자아실현 자유의지 3요소는 자신의 가치구현을 위해 스스로 동기를 만들고 행동을 유발하고자 한다. 그러나 이들에 대한 태도가 부정적일 경우 동기가 형성되더라도 행동이 유발되지 않는다.
- 자아실현 자유의지 3요소의 활성화는 이들에 대한 태도와 동기의 상호작용에 의존한다(자아실현 자유의지 3요소의 활성화 = 자아실현 자유의지 3요소 * 이들에 대한 태도).
- PSAD는 자아실현 자유의지 3요소의 활성화 지수가 33.4보다 클 경우 이들은 행동을 유발한다고 진단한다.

<표 10-8>은 귀하의 자아실현 자유의지 3요소의 활성화 지수이다.

표 10-8   자아실현 자유의지 3요소의 활성화 지수

자아실현 자유의지 요소	활성화 지수	비고
자아실현 경향성	32.40	
자아실현 가치학습	38.50	
자기정화	34.00	

- 귀하는 <표 10-8> 자아실현 자유의지 3요소의 활성화 지수로부터 이들의 행동유발을 검토하고 이들에 대한 귀하의 태도를 평가하기 바랍니다. 예로써 자아실현 자유의지 3요소의 정체성이 높은데도 불구하고 활성화가 낮을 경우 이에 대한 귀하의 태도는 부정적입니다. 자아실현 자유의지 3요소에 대한 태도가 긍정적이고 정체성이 확립될수록 이들은 보다 활성화 됩니다.

③ 자아실현 자유의지 3요소의 영향력 지수
- 몰입은 해당 일에 열정이 생기고, 아이디어가 지속적으로 나오고, 업무성과가 높아지고, 자신감이 넘치는 행동으로 나아간다.
- PSAD는 자아실현 자유의지 3요소의 영향력 지수가 15.36보다 클 경우 개인은 이들이 지향하는 행동에 몰입한다고 진단한다. <표 10-9>는 귀하의 자아실현 자유의지 3요소의 영향력 지수이다.

표 10-9 자아실현 자유의지 3요소의 영향력 지수

자아실현 자유의지 요소	영향력 지수	비고
자아실현 경향성	11.66	
자아실현 가치학습	15.40	
자기정화	8.50	

- 귀하는 <표 10-9> 자아실현 자유의지 3요소의 영향력 지수로부터 귀하는 어떤 행동에 몰입하고 있는 가를 스스로 진단해 보세요.

④ 자아실현 자유의지 자생적 성장을 위한 조건

귀하의 의지는 자아실현 학습의지에 속합니다. 자아실현 학습의지는 사회적 자아를 중심으로 형성되며, 외재적 인센티브가 있을 경우 발현하여 사회적 자아가 지향하는 행동을 유발한다. 학습의지는 흔히 상황이나 환경에 따라 무산되거나 인센티브의 조건에 따라 달라진다. 따라서 학습의지에 속한 사람의 행동은 상황이나 환경 또는 인센티브 조건에 따라 달라지기도 한다.

자아실현 학습의지의 사람이 창의능력 개발과 함께 완전자아실현으로 나아가기 위해서는 자아실현 자유의지를 가져야 한다. 자아실현 자유의지는 자아실현 자유의지 자생적 조건을 만족할 경우 형성·성장한다. <표 10-7, 8, 9>에서와 같이 귀하는 자아실현 자생적 조건 즉, 정체성, 활성화 및 영향력 조건 중에 어느 하나도 만족하지 못하고 있습니다. 귀하께서 자아실현 자유의지 자생적 조건을 만족하기 위해서는 자아실현 가치학습이 우선적으로 요구됩니다.

3) 파워의 비합리적 조건의 유발요인 진단 결과

자아실현 자유의지 행동포지션은 자아실현에 대한 태도, 개인적 및 사회적 자아의 행동성향과, 개인에게 작용하는 파워의 비합리적 조건의 원인을 알게 한다. PSAD 간편진단은 자아실현 자유의지 행동포지션을 (XX-YY-ZZ)로 나타낸다. 표준행동포지션은 (30-50-20)이다.

- 규범적 행동포지션은 표준행동포지션(30-50-20)에 접근하는 행동포지션이다. 규범적 행동포지션에 의한 행동특성의 빈도는 자신이 속한 인구통계학적 집단의 평균수준이며, 이러한 행동특성은 안정적으로 나타난다. 이러한 경우 개인적 자아와 사회적 자아는 조화로운 방향으로 나아가며 파워의 비합리적 조건으로부터 자유롭다.
- 쏠림 행동포지션은 자아실현 자유의지 행동포지션이 (XX)나 (ZZ) 중에 어느 하나로 치우친 포지션이다. 쏠림 행동포지션에 의한 행동특성은 자신이 속한 인구통계학적 집단보다 빈번하게 나타나지만 행동은 비탄력적이 되어 유연성이 결여될 수 있다. 쏠림 행동포지션은 개인의 행동이 개인적 자아나 사회적 자아 중에 어느 하나에 지배되는 행동성향을 보이며 파워의 비합리적 조건을 유발하는 원인이 된다.
- 양극화 행동포지션은 (YY)가 작고, (XX)와 (ZZ)가 모두 큰 포지션을 의미한

다. 양극화 행동포지션에 접근할수록 개인행동은 양극화 되어 일관성의 결여로 신뢰성이 낮다. 양극화 행동포지션은 개인적 자아 및 사회적 자아가 불일치하거나 이들이 모두 형성되지 않은 때 흔히 나타난다. 자아실현 자유의지에 대한 양극화 행동포지션은 흔히 잠재된 학습의지를 형성하게 하며, 파워의 비합리적 조건에 쉽게 지배된다.

- 귀하의 자아실현 자유의지 행동포지션은 (10.00-43.30-36.70)이므로 쏠림 행동포지션에 속합니다. 귀하가 규범적 행동포지션으로 나아가 파워의 비합리적 조건으로부터 자유롭기 위해서는 자기정화에 대한 학습이 요구됩니다.

3. 자기주도적 능력을 위한 학습방안

개인이 자기주도적 능력단계의 진입을 위해서는 공통 및 개인별 맞춤형 프로그램의 학습이 요청된다. 공통프로그램은 의지유형에 관계없이 자아실현 자유의지를 형성하고, 자기주도적 능력단계로 나아가고자 하는 사람들이 공통적으로 학습하는 프로그램을 의미한다. 맞춤형 학습프로그램은 개인의 의지유형에 따른 개인별 학습프로그램을 의미한다.

① 자기주도적 능력 개발 공통프로그램

PSAD는 자기주도적 능력단계에 진입을 위한 공통학습프로그램을 <표 10-10>과 같이 제시한다.

표 10-10 자기주도적 능력 단계와 공동 학습프로그램

공통학습과목	학습내용	비 고

자기주도적
능력과정
공통프로그램
	• 창의시스템의 개념과 역할
	• 자아실현 가치학습
	• 창의능력 개발 5단계 의미와 역할
	• 의지의 개념과 유형
	• 자아실현 자유의지 형성원리
	• 자기주도적 능력 형성원리
	• 창의능력 진단의 의미와 가치
	• 행동포지션과 개인행동특성
		• 자아실현 자유의지
		  수명주기 진단방법 학습
		• 자기주도적 학습성과
		  측정방법 학습

② 개인별 맞춤형 학습 프로그램

개인이 자기주도적 능력단계에 진입하기 위해서는 자아실현 자유의지 3요소에 대해 자기주도적 학습이 요구된다. 자기주도적 학습은 학습에 대한 내재적 동기가 발현되고, 긍정적 학습태도가 형성되어, 학습에 몰입할 경우 학습효과는 높게 나타나며, 이러한 과정에서 선천적 또는 후천적 창의성이 개발된다.

자아실현 자유의지 3요소의 정체성은 이들에 대한 학습의 내재적 동기에 관계한다. 자아실현 자유의지 3요소의 활동성은 학습행동에 관계하며, 활성화 지수가 높을수록 학습에 대해 긍정적 태도를 보인다. 또한 자아실현 자유의지 3요소의 영향력은 학습에 대한 몰입에 관계한다.

학습자는 <표 10-7, 8, 9>로부터 자아실현 자유의지 3요소의 정체성, 활성화 및 영향력 지수가 큰 것을 우선적으로 학습할 경우 학습에 대한 내재적 동기가 발현하고, 긍정적 태도와 함께 학습에 몰입하여 학습효과를 높인다. 개인의 의지유형에 따른 개인별 맞춤형 학습내용은

<표 10-11>과 같다.

표 10-11 의지유형과 맞춤형 학습프로그램

의지유형	학습내용	비 고
자아실현 학습의지	• 자아실현의 가치학습(1) • 성취행동학습(2) • 무조건적 긍정적 존중 체험 • 자기주도적 체험학습과 관광	• 긍정성, 자율성, 일관성, 합리성 순으로 학습
잠재적 학습의지	• 성취행동학습(1) • 자아실현의 가치학습(2) • 무조건적 긍정적 존중 체험 • 자기주도적 체험학습과 관광	• 외재적 동기부여 • 긍정성, 일관성, 합리성, 자율성 순으로 학습
성취지향적 자유의지	• 자아실현 경향성의 의미와 가치(1) • 자아실현 가치학습(2)	
자아실현 자유의지	• 자기주도적 능력 3요소 • 완전기능행동 학습	• 자아실현 자유의지 3요소 정삼각형 동적 균형관리

주 : (1), (2)는 학습우선 순위임.

③ PSAD는 자기주도적 능력 개발을 위한 공통 및 개인별 맞춤형 프로그램을 학습한 후에 자아실현 자유의지 3요소나 자기주도적 능력 3요소의 정체성의 진단을 통해 학습자의 학습성과를 측정한다.

PSAD는 개인의 창의능력 개발 5단계에 따른 창의능력과 자아실현 능력 진단과 개인이 특정 단계에 충분히 진입하지 못할 경우 그 원인을 진단하고 학습방법을 제안하고, 개인으로 하여금 다음 단계로 진입을 용이하게 한다. PSAD의 이러한 프로세스는 학습자로 하여금 완전 자아실현으로 나아가게 한다.

PSAD는 창의능력 개발 5단계를 진단 대상자와 인구통계학적으로 동일한 집단의 특성과 비교 분석함으로써 개인의 자아실현능력 포지션을 평가한다. 자아실현능력 포지션은 진단 대상자와 인구통계학적으로 동일한 집단에 속한 개인의 자아실현능력 특성에 대한 상대적 정보를 포함한다. PSAD에 의한 개인의 행동특성 예측성은 최소 85%이다.

PSAD 일반진단과 완전기능 능력 개발

PSAD 일반진단은 자아실현 자유의지 성장과 완전기능능력에 대한 진단이다. 완전기능능력은 자아실현 자유의지 성장기에 발현한다. PSAD 일반진단은 개인의 완전기능행동 유형을 진단하고 자아실현 자유의지 성장과 함께 개인으로 하여금 완전기능능력을 획득하게 하는 프로세스를 포함한다.

11.1 PSAD 일반진단 개요

1. 완전기능능력의 자생능력 진단

완전기능능력은 완전기능능력 3요소 즉, 완전기능행동, 성취행동요소 및 성취사회행동요소가 정삼각형의 동적 균형을 유지할 경우 자생적으로 형성되고 성장한다. 또한 이들 3요소의 정삼각형의 동적 균형은 자아실현 자유의지의 자생적 성장조건을 만족시킨다. 완전기능능력 3요소의 자생적 성장조건은 이들이 정체성, 활성화 및 영향력조건을 만족해야 한다(이경환, 2014).

① 정체성 조건

완전기능능력 3요소의 정체성이 클수록 이들은 각각 자신의 가치를 실현하기 위해 스스로 동기를 만들어 낸다. PSAD는 이들의 정체성 지수가 0.35보다 클 경우 이들은 자신의 가치구현을 위한 내재적 동기를 만들어낸다고 진단한다.

완전기능능력 3요소의 정체성 조건은 이들 요소의 정체성이 대등한 것에 관계한다. PSAD는 이들의 정체성 지수가 5% 오차범위 내에 있을 때 이들의 정체성이 대등하다고 진단한다.

② 활성화 조건

완전기능능력 3요소의 활성화는 이들의 활동성을 나타낸다. 완전기능능력 3요소의 활성화는 이들의 정체성과 태도의 결합에 의존한다. 즉, 활성화 = 정체성 * 태도이다. 완전기능능력 3요소가 활성화 될수록 그 활동성은 보다 강하게 나타난다. PSAD는 이들의 활성화 지수가 33.4보다 클 경우 이들은 행동능력이 있다고 진단한다.

완전기능능력 3요소의 활성화 조건은 이들 요소의 활성화 지수가 대등한 것에 관계한다. PSAD는 이들의 활성화 지수가 5% 오차범위 내에 있을 때 이들의 활성화가 대등하다고 진단한다.

③ 영향력 조건

완전기능능력 3요소의 영향력이 클수록 사람들은 이들이 지향하는 행동에 몰입한다. PSAD는 이들의 영향력 지수가 15.36보다 클 경우 사람들은 관련 행동에 몰입한다고 진단한다.

완전기능능력 3요소의 영향력 조건은 이들 요소의 영향력이 대등한 것에 관계한다. PSAD는 이들의 영향력 지수가 5% 오차범위 내에 있을 때 이들의 영향력이 대등하다고 진단한다.

완전기능능력의 자생적 성장조건은 완전기능능력 3요소가 정체성 조건, 활성화 조건 및 영향력 조건 중에 적어도 하나 이상을 만족하는 경우를 의미한다. PSAD는 자아실현 완전기능능력 3요소가 정체성 조건, 활성화 조건 및 영향력 조건 중에 적어도 하나이상을 만족할 경우 이들은 자생적으로 성장한다고 진단한다.

2. 완전기능능력 그리드와 PSAD 일반진단

PSAD 일반진단은 완전기능능력에 대한 진단이다. PSAD는 완전기능능력 그리드를 기반으로 개인의 완전기능능력 유형을 진단한다. 완전기능능력 그리드는 성취행동요소를 가로축(X축)으로 하고 성취사회행동요소를 세로축(Y축)으로 한 그리드이다. <그림 11-1>은 완전기능능력 그리드를 나타낸다.

<그림 11-1>의 성취행동요소 (X)축에서 우측으로 갈수록 성취행동요소는 활성화 되고, 좌측으로 활성화 낮다. 따라서 성취행동요소 (X)축에서 우측으로 나아갈수록 완전기능행동의 내재적 동기가 형성되고, 좌측으로 나아갈수록 저하된다.

<그림 11-1>의 성취사회행동요소 (Y)축에서 위로 갈수록 성취사회

행동요소 수준은 높고, 아래로 갈수록 낮다. 따라서 성취사회행동요소 (Y)축에서 위로 갈수록 완전기능 행동의 외재적 동기는 보다 활성화 되고, 아래로 갈수록 저해된다.

그림 11-1 완전기능능력 그리드.

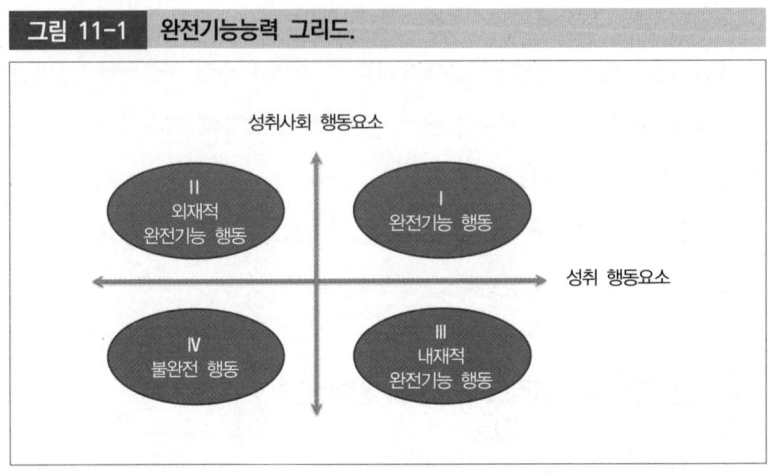

PSAD는 완전기능능력 3요소에 대한 개인의 자기보고(self- report)로부터 개인의 성취행동이나 성취사회행동 수준을 측정하고 <그림 11-1> 완전기능능력진단 그리드 포지션(X, Y)에 의해서 개인의 완전기능 행동유형을 다음과 같이 진단한다.

① **완전기능행동** : 성취행동과 성취사회행동의 영향력 지수 모두 15.36보다 클 경우

② **외재적 완전기능행동** : 성취행동의 영향력 지수가 15.36 보다 적고, 성취사회행동 영향력 지수가 15.36보다 클 경우

③ **내재적 완전기능행동** : 성취행동의 영향력 지수가 15.36 보다 크고, 성취사회행동 영향력 지수가 15.36보다 적은 경우

④ **불완전 행동** : 성취행동과 성취사회행동의 영향력 지수 모두 15.36 보다 적은 경우

3. 완전기능능력 행동포지션 진단

지적한 바와 같이 행동포지션(XX-YY-ZZ)는 우리에게 행동에 대한 태도와 개인의 개인적 및 사회적 자아의 조화 또는 부조화를 알게 하고, 우리의 내면으로부터 유발된 파워의 비합리적 조건을 인식하게 한다.

PSAD는 완전기능능력 3요소에 대한 개인의 자기보고로부터 이들의 행동포지션을 도출하고, 행동포지션의 유형이나 패턴에 따라 완전기능능력에 대한 태도, 개인적 및 사회적 자아의 일관성 정도, 내면으로부터 유발된 파워의 비합리적 조건을 다음과 같이 진단한다.

① 규범적 완전기능 행동포지션

규범적 완전기능 행동포지션은 완전기능능력 행동포지션이 규범적 행동포지션에 접근하는 포지션이다. 규범적 완전기능 행동포지션에 의한 행동특성은 보다 안정적으로 발현하며, 그 빈도는 자신이 속한 인구 통계학적 집단에서 평균수준이다. 따라서 완전기능능력 3요소에 대한 이러한 사람의 자기주도적 학습은 안정적이고 환경적응력이 높다.

규범적 완전기능 행동포지션에 속한 사람은 개인적 자아와 사회적 자아는 조화로운 관계로 나아가고자 하는 행동성향을 보인다. 규범적

완전기능 행동포지션은 자아실현 자유의지의 성장기에 흔히 나타난다. 파워의 비합리적 조건으로부터 비교적 자유롭다. 또한 규범적 완전기능 행동포지션에 속한 사람은 행동의 가치화가 흔히 유발된다.

② 쏠림 완전기능 행동포지션

쏠림 완전기능 행동포지션은 완전기능능력 행동포지션이 포지션 지수(XX)와 (ZZ) 중에 어느 하나로 치우친 것을 의미한다. 쏠림 완전기능능력 행동포지션에 의한 행동특성은 자신이 속한 인구통계학적 집단보다 빈번하게 나타나지만 해당 행동은 비탄력적이 되어 유연성이 결여된다. 쏠림 완전기능 행동포지션은 개인의 행동이 개인적 자아나 사회적 자아 중에 어느 하나에 지배되는 행동성향을 보인다.

사회적 자아에 지배되는 행동성향의 사람들은 흔히 외재적 완전기능과 사회적 자아실현으로 나아간다. 또한 이들은 창의능력 개발 학습에서 흔히 부조화를 경험하며, 이러한 경험은 이들이 파워의 비합리적 조건에 지배되는 원인이 된다. 외재적 완전기능에 속한 사람들로 하여금 창의능력 개발을 위한 자기주도적 학습을 위해서는 이것을 위한 외재적 동기부여가 요구된다.

개인적 자아에 지배되는 행동성향의 사람들은 흔히 내재적 완전기능행동과 개인적 자아실현으로 나아간다. 또한 이들은 스스로 창의능력 개발을 위한 자기주도적 학습에 참여하지만 사회적 자아가 발달하지 않아 때로는 목적성 결여로 자기중심적 행동을 보인다. 자기중심적 행동은 파워의 비합리적 조건에 지배되는 원인이 된다. 내재적 완전기능에 속한 사람들이 창의능력 개발을 위한 자기주도적 학습을 위해서는 자아실현의 가치학습이 요구된다.

③ 양극화 완전기능 행동포지션

양극화 완전기능 행동포지션은 포지션 지수(YY)가 낮고 (XX)와 (ZZ)가 모두 큰 포지션을 의미한다. 양극화 완전기능 행동포지션에 의한 행동특성은 양극화되어 일관성의 결여로 신뢰성이 낮다. 양극화 완전기능 행동포지션은 개인적 자아와 사회적 자아 불일치하거나 개인적 및 사회적 자아 모두가 형성되지 않은 때 흔히 나타난다. 양극화 완전기능 행동포지션은 흔히 불완전 행동을 유발한다.

지적한 바와 같이 개인적 및 사회적 자아 불일치는 개인에게 불행, 불만족과 함께 극단적 경우에는 부적응을 유발하고, 개인적 및 사회적 자아 모두가 형성되지 않은 사람은 흔히 갑갑해하고, 완고해지며, 방어적이며, 위협을 느끼고, 상당수준의 불편함과 불안을 경험한다. 따라서 양극화 완전기능 행동포지션의 사람은 파워의 비합리적 조건에 쉽게 지배된다.

지적한 바와 같이 사람이 파워의 비합리적 조건에 지배될 경우 자아실현 경향성은 개방되지 않으므로 우리는 창의능력 개발 5단계로 나아갈 수 없다. PSAD일반진단은 개인에게 자신의 개인적 및 사회적 자아에 의한 부조화를 발견하게 하고 자기주도적 학습을 통해 완전행동으로 나가게 한다.

<표 11-1>은 PSAD 일반진단 내용을 나타내고 있다.

표 11-1 PSAD 일반진단 내용

진단항목	진단내용	비고
완전기능행동 유형	• 완전기능행동 • 외재적 완전기능행동 • 내재적 완전기능행동 • 불완전 행동	• 선천적 또는 후천적 재능개발
완전기능행동의 크기	• 완전기능행동의 영향력 • 완전기능행동 수준	• 완전기능행동 몰입 정도
완전기능능력 3요소	• 정체성 • 활성화 • 영향력 • 행동포지션(태도, 자아일 관성)	• 자아실현 자유의지와 완전기능기능의 자생적 성장을 위한 학습방안 제시
파워의 비합리적 조건	• 성취행동의 패턴 • 성취사회행동의 패턴 • 개인에 작용하는 파워의 비합리적 조건의 유형	• 자아실현 경향성 활성화 수준

PSAD 일반진단은 개인의 완전기능능력을 진단하고 완전기능능력에 영향을 준 개인적 특성(성취행동 패턴)과 환경적 특성(성취사회행동패턴)을 진단하고, 개인으로 하여금 창의시스템을 활성화하여 완전기능행동을 위한 학습방안을 제공한다.

11.2 완전기능행동 유형과 특성

지적한 바와 같이 PSAD 일반진단은 개인행동을 완전기능행동, 외재적 완전기능행동, 내재적 완전기능행동 및 불완전 행동으로 구분한다.

① 완전기능행동

완전기능행동은 창의능력 개발 5단계에서 완전기능능력 단계에 진입한 사람의 행동특성이다. 이 단계에 속한 사람은 성취행동과 성취사회행동이 활발하므로 완전기능행동의 내재적 및 외재적 동기가 유발된다. 또한 이들은 선천적 및 후천적 창의성이 활성화되고 자아실현 자유의지가 자생적으로 성장한다. 따라서 이러한 사람은 자신의 잠재적 능력과 가능성을 활발하게 개발되고, 경험과 지식이 결합되어 재능이나 정서지능이 개발된다.

완전기능의 사람은 자신의 느낌과 능력이 일치하고 내면의 욕구와 직관을 신뢰한다. 이들은 개방적 사고와 자율적 행동을 보이며 완전자아실현으로 나아간다. 그러나 이들의 개인적 자아와 사회적 자아 간에 일관성이 결여될 경우 독선적 행동을 흔히 보인다. 완전기능행동의 사람은 성서의 요셉형의 인성을 가지고 있다.

② 외재적 완전기능행동

외재적 완전기능행동의 사람은 의존적이거나 수동적 행동을 보이며, 내재적 동기에 의한 자율적 행동보다 외재적 동기가 부여될 경우 완전기능행동으로 나아간다. 외재적 동기는 외적인 인센티브에 의해서 유발된다. 이들은 아이디어는 있으나 자발적으로 행동으로 옮기지 않는다. 외재적 행동의 사람은 자기를 과시하며, 성서의 야곱형의 인성과 행동을 보인다.

외재적 완전기능행동의 사람이 완전기능행동으로 나아가기 위해서는 행동의 외재적 동기가 요구된다. 즉, 이들은 외부로부터 유인요인이 있을 때 완전기능행동으로 나아간다. 외재적 완전기능행동의 사람은 선천적 창의능력보다 학습된 지식이나 능력에 의존하여 사회적 자아실현으로 나아간다.

③ 내재적 완전기능행동

내재적 완전기능행동의 사람은 진취적이고 적극적인 행동을 보이며, 외적인 인센티브에 의한 외재적 동기보다 내재적 동기에 의한 자발적 행동을 선호한다. 이러한 사람은 능동적이거나 의욕적인 행동을 흔히 보이고 있으나 목적성의 결여로 자기중심적인 행동을 보인다. 내재적 행동의 사람은 성서의 에서형의 인성과 행동을 보인다.

내재적 완전기능 행동의 사람에게는 완전기능행동을 위한 내재적 동기가 형성된다. 행동의 내재적 동기는 외부적인 보상이 아니라 자기 기쁨이나, 자기만족을 위한 행동을 유발한다. 따라서 이들은 자기만족과 기쁨을 위해 완전기능행동으로 나아가며, 내재적 완전기능행동은 개인적 자아실현으로 나아가고 선천적 창의성이 개발된다.

④ 불완전 행동

불완전 행동의 사람은 자신이 맡은 일에 최선을 다 하지 않으며, 매사에 불평불만이 높다. 책임을 다하지 못한 경우 핑계를 대며, 자신의 잘못을 인정하지 않는다. 불완전 행동의 사람은 자기 정체성이 약하고, 감사에 인색하며, 폐쇄적 행동을 보인다. 불완전 행동의 사람은 기회주의적 행동을 보이며, 성서의 아브람형의 인성과 행동을 보인다.

불완전 행동의 사람에게는 완전기능행동을 위한 내재적 및 외재적 동기가 형성이 미흡하다. 동기는 목적지향적 행동을 유발하는 원천이다. 완전기능행동의 내·외재적 동기가 미흡할 경우 개인은 나태하거나 무사안일의 태도에 따른 불안정한 행동을 보인다.

외·내재적 완전기능행동과 불완전 행동은 창의능력 개발 5단계에서 완전기능능력 단계에 진입하지 못할 경우 유발된다. 완전기능능력 단계에 진입하기 위해서는 행동특성에 적합한 학습과 교육이 요구된다. 예로써 외재적 완전기능행동의 사람에게는 용기를 북돋우는 교육이 필요하고, 내재적 완전기능행동의 사람에게는 자아실현의 가치교육이 요구된다.

<표 11-2>는 <그림 11-1>의 완전기능능력 그리드포지션(X, Y)에 따른 우리나라 고등학생 121명의 완전기능행동 유형과 행동성과를 보이고 있다.

표 11-2 완전기능행동 유형과 행동성과

그리드포지션 완전기능 행동요소	포지션 I (37) 완전기능	포지션 II (13) 외재적	포지션 III (34) 내재적	포지션 IV (37) 불완전	유의확률
긍정적 인간관계	0.27 (1.28)	0.45 (0.77)	0.00 (0.73)	-0.43 (0.83)	0.01
판단에 대한 확신	0.30 (0.98)	-0.33 (0.66)	0.13 (0.91)	-0.30 (1.12)	0.03
창의력과 자존감	0.37 (1.16)	-0.20 (0.70)	0.00 (0.95)	-0.30 (0.86)	0.03
성실과 삶의 만족	0.50 (1.06)	-0.37 (0.77)	0.20 (0.80)	-0.55 (0.88)	0.00

출처 : 오형남, 2013, 자아실현과 성취행동에 관한 연구: 파워순환적 접근을 중심으로, 인하대학교 경영대학원 경영학 석사학위 청구 논문

<표 11-2>에서와 같이 그리드 포지션 I 에 속한 37명의 학생들의 완전기능 행동요소는 모두가 긍정적으로 나타난다. 그러나 그리드 포지션Ⅳ 불완전 행동에 속한 학생들의 완전기능 행동수준은 부정적인 것으로 나타난다. 그리드 포지션Ⅱ와 Ⅲ 즉, 외재적 및 내재적 완전기능 행동에 속한 학생들의 완전기능 행동요소는 부정적인 것과 긍정적인 것이 혼재한다.

11.3 파워프로세스와 성취행동 유발

1. 파워프로세스와 행동의 가치화

지적한 바와 같이 자아실현 자유의지가 성장하여 성숙단계로 나아갈 경우 자아는 파워 5속성과 결합하여 자신의 정체성을 구현하기 위하여 행동의 가치화를 도모한다. 우리의 행동이 가치화될수록 우리는 문제해결 능력단계에 진입하고 사회적 자아를 실현하며, 사회적 자아는 개인적 자아와 조화로운 관계에 있다.

행동의 가치화는 자아실현 자유의지 성장에 따라 자연스럽게 발현하는 것이지만 우리는 파워프로세스(power process)를 통해 행동의 가치화를 도모할 수 있다. 이러한 경우 우리의 사회적 자아와 개인적 자아는 조화롭게 되고 완전기능행동과 문제해결능력을 통해 완전자아실현으로 나아간다(이경환, 2014).

파워프로세스는 가치화 요소, 욕구, 가치, 관계 및 환경의 상호작용으로 환경이 선호하는 가치를 창출하고 이것을 환경이 적용하는 상황을 만들어 내는 프로세스이다. 즉, 파워프로세스는 행동의 가치화를 도모한다. 파워프로세스에서 가치화 요소, 욕구, 가치, 관계 및 환경을 가치화 5결정요소라고 한다. 파워프로세스에서 가치화 5결정요소는 다음과 같은 고유한 역할을 한다(이경환, 2001).

① 욕구 : 행동의 단서(cue)가 된다.
욕구는 결핍이나 새로운 형성을 위한 도약에 관계한다. 욕구는 행동을 유발한다. 예로써 갈증은 물에 대한 욕구이다. 갈증은 물을 마시고자 하는 행동을 유발한다. 따라서 욕구는 행동유발의 단서가 된다. 욕구가 없으면 행동이 시작되지 않는다. 그러나 욕구가 만족될수록 그 정체성은 약화된다. 정체성이 약화된 욕구는 존재의미가 퇴색된다.

② 가치 : 행동을 선택한다.
가치는 '옳다, 그르다' 또는 '좋다, 나쁘다'와 같이 판단이나 선택의 기준이며, 바람직한 행동이 유발되는 방식에 관계한다. 사람은 자신의 가치시스템을 가지고 있다. 가치시스템은 가치의 위계에 관계한다. 예로써 사람들은 자유, 기쁨, 자존심, 정직, 순종 및 평등과 같은 가치에 대해 상대적으로 중요성을 부여하고 있다.
욕구가 행동을 유발할 지라도 어떠한 행동을 할 것인가는 가치에 의해서 결정된다. 예로써 생수, 주스 또는 차는 갈증을 해소할 수 있는 음료이다. 갈증해소를 위해 이들 중에 어떤 것을 선택할 가는 음료에 대한 가치에 의존한다. 소비자의 구매행동은 욕구에 의해서 시작될지라도 무엇을 구매할 것인가는 가치가 결정한다.

③ 관계 : 행동을 이끌어 내는 역할을 한다.
관계는 분리되어 있는 것들이 본질에 의해서 하나가 되는 프로세스이다. 예로써 아버지와 아들의 관계, 친구관계, 스승과 제자의 관계는 궁극적으로 이들이 하나가 되고자 한다. 사람의 행동은 관계에 따라 다른 행동을 만들어낸다. 예로써 상사에게 보이는 행동과 가까운 친구에게 보이는 행동은 다르다. 따라서 관계는 사람으로 하여금 행동을 이끌어 내는 역할을 한다.

④ 가치화 요소 : 가치화의 방향과 원천 및 소멸의 원인
가치화 요소는 가치화 조건을 만족하는 가치창출을 위한 유·무형적 또는 경제적 자원으로서 가치화의 방향을 규정하고 가치의 창출과 소멸의 원인을 제공한다. 예로써 기업은 자신의 기술을 사용하여 가치화 조건을 창출하는 프로세스를 만들어 낸다. 이 경우 기업의 기술은 가치화 요소가 된다.

개인은 지식, 경험, 자본, 건강과 같은 자신이 소유하고 있거나 사용할 수 있는 유·무형적 자원을 가치화 요소로 사용할 수 있다. 예로써 사람은 흔히 자신의 지식을 사용하여 가치화 조건을 만족하는 행동을 유발한다. 이 경우 개인의 지식은 가치화 요소가 된다. 어떠한 자원을 가치화 요소로 사용할 것인가는 개인의 가치화 능력에 관계한다.

⑤ 환경 : 행동의 가치화가 작용하는 통로가 된다.

환경은 행동의 가치화에서 가치화 요소를 제공하거나 가치화에 의해서 만들어진 가치가 작용하는 통로나 기반을 제공한다. 예로써 우리는 지식, 경험, 기술과 같은 가치화 요소를 자신이 속한 사회로부터 획득한다. 가치화를 통해 형성된 가치는 사회에 확산된다. 원자재나 기술은 기업의 가치화 요소이다. 기업은 이러한 가치화 요소를 자신이 속한 사회로부터 획득하고, 이것을 기반으로 제품이나 서비스를 생산한다. 따라서 기업이 속한 사회는 기업에 가치화 요소를 제공하고, 가치화에 의해서 생산된 서비스나 제품이 확산되는 통로가 된다.

가치화 5 결정요소들은 상호 영향력을 미친다. 예로써 정치적, 경제적 또는 문화적 환경변화는 욕구, 가치 또는 관계에 영향을 미친다. 사람들은 자신의 욕구나 가치의 실현을 위해서 환경이나 관계를 변화시키고자 한다. 욕구와 가치는 불가분의 경쟁하고 협력한다. 또한 이들은 가치화 요소의 창출과 선택에 영향을 미친다.

<그림 11-2>는 파워프로세스에 의한 가치화 5 결정요소들의 상호작용을 나타내고 있다.

개인의 생각이나 행동에서 가치화 5 결정요소가 능률적이거나 동시다발적으로 작용할 경우 행동의 가치화는 촉진되고 문제해결능력은 향상된다. 파워프로세스가 학습될 경우 사회적 자아가 형성되고 이러한 사회적 자아는 개인적 자아와 조화로운 관계를 만들어 낸다. 따라서 우리가 파워프로세스를 기반으로 행동의 가치화를 도모할 경우 우리는 완전기능행동을 통해 완전자아실현으로 나아간다(이경환, 2015).

그림 11-2 파워프로세스 모형

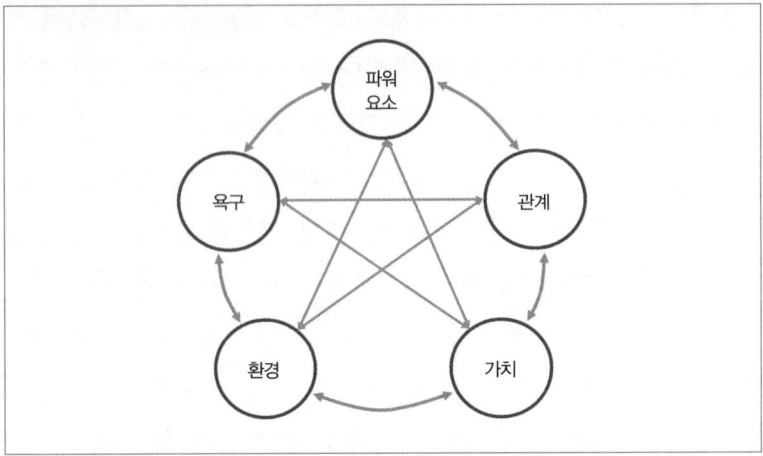

자료: 이경환, 사회생존전략, 두남(2001)

그러나 이러한 과정에서 가치화 5결정요소 중에 적어도 하나이상이 활성화 되지 않을 경우 개인의 가치화 능력은 저해되고 문제해결능력은 낮아진다. 예로써 "관계" 요소의 활성화가 낮고 나머지 가치화 4요소가 활성화될 경우 행동의 가치화는 행동을 이끌어 내지 못한다. 왜냐하면 행동을 이끌어 내는 "관계"가 작용하지 않기 때문이다.

2. 행동의 가치화와 성취행동

지적한 바와 같이 자아실현 자유의지의 성장은 개인으로 하여금 성취행동을 발현하게 하고, 완전기능행동의 내재적 동기를 유발한다. 또한 이러한 내재적 동기는 개인으로 하여금 자신이 속한 사회로부터 성취행동을 용이하게 지각하게 하며, 이러한 지각이 학습될 경우 개인은 성취사회행동을 유발한다.

성취행동에 대한 사회적 학습은 개인의 내면에 성취사회행동 지향적 사회적 자아를 형성하고, 완전기능행동의 외재적 동기를 유발한다. 따라서 자아실현 자유의지의 성장에 따른 성취행동과 성취사회행동은 개인으로 하여금 완전기능행동으로 나아가게 한다. 이러한 과정에서 형성된 사회적 자아는 개인적 자아와 조화로운 관계에 있으므로 개인은 완전자아실현으로 나아간다.

지적한 바와 같이 사회적 학습은 환경으로부터 지각한 것에 대한 학습이며, 행동의 거의 영구적인 변화에 관계한다. 그러나 사회로부터 성취행동을 지각한 한 모든 사람이 성취사회행동을 발현하는 것은 아니다. 왜냐하면 사회로부터 성취행동의 지각이 언제나 이들에 대한 사회적 학습을 유발하는 것은 아니다. 또한 지각은 동기와 함께 지각환경이나 개인의 가치와 같은 다양한 요인에 의해서 영향을 받을 뿐만 아니라, 지각과 실체는 다를 수 있기 때문이다.

예로써 오형남(2013)에 의하면 자아실현 자유의지 성장단계에 진입한 사람들의 52%가 완전기능행동으로 나아가고, 48%는 내재적 완전기능 행동으로 나아가고 있다. 또한 지각된 것과 실체적인 것은 차이가 있으며, 이들 간에는 관련성이 높지 않다. 인간의 지각은 개인의 경험이나 지식, 욕구, 가치, 감정, 상황 및 지각대상의 특성에 의하여 영향을 받는다(Lefton, 2006). 따라서 자신이 속한 사회로부터 성취행동의 지각에 의한 성취사회행동의 발현은 한계가 있다.

개인이 파워프로세스를 학습할 경우 개인의 행동은 성취행동 즉, 행동의 합리성, 일관성, 긍정성 및 자율성으로 나아간다(이경환, 2014).

① 파워프로세스와 행동의 합리성

합리성은 최대의 능률적인 수단으로 미리 결정된 목적으로 이끄는 일련의 행동의 조직화(organizing)에 관계한다(Scott, 1981). 조직화는 분리되어 있는 것을 결합하여 공동의 목적을 달성하기 위한 의도적인 프로세스에 관계한다. 예로써 조직은 공동의 목적을 달성하기 위한 사람들의 결합체이다.

개인의 욕구, 가치, 감정과 같은 내적 요소들은 독립적으로 목적지향적 행동을 유발하지만 이들이 조직화될 경우 보다 능률적인 방법으로 합리적인 행동을 유발한다. 예로써 동기와 정서는 각각 욕구와 감정을 중심으로 조직화된 내면의 능력이며, 이들은 능률적으로 목적지향적인 행동 즉, 합리적 행동을 유발한다.

파워프로세스는 지적한 바와 같이 파워결정요소들의 상호작용을 통하여 행동의 가치화를 도모하는 프로세스이다. 파워결정요소들의 상호작용은 행동의 조직화에 관계한다. 또한 행동의 가치화는 지적이며, 의식적인 자각에 의한 판단을 포함하므로 파워프로세스는 개인으로 하여금 감정이나 군중심리와 같은 파행을 배제하게 한다. 파행을 배제하고 목적 지향적 행동으로 나아가게 하는 것은 합리적 행동을 유발한다.

② 파워프로세스와 행동의 일관성

지적한 바와 같이 행동의 가치화는 가치를 창출하고 다른 사람으로 하여금 이것을 적용하는 상황을 만들어내는 것에 관계한다. 따라서 행동의 가치화는 행동을 일관되게 한다. 지적한 바와 같이 파워프로세스는 행동의 가치화 프로세스이다. 따라서 개인이 파워프로세스를 기반으로 가치화를 학습할 경우 개인행동은 일관성을 유지한다.

개인이 자신의 행동에서 일관성이 낮다고 생각 될 경우 즉, 자신의 행동들이 조화롭지 않거나 서로 간에 부합되지 않을 경우 개인은 파워프로세스를 기반으로 행동의 가치화를 학습하는 것이 바람직하다.

③ 파워프로세스와 행동의 긍정성

개인행동이 보다 많은 사람의 욕구와 가치를 만족시킬수록 긍정적이다. 행동의 가치화는 가치를 창출하고 이것을 적용하는 상황을 만들어 내므로 긍정적이다. 행동의 가치화는 배려적 행동이나 의사소통과 같은 다양한 형태로 나타난다. 파워프로세스는 가치화 프로세스이므로 긍정적인 행동을 유발한다.

사회구성원들은 서로 간에 환경이 되며 이들은 생존을 위해 다른 사회구성원 즉, 환경으로부터 필요한 자원을 제공받고 자신의 산출물을 교환한다. 개인과 환경은 생존공동체를 형성한다. 파워프로세스는 생존공동체 형성에 기여한다.

④ 파워프로세스와 행동의 자율성

행동의 자율성은 자발적 행동에 관계한다. 자아는 자신의 본질을 지속적으로 깨닫게 하고 이것을 구현하고자 한다. 이것을 위해 자아는 동기를 유발하고 목적을 설정하여 이것을 달성하기 위한 행동을 자율적이거나 자발적으로 유발한다. 즉, 자아는 자발적 행동을 유발한다.

파워프로세스에 의한 행동의 가치화가 진전될수록 개인의 사회적 자아가 형성된다. 형성된 사회적 자아는 자발적 또는 자율적 행동을 촉진한다. 따라서 파워프로세스는 행동의 자율성에 관계한다. 우리가 사회로부터 성취행동의 지각에 의한 성취사회행동의 발현의 한계를 극복하고 완전기능행동과 행동의 가치화를 도모하여 완전 자아실현으로 나나가기 위해서는 파워프로세스를 학습하는 것이 바람직하다.

11.4 완전기능 행동유형과 완전기능 능력 개발

PSAD 일반진단은 개인의 완전기능행동 유형을 분석하고 개인으로 하여금 자아실현의 자유의지의 성장을 도모하고 완전기능능력 단계에 진입하여 개인의 선·후천적 재능을 개발하고 완전자아실현으로 나아가기 위한 자기주도적 학습프로세스를 포함한다. PSAD는 이러한 학습을 효과적으로 수행하기 위하여 학습프로그램을 공통프로그램과 개인별 프로그램으로 구분하여 학습을 도모한다.

1. 완전기능능력 개발의 공통프로그램

완전기능능력 개발의 공통프로그램은 완전기능행동 유형에 관계없이 자아실현 자유의지를 성장시키고, 완전기능능력 단계로 나아가고자 하는 사람들이 공통적으로 학습하는 프로그램이다. 완전기능능력 개발의 공통프로그램은 다음과 같다.

① 완전기능행동의 개념과 유형
- 완전기능행동의 개념
- 완전기능행동 유형과 특성
- 완전기능능력의 자생적 성장원리

② 완전기능능력의 자생적 성장모형
- 완전기능능력 3요소의 개념과 역할
- 사회적 파워와 구성원의 행동원리
- 사회적 학습의 원리와 실제

③ 파워프로세스와 성취행동
- 행동의 가치화의 개념과 역할
- 행동의 가치화와 성취행동
- 파워프로세스의 개념
- 파워프로세스와 가치화 5결정요소

④ 자아실현 자유의지의 성장과 성취행동
- 자아실현 자유의지의 성장과 완전기능행동
- 성취행동과 파워의 비합리적 조건의 제거
- 성취행동과 개인적 및 사회적 자아의 조화

⑤ PSAD일반진단의 개념과 기능
- PSAD일반진단의 의의
- PSAD일반진단 시스템의 구조와 기능
- PSAD일반진단의 역할

2. 완전기능능력 개발의 개인별 학습프로그램

지적한 바와 같이 완전기능능력은 완전기능능력 3요소의 상호작용으로 형성된다. 또한 성취행동은 성취행동 4요소 즉, 개인행동의 합리성, 일관성, 긍정성 및 자율성으로 구성되며, 성취사회행동은 성취사회행동 4요소 즉, 사회행동의 합리성, 일관성, 긍정성 및 자율성으로 구성된다.

1) 완전기능 능력 개발의 개인별 맞춤형 학습프로그램

지적한 바와 같이 자기주도적 학습효과는 학습동기가 크고, 긍정적 학습태도를 가지고, 학습에 몰입할 때 높아진다. 따라서 완전기능능력 3요소의 학습자는 이들 요소 대한 자신의 정체성 지수, 활성화 지수 및 영향력 지수가 큰 요소를 우선적으로 학습하는 것이 바람직하다.

PSAD 일반진단은 완전기능능력 3요소의 정체성, 활성화, 영향력 및 행동포지션을 진단한다. 따라서 완전기능능력에 대한 개인별 맞춤형 자기주도적 학습자는 PSAD 일반진단을 기반으로 다음과 같은 절차로써 완전기능능력 3요소에 대한 학습 우선순위를 결정하는 것이 바람직하다.

① 학습자는 완전기능능력 3요소 중에 정체성, 활성화 및 영향력 지수가 큰 것을 우선적으로 학습한다.
② 성취행동이나 성취사회행동에 대한 학습은 각각 성취행동 4요소와 성취사회행동 4요소 중에 정체성, 활성화 및 영향력 지수가 큰 요소를 우선

적으로 학습한다.

우리가 완전기능능력 단계에 진입하기 위해서는 우리의 행동이 완전기능능력 3요소가 지향하는 행동으로 거의 영구적인 변화가 있어야 한다. 즉, 우리의 행동에서 완전기능능력 3요소가 학습되어 이들이 자발적으로 발현되는 것을 의미한다. 또한 자발적 행동은 내재적 동기에 의해서 유발되고, 내재적 동기는 정체성에 의해서 발현된다. 따라서 완전기능능력 3요소의 학습에서 이들 요소에 대해 학습자의 정체성이 형성될 경우 이것은 이들에 대해 학습이 이루어진 것을 의미한다.

PSAD는 완전기능능력 3요소에 대한 자기주도적 학습과정에서 이들 요소에 대한 학습자의 자기보고로부터 이들의 정체성을 측정한다. PSAD는 이것을 기반으로 완전기능능력 3요소에 대한 개인의 학습성과를 다음과 같이 평가한다.

- 완전기능능력 3요소의 정체성 지수가 0.46 이상의 경우 학습성과는 매우 양호한 것으로 평가한다.
- 완전기능능력 3요소의 정체성 지수가 정체성 지수가 0.35~0.46의 경우 학습성과는 양호한 것으로 평가한다.
- 완전기능능력 3요소의 정체성 지수가 정체성 지수가 0.29~0.35 미만일 경우 학습성과를 조금 미흡한 것으로 평가한다.

완전기능능력 3요소에 대한 자기주도적 학습자는 앞에서 지적한 학습성과 평가기준을 기반으로 자신의 학습성과를 스스로 평가할 수 있다. 또한 이러한 학습성과 평가기준은 다음의 완전기능능력 개발의 완전기능유형별 조직학습 프로그램에도 적용한다.

2) 완전기능능력 개발의 맞춤형 조직학습 프로그램

지적한 바와 같이 완전기능행동유형은 완전기능행동, 외재적 완전기능행동, 내재적 완전기능 완전기능행동 및 불완전 행동으로 구분된다. 따라서 완전기능능력 3요소에 대한 학습자의 내재적 동기, 태도와 몰입 및 학습행동의 지속성과 안정성은 학습자의 완전기능행동 유형에 따라 다르다. 완전기능능력 개발을 위한 조직학습의 경우 학습자의 완전기능행동 유형에 따라 이들을 구분하여 조직학습을 하는 것이 바람직하다.

① 외재적 완전기능행동과 완전기능 능력 개발

지적한 바와 같이 성취사회행동은 성취사회행동 4요소 즉, 사회행동의 합리성, 일관성, 긍정성 및 자율성으로 구성된다. 개인의 생각이나 행동에서 성취사회행동 4요소가 능률적이거나 동시다발적으로 작용할 경우 우리에게 작용하는 파워의 비합리적 조건을 제거한다. 이러한 경우 우리의 자아실현 경향성은 개방되고, 자아실현 자유의지가 형성되고, 성취행동을 유발하여 성취사회행동과 함께 우리는 완전기능행동으로 나아간다.

그러나 성취사회행동 4요소 중에 어느 하나 이상이 발현하지 않을 경우 우리는 파워의 비합리적 조건으로부터 자유롭지 않게 된다. 왜냐하면 성취사회행동 4요소가 능률적이거나 동시다발적으로 작용하지 않기 때문이다. 이러한 경우 우리의 생각이나 행동에는 성취사회행동이 발현되지 않는다. 지적한 바와 같이 외재적 완전기능행동은 성취행동 수준은 낮고, 성취사회행동 수준이 상대적으로 높을 경우 나타난다. 따라서 성취사회행동 4요소 중에 어느 하나 이상이 발현되지 않을 경우 우리는 외재적 완전기능행동으로 나아간다.

또한 외재적 완전기능행동은 자아실현 학습의지를 가진 사람에게 흔히 발현하는 행동특성이다. 왜냐하면 지적한 바와 같이 자아실현의 학습의지는 가치의 조건에 의해서 형성되는 데, 가치의 조건은 개인의 자아실현 경향성의 개방을 방해하기 때문이다. 뿐만 아니라 외재적 완전기능행동은 형성된 자아실현 자유의지가 무산되고, 성취행동요소에 대한 사회적 학습이 있을 경우에도 흔히 발현한다. 따라서 외재적 완전기능행동의 유발요인을 다음과 같다.

- 성취사회행동 4요소의 비능률적 작용 즉, 이들 중에 하나 이상이 발현되지 않을 경우.
- 자아실현 학습의지의 사람이 성취행동에 대한 사회적 학습이 있을 경우
- 형성된 자아실현 자유의지가 무산되고, 성취행동에 대한 사회적 학습이 있을 경우

우리가 외재적 완전기능행동에서 완전기능행동으로 나아가기 위해서는 외재적 완전기능행동이 어떠한 요인에 의해서 유발된 것인가에 대한 진단이 요구된다. PSAD는 성취사회행동 4요소, 성취행동 4요소 및 자아실현 자유의지 3요소의 정체성, 활성화, 영향력 및 행동포지션을 측정한다. 우리는 PSAD가 제시하는 이러한 정체성과 행동포지션으로부터 외재적 완전기능행동의 유발요인을 진단한다. 외재적 완전기

능행동에 속한 개인이 완전기능행동으로 나아가기 위해서는 이러한 요인에 따라 다음과 같은 학습프로세스가 요구된다.

성취사회행동 4요소 중에 어느 하나이상이 발현되지 않을 경우 이러한 요소에 대한 자기주도적 학습이 요구된다. 이러한 학습을 위해 학습자는 성취사회행동 4요소 중에 그 정체성 지수가 0.35 미만인 요소에 대해서 학습하는 것이 바람직하다. 왜냐하면 정체성 지수가 0.35 미만인 요소는 아직 학습되지 않은 요소이기 때문이다. 이러한 경우 정체성 지수가 0.35 미만인 요소 중에 활성화 지수나 영향력 지수가 보다 큰 요소를 우선적으로 학습한다.

자아실현 학습의지의 사람이 성취행동에 대한 사회적 학습이 있을 경우 자아실현 학습의지가 자아실현 경향성의 개방을 방해한다. 이러한 사람은 <표 10-4> 의지유형과 자기주도적 능력 개발 방법에서 자아실현 학습의지에 속한 사람이 자기주도적 능력이나 자아실현 자유의지 개발프로세스를 학습하는 것이 요청된다. 이러한 학습이 효과적으로 이루어지기 위해서는 긍정적 존중의 욕구를 충족할 수 있는 적절한 외적 인센티브가 요구된다. 왜냐하면 자아실현 학습의지는 조건적 존중에 따른 가치의 조건에 관계하기 때문이다.

자아실현 자유의지가 무산되고, 성취행동요소에 대한 사회적 학습이 있을 경우에 완전기능행동으로 나아가기 위해서는 <표 10-4> 의지유형과 자기주도적 능력 개발 방법에서 제시한 잠재적 학습의지의 사람이 자기주도적 능력 개발을 위한 프로그램을 학습하는 것이 바람직하다. 그러나 무산된 자아실현 자유의지의 회복은 마약에 중독된 사람이 마약을 끊기 어려운 것과 같이 매우 어렵다. 따라서 이러한 경우 자아실현 자유의지를 회복하고 완전기능행동으로 나아가기 위해서는 자아실현 자유의지 3요소와 자기주도적 능력 3요소에 대한 보다 몰입된 자기주도적 학습이 추가적으로 요구된다.

지적한 바와 같이 성취행동은 완전기능행동의 내재적 동기를 유발하고, 성취사회행동은 완전기능행동의 외재적 동기를 유발한다. 또한 외재적 완전기능행동은 성취행동의 활성화 수준은 낮고, 성취사회행동의 활성화 수준이 높을 경우 나타나는 행동특성이다. 따라서 외재적 완전기능행동의 사람이 완전기능능력 개발을 위한 학습을 위해서는 개인의 특성에 적합한 외재적 인센티브가 필요하다.

지적한 바와 같이 우리가 파워프로세스를 학습할 경우 우리의 행동은 행동의 가치화와 함께 성취행동으로 나아간다. 따라서 외재적 완전기능행동에 속한 사람이 완전기능행동으로 나아가기 위해서는 파워프로세스에 대한 자기주도적 학습이 요구된다.

② 내재적 완전기능행동과 완전기능 능력 개발

지적한 바와 같이 성취행동은 성취행동 4요소 즉, 개인행동의 합리성, 일관성, 긍정성 및 자율성으로 구성된다. 개인의 생각이나 행동에서 성취행동 4요소가 능률적이거나 동시다발적으로 작용할 경우 이러한 작용은 개인에게 작용하는 파워의 비합리적 조건을 제거한다. 이러한 경우 우리의 자아실현 경향성은 개방되고, 자아실현 자유의지가 형성되고, 성취사회행동을 유발하여 성취행동과 함께 우리는 완전기능행동으로 나아간다.

그러나 성취행동 4요소 중에 어느 하나 이상이 발현하지 않을 경우 이들은 능률적이거나 동시다발적으로 작용하지 않으며, 우리는 파워의 비합리적 조건으로부터 자유롭지 않게 된다. 이러한 경우 우리는 자신이 속한 사회로부터 성취행동에 대한 사회적 학습이 용이하게 이루어지지 않는다. 즉, 성취사회행동이 용이하게 발현되지 않는다. 지적한 바와 같이 내재적 완전기능행동은 성취행동 수준은 높고, 성취사회행동 수준이 상대적으로 낮을 경우 나타난다. 따라서 성취행동 4요소중에 어느 하나이상이 발현되지 않을 경우 우리는 흔히 내재적 완전기능행동으로 나아간다.

또한 내재적 완전기능행동은 성취지향적 자유의지를 가진 사람에게 흔히 발현하는 행동특성이다. 왜냐하면 성취지향적 자유의지는 자유방임적 생각이나 행동에 의해서 흔히 형성되는 데 자유방임적 행동은 자기절제나 규제가 결여되어 행동의 가치화가 유발되지 않기 때문이다. 따라서 내재적 완전기능행동의 유발요인은 다음과 같다.

- 성취행동 4요소의 비능률적 작용 즉, 이들 중에 어느 하나 이상이 발현되지 않을 경우
- 성취지향적 자유의지의 사람이 자기 절제나 자제적 행동이 미흡할 경우

우리가 내재적 완전기능행동에서 완전기능행동으로 나아가기 위해서는 내재적 완전기능행동의 유발요인에 대한 진단이 요구된다. PSAD는 성취사회행동 4요소, 성취행동 4요소 및 성취지향적 자유의지 3요소의 정체성, 활성화, 영향력 및 행동포지션을 측정한다. 우리는 이러한 측정으로부터 내재적 완전기능행동의 유발요인을 진단한다. 내재적 완전기능행동에 속한 개인이 완전기능행동으로 나아가기 위해서는 이러한

요인에 따라 다음과 같은 학습프로세스가 요구된다.

성취행동 4요소 중에 어느 하나 이상이 발현되지 않을 경우 이러한 요소에 대한 자기주도적 학습이 요구된다. 이러한 학습을 위해 학습자는 성취행동 4요소 중에 그 정체성 지수가 0.35 미만인 요소를 학습하는 것이 바람직하다. 왜냐하면 정체성 지수가 0.35 미만인 요소는 아직 학습되지 않은 요소이기 때문이다. 이러한 경우 정체성 지수가 0.35 미만인 요소 중에 활성화 지수나 영향력 지수가 보다 큰 요소를 우선적으로 학습한다.

지적한 바와 같이 우리가 행동의 가치화를 학습할 경우 우리의 생각이나 행동에는 성취행동 4요소가 발현하며, 이러한 성취행동은 개인으로 하여금 자기규제와 절제를 도모하게 한다. 따라서 성취지향적 자유의지의 사람이 자기 절제나 자제적 행동이 미흡할 경우 행동의 가치화를 학습하는 것이 바람직하다. 또한 파워프로세스는 행동의 가치화 프로세스이다. 파워프로세스가 학습될 경우 개인적 자아와 조화로운 관계에 있는 사회적 자아가 형성된다. 따라서 내재적 완전기능행동의 사람이 파워프로세스를 학습할 경우 완전기능행동으로 나아간다.

③ 완전기능행동과 완전기능능력의 자생적 성장

지적한 바와 같이 완전기능능력의 형성과 성장은 완전기능능력 3요소의 정삼각형의 동적 균형에 의존한다. 또한 완전기능능력 3요소의 정삼각형의 동적 균형은 이들 3요소가 자생적 성장조건 즉, 정체성, 활성화 및 영향력 조건을 만족할 때 이루어진다. 뿐만 아니라 이러한 자생적 조건은 이들에 대한 학습이 요구된다.

지적한 바와 같이 창의능력 개발 요소에 대한 학습효과는 이들의 정체성 지수, 활성화 지수 및 영향력 지수가 큰 요소를 우선적으로 학습할 경우 높아진다. PSAD는 완전기능능력 3요소의 정체성, 활성화 및 영향력을 측정한다. 따라서 완전기능행동에 속한 사람은 자신의 완전기능능력의 자생적 성장을 위해 PSAD는 완전기능능력 3요소에 대한 진단으로부터 이들에 대한 자기주도적 학습을 다음과 같이 하는 것이 바람직하다.

첫째로 완전기능능력 3요소 중에 정체성, 활성화 및 영향력 지수가 큰 요소를 우선적으로 학습한다.

둘째로 성취행동이나 성취사회행동에 대한 학습은 각각 성취행동 4요소 및 성취사회행동 4요소 중에 정체성, 활성화 및 영향력 지수가 큰 요소를 우선적으로 학습한다.

셋째로 완전기능능력 3요소의 자생적 성장조건을 만족시킨다.

지적한 바와 같이 자아실현 자유의지가 주기적 순환을 할 경우 개인의 창의능력은 일생을 통해 지속적으로 성장한다. 자아실현 자유의지의 주기적 순환은 자아실현 자유의지 3요소의 자생적 성장조건에 의존한다.

자아실현 자유의지 3요소의 정삼각형의 동적 균형은 자아실현 자유의지의 자생적 성장조건을 만족시킨다. 따라서 완전기능행동의 사람이 완전기능능력의 자생적 성장을 도모하기 위해서는 완전기능능력의 3요소나 자아실현 자유의지 3요소가 정삼각형의 동적 균형을 유지할 수 있도록 관리해야 한다.

④ 불완전 행동과 완전기능 능력 개발

불완전 행동은 성취행동과 성취사회행동이 모두 활성화 되지 않을 경우 유발되는 행동이다. 불완전 행동은 다음과 같은 경우 흔히 발현한다.

- 개인적 자아와 사회적 자아 모두가 미약하거나 형성되지 않을 경우
- 개인적 자아와 사회적 자아가 양극화 상태에 있을 경우

지적한 바와 같이 완전기능능력 3요소의 행동포지션이 양극화 완전기능 행동포지션일 경우 개인적 자아와 사회적 자아가 양극화 현상을 보인다. 또한 성취행동과 성취사회행동의 정체성이 0.29 미만일 경우 개인의 내면에는 각각 개인적 및 사회적 자아가 미약하거나 형성되지 않고 있다.

우리가 불완전 행동에서 완전기능행동으로 나아가기 위해서는 불완전 행동의 유발요인에 대한 진단이 요구된다. 우리는 PSAD의 성취사회행동 4요소, 성취행동 4요소 및 성취지향적 자유의지 3요소의 정체성과 행동포지션 측정으로부터 불완전 행동의 유발요인을 알 수 있다. 불완전 행동에 속한 개인이 완전기능행동으로 나아가기 위해서는 그 유발요인에 따라 다음과 같은 학습프로세스가 요구된다.

개인적 자아와 사회적 자아 모두가 미약하거나 형성되지 않을 경우 먼저 개인적 자아의 형성을 도모하고 이후에 사회적 자아형성을 위한 학습을 한다. 지적한 바와 같이 개인적 자아의 형성은 자아실현 경향성의 개방으로 이루어진다. 개인적 자아의 형성을 위해서는 <표 11-2> 의지유형과 자기주도적 능력 개발 방법에서 잠재된 학습의지의 사람

이 자기주도적 능력 개발의 프로그램을 학습하고 이후에 자아실현의 가치를 학습한다.

개인적 자아와 사회적 자아가 양극화 상태에 있을 경우 자아실현의 가치학습이나 행동의 가치화 학습을 통해 개인적 자아와 사회적 자아를 조화로운 관계로 나아가게 한다. 이러한 과정에서 자아의 의미와 역할에 대한 학습이 있을 경우 학습효과는 높게 나타난다.

<표 11-3>은 완전기능행동 유형에 따른 완전기능능력 개발을 위한 자기주도적 학습방안을 나타낸다.

표 11-3 완전기능행동 유형과 완전기능 능력개발 학습방안

완전기능행동 유형	유발요인	완전기능행동 학습방안
완전기능행동 4유형	• 완전기능행동 유형에 무관한 공통적 학습 프로그램	• 완전기능행동의 개념과 유형 • 완전기능 능력의 자생적 성장모형 • 파워프로세스와 성취행동 • 자아실현 자유의지의 성장과 성취행동 • PSAD일반진단의 개념과 유형
외재적 완전기능행동	• 성취사회행동 4요소의 비능률적 작용 • 자아실현 학습의지와 성취행동의 사회적 학습 • 자아실현 자유의지 무산과 성취행동의 사회적 학습	• 정체성 지수 0.35미만 요소 중 활성화나 영향력이 큰 것 우선학습 • 〈표 10-4〉 자아실현 학습의지에 속한 사람의 학습프로그램 학습 • 〈표 10-4〉 자아실현 학습의지에 속한 사람의 학습프로그램 학습, 자아실현 자유의지 3요소와 자기주도적 능력 3요소 학습 • 파워프로세스에 대해 자기주도적 학습
내재적 완전기능행동	• 성취행동 4요소의 비능률적 작용 • 성취지향적 자유의지와 자제적 행동 결여	• 정체성 지수 0.35 미만 요소 중 활성화나 영향력이 큰 것 우선학습 • 행동의 가치화 학습 파워프로세스 학습

완전기능행동 유형	유발요인	완전기능행동 학습방안
완전기능행동	• 성취행동과 성취사회행동 활성화	• 완전기능능력 3요소 자생적 능력 학습
불완전 행동	• 개인적 및 사회적 자아의 결여나 미흡 • 개인적 및 사회적 자아의 양극화	• 〈표 10-4〉 잠재된 학습의지에 속한 사람의 학습프로그램과 자아실현 가치 학습 • 자아실현의 가치나 행동의 가치화 학습

3. PSAD와 완전기능 능력개발의 학습효과

학습은 학습내용을 지식이나 정보로 이해하거나 인식하는 것이 아니라 학습내용이 학습자의 생각이나 행동에서 자발적으로 발현되는 것을 의미한다. 지적한 바와 같이 자발적 생각이나 행동은 내재적 동기에 의해서 발현되고, 내재적 동기는 정체성에 의해서 유발된다. 따라서 학습은 학습내용의 가치가 학습자의 정체성으로 형성되는 것을 의미한다.

완전기능 능력개발을 위한 자기주도적 학습에서 공통 및 맞춤형 학습프로그램에 대해 학습자의 정체성이 형성될 경우 학습자의 이들에 대한 학습은 성공적으로 이루어 진 것을 의미한다. 이러한 경우 우리는 다음과 같은 학습효과를 기대할 수 있다.

- 자아실현 자유의지 성장
- 완전기능 행동능력 향상
- 완전기능에 대한 긍정적 태도 형성

- 근원적 창의능력 활성화
- 기능적 창의능력 개발
- 선·후천적 재능개발
- 행동의 방향성 활성화
- 자기충만 자각
- 개인적 자아실현
- 정서지능 향상
- 인지와 지각능력 향상(학습능력 향상)
- 행동의 가치화 발현
- 성취사회행동 유발
- 완전자아실현의 단서

지적한 바와 같이 창의능력개발 5단계의 특정 단계에서 다음 단계로 진입을 위한 자기주도적 학습효과는 초기 3~4개월에는 10~20%, 다음 5~6개월에는 0~5%, 이후 6~7개월에는 10~20% 향상된다. 내·외재적 완전기능에 속한 사람이 완전기능능력으로 나아가기 위해서는 최소 3개월 이상 꾸준히 PSAD에서 제안한 학습을 도모하는 것이 요청된다.

11.5 PSAD 창의능력 진단의 예

1. PSAD 창의능력 진단을 보기 전에

PSAD(Prime Self-Actualization Diagnostics) 창의능력 진단은 개인의 자아실현능력 진단방법(특허 제101542200호)을 기반으로 개인의 창의능력을 진단하는 시스템으로서, 개인의 창의능력을 개발하고, 이것을 발현하기 위하여 다음의 프로세스를 포함한다.

① 개인의 창의능력 유형진단

창의능력은 바람직한 인간의 욕구를 찾는 능력과 함께 이들을 만족시키는 새로운 자원, 기술 및 방법을 찾는 능력으로서 근원적 창의능력과 기능적 창의능력으로 구분된다.

근원적 창의능력은 독창적, 차별적, 공감적, 리더적 및 적응적 창의능력으로 구성된다. 독창적 창의능력은 이전에 없던 새로운 가치를 만들어내는 능력이다. 차별적 및 공감적 창의능력은 각각 차별화된 가치와 다른 사람이 공감할 수 있는 가치를 창출하는 능력에 관계한다. 리더적 창의능력은 선도적 가치를 창출하는 능력이며, 적응적 창의능력은 환경이나 상황에 능률적으로 적응하는 능력에 관계한다.

기능적 창의능력은 둘 이상의 근원적 창의능력의 상호작용으로 창출된다. 예로써 제품디자이너에게 작용하는 차별적 창의능력과 공감적 창의능력은 상호작용을 통해 차별적이면서 고객이 공감하는 제품이나 서비스를 창출하게 한다. 근원적 5창의능력이 동시다발적으로 작용할

수록 다양한 기능적 창의능력이 발현한다.

PSAD 창의능력진단은 개인의 근원적 창의능력을 진단하고, 근원적 창의능력의 발현과 이들의 동시다발적 작용을 위한 자기주도적 학습방안을 제시한다.

② 창의적 행동의 내재적 동기유발 능력 진단

사람들이 내재적으로 동기화될 때 '그 활동이 즐거워서' 또는 '활동이 제공하는 도전적 느낌'을 위해서와 같이 흥미에 따라 행동한다. 내재적 동기는 자신의 흥미에 따르고 역량을 연습하고, 이러한 과정에서 적정의 도전을 추구하고 숙달하려는 경향성이다.

정체성은 자신의 가치구현을 위해 스스로 동기를 유발한다. 개인의 정체성이 유발한 동기는 내재적 동기이다. 왜냐하면 개인의 정체성은 자신의 가치구현을 위해 주도적 역할을 하기 때문이다. 근원적 창의능력의 정체성이 클 경우 이들은 자신의 창의능력 발현을 위한 내재적 동기를 유발한다. PSAD 창의능력진단은 개인의 근원적 창의능력의 정체성을 진단하고, 정체성 개발을 위한 학습방안을 제시한다.

③ 창의적 행동유발 능력 진단

동기는 행동을 강요하는 내적 상태이므로 행동의 단서가 된다. 그러나 동기가 있다고 해서 반드시 행동이 유발되는 것은 아니다. 또한 정체성이 낮다고 하여 행동이 유발되지 않는 것은 아니다. 왜냐하면 행동은 동기와 태도의 상호작용에 의해서 유발되기 때문이다. 행동에 대한 태도가 부정적일 경우 동기가 있더라도 행동은 유발되지 않는다.

근원적 창의 5능력의 활성화는 이들의 정체성과 태도의 결합을 의미한다. 따라서 이들의 활성화 수준은 행동유발 능력을 의미한다. PSAD는 근원적 5창의능력의 활성화 수준을 진단하고 창의적 행동유발을 위한 학습방안을 제시한다.

④ 창의적 행동몰입 능력 진단

몰입은 해당 일에 열정이 생기고, 아이디어가 지속적으로 나오고, 업무성과가 높아지고, 자신감이 넘치는 행동으로 나아간다. 몰입은 즐거움을 느끼는 상태, 뇌가 가장 좋은 환경에서 활동할 수 있는 상태에서 그 능력을 발현하는 것이다. 그러나 활동성이 높다는 것이 해당 일에 몰입을 의미하는 것은 아니다. 예로써 우리가 책을 읽고 있다고 해서 책 읽기에 몰입하고 있는 것은 아니다.

근원적 5창의능력의 영향력은 행동몰입에 관계한다. 따라서 이들의 영향력 수준은 행동몰입 능력을 의미한다. 근원적 5창의능력의 영향력이 클수록 개인의 창의적 아이디어가 넘치고, 업무적 성과는 높아지고, 자신감이 넘친다. PSAD는 근원적 5창의능력의 영향력 수준을 진단하고 창의적 행동에 몰입을 위한 학습방안을 제시한다.

⑤ 파워의 비합리적 조건의 유발요인 진단

개인의 생각이나 행동이 파워의 비합리적 조건에 지배될 경우 개인의 창의능력은 발현되지 않는다. 파워의 비합리적 조건은 다음과 같다.

① 사람의 생각이나 행동이 합리적이지 않고 감정이나 군중심리와 같은 파행에 의존하거나
② 사람의 표출된 욕구와 내재된 욕구가 다르거나
③ 사람들의 욕구가 다르면서 이들의 크기가 대등하거나
④ 사람이 주체적으로 추진하고자 하는 에너지가 역기능적 힘에 의해서 무효화된 경우

근원적 창의5능력의 행동포지션이 규범적 포지션에 접근할 경우 개인적 자아와 사회적 자아가 조화로운 방향으로 나아가는 행동성향을 보이며, 개인은 파워의 비합리적 조건으로부터 자유롭게 된다. 그러나 이들의 행동포지션이 쏠림이나 양극화 포지션에 접근할 경우 개인은 파워의 비합리적 조건에 쉽게 지배되는 경향을 보인다.

PSAD 창의능력진단은 근원적 창의5능력의 행동포지션을 도출하고 개인이 파워의 비합리적 조건에 지배되는 원인을 진단하고, 이것을 제거하기 위하여 개인적 자아와 사회적 자아의 조화로움을 위한 자기주도적 학습방안을 제시한다.

⑥ 창의능력 개발을 위한 학습

개인의 근원적 5창의능력의 개방에 따라 개인은 창의능력 개발 5단계 즉, 잠재적, 자기주도적, 완전기능, 문제해결 및 완전자아실현 능력 단계로 나아간다. 창의능력 개발 5단계의 행동특성은 <그림 11-3>과 같다.

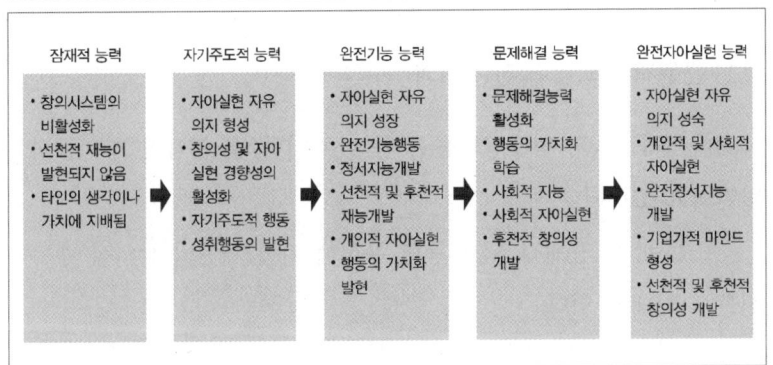

그림 11-3 창의능력 개발 5단계와 행동특성

개인의 근원적 5창의능력 중에 하나 이상이 개방될 경우 개인은 자기주도적 능력 단계에 있으며, 셋 이상 및 다섯 이상의 개방은 각각 완전기능능력 단계와 문제해결 및 완전자아실현 능력단계에 위치한다.

개인이 창의능력 개발 5단계의 특정 단계에 진입한다는 것은 개인이 진입하고자 하는 단계의 행동특성의 학습을 의미하며, 이러한 학습은 개인의 근원적 창의능력을 발현하게 한다. PSAD 창의능력 진단은 근원적 5창의능력 진단을 기반으로 개인이 창의능력 개발 5단계에서 어떤 단계에 있는가를 파악하고 다음 단계로 진입을 위한 학습방안을 제시한다.

2. PSAD 창의능력 진단 결과

1) 근원적 창의능력 진단 결과

귀하에게는 근원적 5창의능력 중에 차별적 및 공감적 창의능력이 발현되고 있습니다.

<표 11-4>는 근원적 5창의능력 유형에 따른 개인의 창의적 행동특성을 나타내고 있다.

표 11-4 근원적 5창의능력과 창의적 행동특성

근원적 창의능력	창의적 행동특성
독창적 창의능력	호기심, 끊임없는 변화추구, 상상력, 모험심 전통이나 인습에 얽매이지 않는 자유로운 행동 등
차별적 창의능력	분별력, 고유한 행동, 자립적 행동, 철저한 행동, 포용적 행동, 개성적 행동, 도덕성, 전문성, 정체성 등
공감적 창의능력	긍정적 이미지 관리, 의사소통, 관계동기, 풍부한 유머 감각, 긍정적 욕구, 상호의존 및 배려적 행동 등
리더적 창의능력	자신감, 다양한 의견 수렴, 용감성, 폭넓고 깊은 관심, 일에 대한 풍부한 에너지, 리더십 창출 등
적응적 창의능력	유연한 행동, 모호함에 대한 인내심, 환경 적응적 행동, 조직에 충성심, 응용능력, 존재의 의미 창출 등

<표 11-4> 근원적 5창의능력과 창의적 행동특성으로부터 귀하의 근원적 및 기능적 창의능력에 따른 창의의적 행동특성을 스스로 진단해 보세요.

2) 창의적 행동의 내재적 동기유발 능력 진단 결과

- 정체성은 개인에게 동일성과 연속성의 느낌을 가지게 하고 스스로 의식하고 있지 않을 지라도 개인의 삶의 질에 관계한다. 정체성은 개인으로 하여금 그 가치를 깨닫게 하고 이것을 구현하기 위한 동기를 만들어 내고 주도적 역할을 한다.
- 근원적 5창의능력의 정체성 지수가 0.35보다 클 경우 이들은 각각 자신의 창의능력 구현을 위한 동기를 만들어 내고, 창의능력 발현을 위해 주도적 역할을 한다. 따라서 정체성이 확립된 근원적 5창의능력은 스스로 동기를 만들어내고, 목적을 설정한다.

<표 11-5>는 귀하의 근원적 5창의능력의 정체성 지수이다.

표 11-5 근원적 5창의능력 정체성 지수

근원적 창의능력	정체성 지수	비고
독창적 창의능력	0.30	
차별적 창의능력	0.38	
공감적 창의능력	0.36	
리더적 창의능력	0.25	
적응적 창의능력	0.31	

- 귀하는 <표 11-5>로부터 근원적 5창의능력 중에 어느 것의 정체성이 확립되어 자신의 창의능력 구현을 위해 스스로 동기를 유발하고 있는가를 진단해 보세요.

3) 창의적 행동유발 능력 진단 결과

- 정체성이 확립된 창조5능력은 자신의 가치구현을 위해 스스로 동기를 만들고 행동을 유발하고자 한다. 그러나 이들에 대한 태도가 부정적일 경우 동기가 형성되더라도 행동이 유발되지 않는다.
- 근원적 5창의능력의 활성화는 이들에 대한 태도와 동기의 상호작용에 의존한다(근원적 5창의능력의 활성화 = 근원적 5창의능력 의한 동기 X 이들에 대한 태도).
- 근원적 5창의능력의 활성화 지수가 33.4보다 클 경우 이들은 행동을 유발한다.

<표 11-6>은 귀하의 근원적 5창의능력의 활성화 지수이다.

표 11-6 근원적 5창의능력의 활성화 지수

근원적 창의능력	활성화 지수	비고
독창적 창의능력	30.28	
차별적 창의능력	34.38	
공감적 창의능력	32.36	
리더적 창의능력	31.25	
적응적 창의능력	30.31	

- 귀하는 <표 11-6> 근원적 5창의능력의 활성화 지수로부터 이들의 행동유발 능력을 검토하시고 이들에 대한 귀하의 태도를 평가하기 바랍니다. 예로써 근원적 5창의능력의 정체성이 높은 데도 불구하고 활성화가 낮을 경우 이에 대한 귀하의 태도는 부정적이다. 근원적 5창의능력에 대한 태도가 긍정적이고 정체성이 확립될수록 이들은 보다 활성화 된다.

4) 창의적 행동몰입 능력 진단 결과

- 몰입은 해당 일에 열정이 생기고, 아이디어가 지속적으로 나오고, 창의적 성과가 높아지고, 자신감이 넘치는 행동으로 나아간다.
- 근원적 5창의능력의 영향력 지수가 15.36보다 클 경우 개인은 이들이 지향하는 창의적 행동에 몰입한다.

<표 11-7>은 귀하의 근원적 5창의능력의 영향력 지수이다.

표 11-7 근원적 5창의능력의 영향력 지수

근원적 창의능력	영향력 지수	비고
독창적 창의능력	9.08	
차별적 창의능력	13.06	
공감적 창의능력	11.65	
리더적 창의능력	6.88	
적응적 창의능력	9.40	

- 귀하는 <표 11-7> 근원적 5창의능력의 영향력 지수로부터 귀하가 어떤 유형의 창의적 행동에 몰입하고 있는가를 스스로 진단해 보세요.

5) 파워의 비합리적 조건의 유발요인 진단 결과

근원적 5창의능력 행동포지션은 창의적 행동에 대한 태도, 개인적 및 사회적 자아의 행동성향과, 개인에게 작용하는 파워의 비합리적 조건의 원인을 알게 한다.

PSAD 창의능력진단은 근원적 5창의능력 행동포지션을 (XX-YY-

ZZ)로 나타낸다. (XX-YY-ZZ)는 행동포지션 지수이다. 표준행동포지션 지수는 (30-50-20)이다.

<표 11-8>는 근원적 5창의능력 행동포지션의 유형과 행동특성을 나타낸다.

표 11-8   근원적 5창의능력 행동포지션 유형과 행동특성

행동포지션 유형	행동포지션 지수	창의적 행동특성
규범적 행동포지션	표준행동 포지션 (30-50-20)에 접근	• 자신이 속한 인구통계학적 집단의 평균수준 • 안정적 발현 • 개인적 및 사회적 자아의 조화로운 방향성 • 파워의 비합리적 조건으로부터 자유로움
쏠림 행동포지션	행동포지션 지수가 (XX)나 (YY) 중에 어느 하나로 치우침	• 자신이 속한 인구통계학적 집단보다 빈번함 • 비탄력적, 유연성 결여 • 개인적 또는 사회적 자아 중 어느 하나에 지배되는 행동성향 보임 • 파워의 비합리적 조건 유발원인이 됨
양극화 행동포지션	행동포지션 지수(YY)가 작고, (XX)와 (ZZ)가 모두 큰 포지션	• 행동의 양극화, 일관성 결여, 낮은 신뢰성 • 개인적 및 사회적 자아의 불일치나 • 개인적 및 사회적 자아의 형성미흡 • 파워의 비합리적 조건에 쉽게 지배됨

• 귀하의 자아실현 자유의지 행동포지션은 (10.00-43.30-36.70)이므로 쏠림 근원적 창의능력 행동포지션에 속합니다. 귀하가 규범적 행동포지션으로 나아가 파워의 비합리적 조건으로부터 자유롭기 위해서는 자기정화에 대한 학습이 요구됩니다.

3. 근원적 5창의능력 개발을 위한 학습

근원적 창의능력 개발을 위해서는 공통 및 개인별 맞춤형 프로그램의 학습이 요청된다. 공통프로그램은 근원적 창의능력 개발 정도에 관계없이 근원적 창의능력을 개발하고자 하는 사람들이 공통적으로 학습하는 프로그램이다. 맞춤형 프로그램은 개인의 근원적 창의능력 개발 수준에 따른 개인별 학습프로그램을 의미한다.

① 창의능력 개발 공통프로그램

사람의 창의능력은 창의시스템에 기인한다. 사람의 창의시스템은 선천적인 것으로서 창의성, 자아실현 경향성 및 파워의 5속성으로 구성된다(이경환, 2014).

창의성은 새로운 도약을 위한 동기를 만들어 내고, 근원을 찾고 근원으로부터 새로운 것을 이끌어 내게 하며 선천적인 것과 후천적인 것으로 구성된다. 창의성은 생명력을 발현한다. 생명력은 스스로 변화하여 다른 것에 영향을 주는 힘이다.

사람은 자신의 생명을 유지하고, 성장과 발전을 도모하는 자연스러운 힘을 가지고 태어나며, 이러한 힘을 자아실현 경향성(self-actualization tendency)이라고 한다. 자아실현 경향성은 사람을 자아실현으로 나아가게 한다. 자아실현은 자신의 잠재적 능력이나 가능성을 모두 개발하고 개인이 되고자 하는 것에서 최선의 것을 성취하는 것이다(Rogers, 1961).

사람에게는 선천적으로 창조, 보존, 결합, 지배 및 귀속의 파워의 5

속성이 있으며, 이들은 고유한 특성에 따라 사람의 생각이나 행동을 지배한다. 예로써 창조속성은 독창성, 새로운 것, 창안 및 상상력을 만들어 낸다. 보존속성은 고유한 가치나 정체성을 만들어 낸다. 결합속성은 관계를 만들고, 지배속성은 리더십을 만들어 내며, 귀속속성은 환경 적응 능력을 만들어 낸다. 파워의 5속성은 개인으로 하여금 자신을 조직화 하여 문제해결이나 목적달성 능력을 만들어 낸다(이경환, 2001).

창의성, 자아실현 경향성 및 파워의 5속성을 창의능력 3요소라고 하며, 이들은 상호작용을 통해 창의능력을 창출한다. <그림 11-4>는 개인의 창의시스템을 나타내고 있다.

근원적 창의능력을 효과적으로 개발하기 위해서는 창의능력 3요소의 기능과 역할에 대한 충분한 학습이 요구된다. PSAD 창의능력 진단은 개인의 창의능력 개발을 위한 공통학습 프로그램을 <표 11-9>와 같이 제안한다.

그림 11-4 개인의 창의시스템

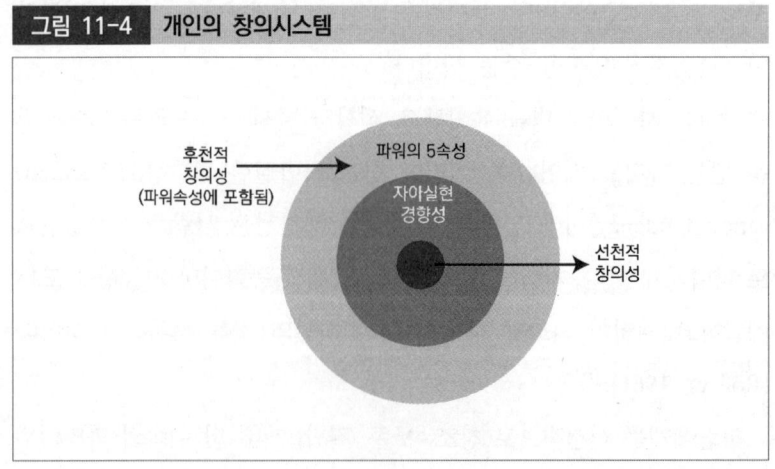

표 11-9 근원적 창의능력 개발의 공통학습 프로그램

공통학습 과목	학습내용
창의시스템의 기능과 역할	• 창의시스템의 개념과 기능 • 창의능력 3요소의 기능과 역할 • 근원적 5창의능력과 기능적 창의능력 • 근원적 5창의능력과 파워의 5속성 • 창의능력 개발 5단계와 행동특성 • 자아실현의 개념과 유형 • 파워의 비합리적 조건과 창의시스템의 개방

② 창의능력 개발 개인별 맞춤형 학습프로그램

근원적 5창의능력 발현 정도에 따라 개인은 창의능력 개발 5단계의 특정단계에 위치한다. 예로써 근원적 5창의능력 중에 하나 이상의 발현과 셋 이상의 발현은 개인의 창의능력이 각각 자기주도적 능력단계와 완전기능능력 단계에 있는 것을 의미한다. 따라서 개인이 근원적 창의능력을 개발하기 위해서는 자신이 속한 창의능력 개발 단계에서 그 다음 단계로 진입해야 한다. 또한 창의능력 개발 5단계의 특정 단계에서 다음 단계로 진입을 위해서는 진입하고자 하는 단계의 행동특성을 학습해야 한다.

근원적 5창의능력의 발현은 창의능력의 발현과정에 지배적으로 작용한 파워속성에 관계한다. 예로써 독창적 창의능력과 공감적 창의능력은 창의능력의 발현과정에 각각 파워의 창조 및 결합속성이 지배적 작용으로 형성된다. 따라서 특정의 근원적 창의능력을 발현하기 위해서는 이것에 부응하는 파워속성을 학습해야 한다.

PSAD는 근원적 창의능력 발현 정도에 따라 개인이 창의능력 개발

5단계에서 어떤 단계에 있는가를 진단한다. PSAD는 이것을 기반으로 학습자가 진입하고자 하는 창의능력 개발 단계의 행동특성과, 개발하고자 하는 근원적 창의능력에 부응하는 파워속성에 대한 학습프로그램을 제시한다.

귀하에게는 차별적 및 공감적 창의능력이 발현되고 있어 귀하는 창의능력 개발 5단계 중에 자기주도적 능력단계에 속합니다. 귀하께서 독창적, 리더적 또는 적응적 창의능력을 개발하기 위해서는 완전기능능력 단계로 진입이 요청되며, 이것을 위해 <표 11-10>과 같은 맞춤형 학습이 요구된다.

표 11-10 근원적 창의능력 개발 맞춤형 학습 프로그램

학습과목	학습내용	비 고
완전기능행동	• 완전기능행동의 개념과 유형 • 완전기능능력의 자생적 성장모형 • 파워프로세스와 성취행동 • 자아실현자유의지 성장과 완전기능행동 • PSAD일반진단의 개념과 유형	• 완전기능능력 단계 진입
근원적 창의능력	• 독창적 창의능력(독창적 사고학습) • 리더적 창의능력(수렴적 사고학습) • 적응적 창의능력(발산적 사고학습)	• 파워의 창조속성 학습 • 파워의 지배속성 학습 • 파워의 귀속속성 학습

PSAD는 개인의 근원적 창의능력을 진단 대상자와 인구통계학적으로 동일한 집단의 특성과 비교 분석함으로써 개인의 근원적 창의능력 포지션을 평가한다. 창의능력 포지션은 진단 대상자와 인구통계학적으로 동일한 집단에 속한 개인의 자아실현능력 특성에 대한 상대적 정보

를 포함한다.

　창의시스템은 개인에게 잠재된 능력으로 존재하므로 이들이 활성화될 때 개인의 창의능력이 나타난다. PSAD 창의능력 진단은 개인의 능력진단을 통해 창의능력 개발을 위한 자기주도적 학습방안을 제공하여 창의적 사고나 행동으로 나아가게 한다. PSAD에 의한 개인의 행동특성 예측성은 최소 85%이다.

PSAD 정밀진단과 완전자아실현능력 개발

PSAD 정밀진단은 자아실현 자유의지 성숙, 문제해결능력과 완전자아실현능력에 대한 진단이다. 문제해결능력과 완전자아실현능력은 자아실현 자유의지 성숙기에 발현한다. 따라서 PSAD 정밀진단은 개인의 문제해결능력 및 자아실현 유형을 진단하고 자아실현 자유의지 성숙과 함께 개인으로 하여금 완전자아실현능력을 획득하게 하는 프로세스를 포함한다.

12.1 PSAD 정밀진단 개요

1. 완전자아실현능력의 자생능력 진단

완전자아실현 능력은 완전자아실현능력 3요소 즉, 완전기능행동, 행동의 가치화 및 완전자아실현행동요소가 정삼각형의 동적 균형을 유지할 경우 자생적으로 형성되고 성장한다. 또한 이들 3요소의 정삼각형의 동적 균형은 자아실현 자유의지의 자생적 성숙조건을 만족시킨다. 완전자아실현능력 3요소의 자생적 성장조건은 이들이 정체성, 활성화 및 영향력조건을 만족해야 한다(이경환, 2014).

① 정체성 조건

완전자아실현능력 3요소의 정체성이 클수록 이들은 각각 자신의 가치를 실현하기 위해 스스로 동기를 만들어 낸다. PSAD는 이들의 정체성 지수가 0.35보다 클 경우 이들은 자신의 가치구현을 위한 내재적 동기를 만들어낸다고 진단한다.

② 활성화 조건

완전자아실현능력 3요소의 활성화는 이들의 활동성을 나타낸다. 완전자아실현능력 3요소의 활성화는 이들의 정체성과 태도의 결합에 의존한다. 즉, 활성화 = 정체성 * 태도이다. 완전자아실현능력 3요소가 활성화 될수록 그 활동성은 보다 강하게 나타난다. PSAD는 이들의 활성화 지수가 33.4보다 클 경우 이들은 활성화 조건을 만족한다고 진단한다.

③ 영향력 조건

완전자아실현능력 3요소의 영향력이 클수록 사람들은 이들이 지향하는 행동에 몰입한다. PSAD는 이들의 영향력 지수가 15.36보다 클 경우 사람들은 관련 행동에 몰입한다고 진단한다. 완전자아실현능력 3요소의 영향력 지수가 5% 오차범위 내에서 있을 경우 완전자아실현능력은 자생적으로 성장한다.

PSAD는 완전자아실현능력 3요소에 대한 개인의 자기보고로부터 이들의 정체성, 활성화 및 영향력을 진단하고, 이들이 정삼각형의 동적 균형을 형성하기 위한 자기주도적 학습내용을 제시한다.

2. 완전자아실현능력에 대한 태도진단

지적한 바와 같이 행동포지션(XX-YY-ZZ)는 우리에게 행동에 대한 태도와 개인의 개인적 및 사회적 자아의 조화나 부조화를 알게 하고, 우리의 내면에서 유발된 파워의 비합리적 조건을 인식하게 한다.

PSAD는 완전자아실현능력 3요소에 대한 개인의 자기보고로부터 이들의 행동포지션을 도출하고, 행동포지션의 유형이나 패턴에 따라 완전자아실현능력에 대한 태도, 개인적 및 사회적 자아의 일관성 정도, 내면으로부터 유발된 파워의 비합리적 조건을 다음과 같이 진단한다.

① 규범적 완전자아실현 행동포지션

규범적 완전자아실현 행동포지션은 완전자아실현능력 행동포지션이 규범적 행동포지션에 접근하는 포지션이다. 규범적 완전자아실현 행동포지션에 의한 행동특성은 보다 안정적으로 발현하며, 그 빈도는 자신이 속한 인구 통계학적 집단에서 평균수준이다. 따라서 규범적 완전자아실현 행동포지션을 가진 사람이 자아실현능력 3요소에 대해 자기주도적 학습을 도모할 경우 이러한 학습은 안정적이고 환경적응력이 높다.

규범적 완전자아실현 행동포지션은 자아실현 자유의지의 성숙기에 흔히 나타난다. 따라서 규범적 완전자아실현 행동포지션의 사람은 개인적 자아와 사회적 자아가 조화로울 뿐만 아니라 파워의 비합리적 조건으로부터 비교적 자유롭다. 또한 규범적 완전자아실현 행동포지션에 속한 사람의 행동에는 행동의 가치화가 유발된다.

② 쏠림 완전자아실현 행동포지션

쏠림 완전자아실현 행동포지션은 완전 완전자아실현능력 행동포지션이 포지션지수(XX)와 (ZZ) 중에 어느 하나로 치우친 것을 의미한다. 완전자아실현 행동포지션이 (XX)나 (ZZ)에 치우칠 경우 해당 포지션에 의한 행동특성은 자신이 속한 인구통계학적 집단보다 빈번하게 나타나지만 해당 행동은 비탄력적이 되어 유연성이 결여될 수 있다. 포지션 지수(XX)나 (ZZ)에 치우친 행동포지션은 개인적 자아와 사회적 자아 중에 어느 하나가 미약하거나 형성되지 않을 때 흔히 나타난다.

개인적 자아가 사회적 자아보다 약하거나 사회적 자아만 형성되어 있는 경우 사회적 자아와 경험 간의 불일치가 흔히 발생한다. 이에 비하여 사회적 자아가 개인적 자아보다 약하거나 개인적 자아만 형성되어 있는 사람은 흔히 목적성 결여로 자기중심적 행동을 보인다. 자기중심적 행동이나 경험과 자신의 불일치는 파워의 비합리적 조건에 지배되는 원인이 된다. 즉, 쏠림 완전자아실현 행동포지션은 개인으로 하여금 파워의 비합리적 조건에 쉽게 지배되게 한다.

③ 양극화 완전자아실현 행동포지션

양극화 완전자아실현 행동포지션은 포지션지수(YY)가 낮고 (XX)와 (ZZ)가 모두 큰 포지션을 의미한다. 이러한 경우 개인행동은 양극화되어 일관성의 결여로 신뢰성이 낮다. 양극화 완전자아실현 행동포지션은 개인적 및 사회적 자아 불일치하거나 이들이 모두 형성되지 않은 때 흔히 나타난다. 양극화 완전자아실현 행동포지션은 흔히 불완전 행동을 유발한다.

지적한 바와 같이 개인적 및 사회적 자아 불일치는 개인에게 불행, 불만족과 함께 극단적 경우에는 부적응을 유발한다. 또한 개인적 및 사회적 자아 모두가 형성되지 않은 사람은 흔히 갑갑해하고, 완고해지며, 방어적이며, 위협을 느끼고, 상당수준의 불편함과 불안을 경험한다. 따라서 양극화 완전기능 행동포지션에 속한 사람은 파워의 비합리적 조건에 쉽게 지배된다.

지적한 바와 같이 사람이 파워의 비합리적 조건에 지배될 경우 자아실현 경향성은 개방되지 않으므로 우리는 창의능력 개발 5단계로 나아갈 수 없다. PSAD 창의·인성진단은 개인에게 자신의 개인적 및 사회적 자아에 의한 부조화를 발견하게 하고 자기주도적 학습을 통해 완전자아실현으로 나가게 한다.

3. 자아실현능력 그리드와 PSAD 정밀진단

PSAD 정밀진단은 완전자아실현능력에 대한 진단이다. PSAD는 자아실현능력 그리드를 기반으로 개인의 자아실현 유형을 진단한다.

자아실현능력 그리드는 완전기능행동을 가로축(X축)으로 하고 행동의 가치화를 세로축(Y축)으로 한 그리드이다. <그림 12-1>은 자아실현능력 그리드를 나타낸다.

그림 12-1 자아실현능력 그리드

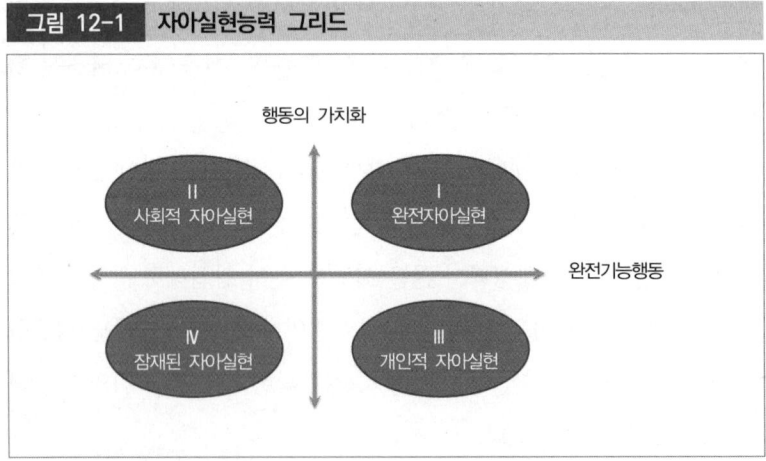

<그림 11-2>의 완전기능행동 (X)축에서 우측으로 갈수록 완전기능행동은 활성화 되고, 좌측으로 활성화가 낮다. 따라서 완전기능행동 (X)축에서 우측으로 나아갈수록 완전자아실현 행동의 내재적 동기형성이 활성화되고, 좌측으로 나아갈수록 저하된다.

<그림 11-2>의 행동의 가치화 (Y)축에서 위로 갈수록 행동의 가치화 수준은 높고, 아래로 갈수록 낮다. 따라서 행동의 가치화 (Y)축에서 위로 갈수록 완전자아실현 행동의 외재적 동기는 보다 활성화 되고, 아래로 갈수록 저해된다.

PSAD는 완전자아실현능력 3요소에 대한 개인의 자기보고(self-report)

로 부터 개인의 완전기능행동이나 행동의 가치화 수준을 측정하고 <그림 12-1> 자아실현능력 그리드 포지션(X, Y)에 의해서 개인의 자아실현 유형을 다음과 같이 진단한다.

① **완전자아실현** : 완전기능행동의 영향력 지수와 행동의 가치화의 영향력 지수 모두 15.36보다 클 경우
② **사회적 자아실현** : 완전기능행동의 영향력 지수가 15.36 보다 적고, 행동의 가치화 영향력 지수가 15.36보다 클 경우
③ **개인적 자아실현** : 완전기능행동의 영향력 지수가 15.36 보다 크고, 행동의 가치화의 영향력 지수가 15.36보다 적은 경우
④ **잠재된 자아실현** : 완전기능행동의 영향력 지수와 성취사회행동의 영향력 지수 모두 15.36보다 적은 경우

4. 문제해결능력 진단

지적한 바와 같이 문제해결능력은 행동의 가치화에 의존한다. 또한 파워프로세스는 가치화 5결정요소 즉, 가치화 요소, 욕구, 가치, 관계 및 환경의 상호작용으로 행동의 가치화를 도모하는 프로세스이다. 우리의 행동에서 파워프로세스의 가치화 5결정요소가 능률적이거나 동시다발적으로 작용할 경우 행동의 가치화는 촉진되고 문제해결능력은 향상된다.

PSAD 정밀진단은 가치화 5결정요소의 정체성 측정을 통해 이들에 대한 개인의 내재적 동기 즉, 행동의 자발성을 측정한다. 또한, 활동성

측정을 통해 이들이 개인행동에서 나타나는 패턴을 분석하고, 영향력 측정을 통해 행동의 가치화에 대한 몰입을 진단한다. PSAD 정밀진단은 이러한 과정을 기반으로 개인의 문제해결능력을 진단한다.

<표 12-1>은 PSAD 정밀진단 내용을 나타내고 있다.

표 12-1 PSAD 정밀진단 내용

진단항목	진단내용	비 고
자아실현의 유형	• 완전자아실현 • 사회적 자아실현 • 개인적 자아실현 • 잠재된 자아실현	• 선천적 및 후천적 창의성 개발
완전자아실현의 크기	• 완전자아실현의 영향력 • 완전자아실현의 수준	• 완전자아실현에 몰입 • 정서지능
완전자아실현 능력 3요소	• 정체성 • 활성화 • 영향력 • 행동포지션(태도, 자아일관성)	• 완전자아실현 능력 3요소의 자생적 능력 • 자아실현 자유의지 성숙단계
문제해결능력	• 행동의 가치화	
완전기능행동	• 파워 5속성의 작용패턴	• 개인의 재능, 리더십 등

PSAD 정밀진단은 <표 12-1>에서와 같이 개인의 자아실현 유형, 완전자아실현능력의 자생적 성장능력, 문제해결능력, 파워 5속성의 작용패턴, 정서지능 및 개인의 리더십의 유형과 재능진단을 포함한다. PSAD 정밀진단은 자아실현능력에 영향을 준 개인적 특성과 환경적 특성을 찾아 개인으로 하여금 창의시스템을 활성화하여 완전자아실현을 위한 학습프로세스를 제공한다.

12.2 자아실현 유형과 행동특성

PSAD 정밀진단은 개인의 자아실현 유형진단으로서, 자아실현 유형을 완전자아실현, 사회적 자아실현, 개인적 자아실현 및 잠재된 자아실현으로 구분한다.

① 완전자아실현
완전자아실현은 창의능력 개발 5단계에서 문제해결능력 단계를 거쳐 완전자아실현능력 단계에 진입한 사람의 행동특성이다. 이 단계에 속한 사람들은 행동의 가치화가 유발되고 완전기능행동이 활성화 된다. 행동의 가치화는 후천적 창의성이 개발되고 사회적 자아실현에 관계하고, 완전기능행동은 개인적 자아실현에 관계한다. 따라서 완전자아실현은 사회적 및 개인적 자아 모두를 실현하는 것이다.

완전자아실현의 행동은 행동의 예측가능성과 통제가능성이 높다. 행동의 가치화를 기반으로 한 완전기능행동은 자기 규제적 행동을 만들어 낸다. 따라서 완전자아실현의 행동은 행동의 예측가능성이 매우 높다. 또한 완전자아실현의 사람은 자신의 이익이나 생존을 도모할 뿐만 아니라 사회공동체적 삶을 추구한다(이경환, 2011). 이 단계의 속한 사람의 선천적 및 후천적 창의성이 활성화되고 자아실현 자유의지가 성숙한다.

② 사회적 자아실현
사회적 자아실현의 사람의 내면에는 행동의 가치화는 활성화되고

있으나 완전기능행동 수준은 낮다. 행동의 가치화는 환경이 선택하는 기준을 만들어 내고 이 기준을 적용하는 상황을 만들어 낸다. 따라서 사회적 자아실현의 사람은 다른 사람이나 환경과 긍정적인 관계를 형성하고, 사회적 자아실현으로 나아간다. 이러한 사람은 관계지향적 또는 배려지향적 행동을 유발하고 다음의 행동특성을 보인다.

- 배려적 행동으로 나아간다.
- 다른 사람을 이해하고 의사소통을 중요시한다.
- 사람과의 관계성을 중요시한다.
- 수직적 또는 수평적 결합을 도모한다.
- 자발적 행동을 보인다.
- 상호존중과 신뢰를 중요시한다.
- 창의적인 행동특성을 보인다.

사회적 자아실현의 사람은 개인의 욕구가 강한 경우 자생적 생존을 도모할 수 있다.

③ 개인적 자아실현

개인적 자아실현 사람의 행동은 행동의 가치화 수준은 낮은 데 비하여 완전기능행동 수준은 높다. 이러한 개인은 개인적 자아실현으로 나아간다. 개인의 내면에서 행동의 가치화 수준이 낮을 경우 자기중심적인 행동을 흔히 보인다. 이러한 개인은 자신의 이익에 관계된 것에는 적극적인 행동을 보이지만 다른 사람에 대한 배려적 행동의 수준은 낮다.

④ 잠재된 자아실현

잠재된 자아실현의 사람은 행동의 가치화와 완전기능행동 모두가 활성화되지 않고 있다. 창의성의 본질은 활동성이다. 비활동적인 창의성은 소멸하고 있다고 하여도 지나친 것은 아니다(이경환, 2001). 행동의 가치화 수준이 낮고, 완전기능행동의 비활성화는 잠재적 행동을 흔히 보인다.

잠재적 행동은 정신적, 윤리적 또는 도덕적으로 건강하지 못한 행동에 관계한다. 따라서 이들은 자신의 성장을 도모하지 못할 뿐만 아니라 사회발전에도 기여에도 한계가 있다. 그러나 잠재된 자아실현의 사람이라도 성실하게 노력할 경우 이들은 자신의 성장을 도모할 수 있으나 자아실현의 사람에 비하여 보다 많은 노력이 요구된다.

<표 12-2>는 <그림 12-1>의 자아실현능력 그리드 포지션(X, Y)에 따른 우리나라 고등학생 159명의 자아실현 유형과 행동성과를 보이고 있다.

<표 12-2> 고등학생의 자아실현 유형과 행동성과에서 완전자아실현에 속한 51명의 고등학생은 지식공유/성공에 대한 확신, 삶의 기쁨/인정받음, 관용/자발적 행동, 분별력/판단력 및 학업능력/학업만족 차원에서 보다 높은 행동성과가 나타나고 있다. 이에 비해 잠재적 행동(자아실현에 이르지 못한 학생)에 속한 63명은 이들 차원에서 평균에 매우 미달하고 있다.

사회적 자아실현에 속한 16명과 개인적 자아실현에 속한 29명의 학생들의 행동성과는 평균수준에 접근한다. 따라서 완전자아실현으로 나아가는 고등학생은 자신의 잠재적 능력을 개발하고 미래에 대한 긍정적인 가치를 가지고 있다.

표 12-2 우리나라 고등학생의 자아실현 유형과 행동성과

자아실현 유형 행동성과	완전 자아실현(51)	사회적 자아실현(16)	개인적 자아실현(29)	잠재적 행동(63)	유의 수준
지식공유/ 성공에 대한 확신	0.19 (0.97)	-0.30 (0.84)	0.44 (0.78)	-0.28 (1.05)	0.00
삶의 기쁨/ 인정받음	0.40 (1.01)	0.10 (0.99)	0.02 (0.93)	-0.44 (0.85)	0.00
관용/ 자발적 행동	0.46 (0.85)	-0.26 (1.19)	0.46 (1.1)	-0.51 (0.75)	0.00
분별력/ 판단력	0.40 (1.09)	0.02 (0.89)	-0.15 (0.95)	-0.23 (0.91)	0.01
학업능력/ 학업만족	0.20 (0.99)	0.19 (1.13)	-0.55 (0.88)	0.03 (0.92)	0.01
평균	0.33	-0.05	0.04	-0.29	

주 : ( ) 내 숫자는 학생의 수와 표준편차임.
출처 : 오형남, 2013, 자아실현과 성취행동에 관한 연구: 파워순환적 접근을 중심으로, 인하대학교 경영대학원 경영학 석사학위 논문

12.3 파워프로세스와 문제해결능력

1. 파워프로세스와 행동의 가치화 조건

파워프로세스는 행동의 가치화 조건 즉, 긍정적, 고객지향적, 창의적 및 자율결합의 가치를 창출하는 프로세스이다.

① **파워프로세스와 긍정적 가치**
인간의 욕구나 가치는 긍정적 요소와 부정적 요소를 가지고 있다. 부정적 욕구는 부정적 행동을 유발한다. 긍정적 욕구라도 가치를 무시할 경우 부정적인 행동이 유발될 수 있다. 지적한 바와 같이 관계는 행동을 이끌어 내는 역할을 하므로 관계는 욕구에서부터 행동에 이르는 일련의 과정에 관계한다. 그러나 욕구나 가치를 무시하고 관계에 지나치게 의존한 행동은 집단이기심으로 흔히 나타난다.

긍정적 행동은 자신의 욕구나 가치의 실현뿐만 아니라 자신이 속해 있는 환경의 욕구나 가치를 만족시켜야 한다. 왜냐하면 지적한 바와 같이 환경은 행동이 작용하는 통로가 되므로 긍정적 행동을 위해서는 인간의 행동은 환경과 결합하는 것이 바람직하다. 그러나 행동의 목적이 긍정적이라도 행동유발 과정이 부정적이면 역기능적 결과가 나타날 수도 있다. 따라서 긍정적 행동을 위해서는 긍정적 욕구를 기반으로 가치, 관계 및 환경과 상호작용을 통한 행동유발이 요청된다.

지적한 바와 같이 파워프로세스는 가치화 요소, 욕구, 가치, 관계 및 환경의 상호작용을 통하여 행동의 가치화를 도모한다. 우리가 행동의 동기를 가치화 요소로 하여 욕구, 가치, 관계 및 환경과 상호작용을 통해 행동을 표출할 경우 우리의 행동은 가치화 되고, 긍정적인 행동으로 나아간다. 즉, 우리의 행동이 파워프로세스를 기반으로 할 경우 긍정적인 가치를 만들어 낸다.

② 파워프로세스와 고객지향적 가치

고객지향적 가치는 고객이 선호하는 가치를 의미한다. 지적한 바와 같이 행동의 가치화는 가치를 만들어 내고 이것을 다른 사람이 적용하는 상황을 만들어 내는 프로세스이므로 행동의 가치화는 고객지향적 가치를 창출하는 과정을 포함한다. 또한 파워프로세스는 행동의 가치화 프로세스이므로 고객지향적 가치를 창출한다.

환경의 리드(environment lead)는 환경으로 하여금 지각대상에 대해서 긍정적이거나 우호적인 정보를 지각하게 하는 프로세스이다. 즉, 환경의 리드는 우호적인 태도나 환경 및 상황의 창출을 통해 가치(예로써 제품이나 서비스의 가치)를 높이는 활동을 포함한다(이경환, 2009). 환경의 리드는 가치화 요소가 환경의 욕구나 가치(예로써 고객의 욕구나 가치)와 결합을 통해 이루어진다. 파워프로세스는 가치화 요소, 욕구, 가치, 관계 및 환경의 결합 프로세스이다. 따라서 파워프로세스는 환경의 리드에 의한 가치형성을 포함한다.

③ 파워프로세스와 창의적 가치

창의성은 긍정적이라고 평가되는 활동을 의미하는 것은 아니지만 새로운 것의 출현을 의미한다. 새로운 것의 지속적인 출현은 실제의 본질에 의존한다. 창의성은 분리되어 있는 다수가 복합적인 하나의 통일체 속으로 들어가게 되는 궁극적인 원리이다. 분리로부터 결합으로 이러한 진전은 궁극적으로 형이상학적인 원리이며, 그것은 분리되어있는 실체들과는 다른 새로운 실체를 창출한다(Whitehead, 1929). 따라서 창의능력은 새로운 결합의 프로세스이다.

앞에서 우리는 파워프로세스는 가치화의 5결정요소 즉, 가치화 요소, 욕구, 가치, 환경 및 관계의 결합의 프로세스라고 하였다. 가치화 5결정요소들은 분리되어 존재한다. 파워프로세스는 분리되어 있는 가치화 5결정요소들을 결합하여 가치를 창출하고 가치화를 도모하는 프로세스이므로 창조의 프로세스이다. 따라서 파워프로세스는 창의적 가치 즉, 새로운 가치를 창출하는 도구이다.

④ 파워프로세스와 자율적 결합

자유로운 또는 자생적 경쟁이 의도된 경쟁보다 진보가 빠르다(이경환, 2001). 자유로운 또는 자생적 경쟁은 사람들의 자율적 결합에 의해서 일어난다. 사람들의 자율적 결합은 결합의 자율적 조건이 충족될 경우에 일어난다. 결합의 자율적 조건은 다음과 같다(이경환, 2009).

- 사람들의 목적이 같거나,
- 사람들의 목적이 다를 경우 이들의 목적 달성수단이 다른 사람이 목적 달성에 기여할 경우 이들은 자율적 결합을 한다.

우리는 보다 효과적으로 목적을 달성하기 위하여 결합의 자율적 조건에 합당한 행동을 만들어 내는 것이 바람직하다. 파워프로세스는 지적한 바와 같이 목적달성을 위해서 환경의 욕구나 가치를 만족하는 가치를 만들어 내므로 자율적 결합을 만들어 내는데 사용될 수 있다.

2. 파워프로세스와 행동의 가치화 성과

지적한 바와 같이 파워프로세스는 행동의 가치화 조건을 만족하므로 우리의 생각이나 행동이 파워프로세스를 기반으로 이루어 질 경우 우리는 문제를 해결하거나 목적을 달성할 수 있다. 파워프로세스에 의한 문제해결이나 목적달성능력은 우리의 생각이나 행동에서 가치화 5 결정요소의 작용패턴과 가중치에 의존한다.

표 12-3 행동의 가치화와 학생군집

행동의 가치화 군집	Ⅰ군 n=31	Ⅱ군 n=56	Ⅲ군 n=73	Ⅳ군 n=68	Ⅴ군 n=44	유의 수준
가치화 요소	1.44 (0.57)	-0.05 (0.60)	0.67 (0.74)	-0.94 (0.49)	-0.60 (0.33)	0.00
욕구	1.42 (0.44)	-0.03 (0.63)	0.71 (0.64)	-0.99 (0.42)	-0.42 (0.51)	0.00
가치	1.41 (0.48)	-0.32 (0.52)	0.78 (0.55)	-1.02 (0.53)	-0.18 (0.60)	0.00
환경	1.16 (0.54)	-0.89 (0.66)	0.77 (0.56)	-0.80 (0.51)	0.36 (0.48)	0.00
관계	1.49 (0.33)	-0.21 (0.67)	0.41 (0.76)	-0.82 (0.75)	-0.05 (0.58)	0.00
평균	1.38 (0.49)	-0.30 (0.69)	0.67 (0.67)	-0.92 (0.56)	-0.18 (0.60)	0.00

주 : 1) n은 각 군집에서 표본의 수.
2) 각 항목의 값은 파워프로세스 군의 요인 값이며, ( )내의 숫자는 표준편차이다.
출처 : 이지영, 2012, 자아실현과 성취행동에 관한 연구: 파워순환적 접근을 중심으로.

<표 12-3>의 행동의 가치화와 학생군집은 서울과 인천의 272명의 초등학교 학생의 내면에 작용하는 파워프로세스의 활성화 정도에 따라 이들을 5군집으로 분류한 결과이다.

<표 12-3>에서 행동의 가치화 5군집 중 Ⅰ군의 가치화 결정요소들의 값들은 다른 군집에 비해 상대적으로 높은 양의 값을 가지고 있어 Ⅰ군에 속한 학생들의 행동의 가치화는 가장 높다. 이에 비해 Ⅳ군의 가치화 결정요소들의 값들은 다른 군에 비해 큰 음의 값을 가지고 있어 Ⅳ군에 속한 학생들의 행동의 가치화 수준은 가장 낮다. 따라서 Ⅰ군에 속한 학생들의 행동의 가치화 성과가 가장 크다. 이에 비하여 Ⅳ군에 속한 학생들은 행동의 가치화 성과는 가장 낮다.

<표 12-4>는 <표 12-3>의 행동의 가치화 군집에 따른 행동의 가치화 성과를 나타낸다.

표 12-4 행동의 가치화 군집과 행동의 가치화 성과

군집 문제해결능력	Ⅰ군 n=31	Ⅱ군 n=55	Ⅲ군 n=69	Ⅳ군 n=64	Ⅴ군 n=43	유의 확률
학습능력 /자기개발	0.67 (0.73)	-0.23 (0.92)	0.53 (0.76)	-0.59 (0.98)	-0.07 (0.87)	0.00
성실성 /사회기여	1.10 (0.71)	-0.26 (0.88)	0.36 (0.94)	-0.50 (0.91)	-0.33 (0.74)	0.00
학업만족 /판단력	0.64 (0.83)	0.10 (0.87)	0.34 (0.93)	-0.55 (0.87)	-0.39 (0.94)	0.00
평균	0.80 (0.78)	-0.13 (0.90)	0.41 (0.88)	-0.55 (0.92)	-0.26 (0.86)	0.00

주: n은 각 군집에서 표본의 수를 나타낸다. ( ) 내의 숫자는 표준편차임.
출처: 이지영, 2012, 전게서

<표 12-4>와 같이 파워프로세스의 활성화에 의해서 행동의 가치화가 높은 Ⅰ군에 속한 학생들의 행동의 가치화 성과가 보다 크게 나타난다. 이에 비하여 파워프로세스의 활성화가 가장 낮은 Ⅳ군에 속한 학생들의 행동의 가치화 성과는 가장 낮다. 또한 <표 12-4>에서 보는 바와 같이 파워프로세스에 의한 가치화 수준이 높을수록 학생의 학습능력/자기개발, 성실성/사회기여, 학업만족/판단력이 높게 나타난다.

파워프로세스는 환경적응 프로세스이다. 왜냐하면 파워프로세스에 의한 행동의 가치화는 환경이 선택하는 기준을 만들고 이러한 기준이 환경이 적용하는 상황에 관계하기 때문이다. 가치의 조건은 자신의 선택기준이 아니라 환경이 선택하는 기준에 관계한다. 파워프로세스는 가치의 조건을 구현하는 프로세스이다.

3. 파워프로세스 학습과 문제해결 5능력 개발

지적한 바와 같이 파워프로세스는 행동의 가치화 프로세스이며, 문제해결이나 목적달성을 위한 수단을 만들어 낸다. 학습은 개인의 생각이나 행동의 거의 영구적인 변화를 의미하므로 우리가 파워프로세스의 학습할 경우 우리의 행동은 가치화를 유발하고, 우리는 문제해결이나 목적달성능력을 함양하게 된다. 즉, 우리가 문제해결능력을 가지기 위해서는 파워프로세스를 학습해야 한다.

지적한 바와 같이 파워프로세스에서 가치화 5결정요소는 행동의 가치화를 위하여 고유한 역할을 한다. 따라서 파워프로세스의 학습을 기반으로 한 문제해결능력은 가치화 5결정요소의 역할에 따라 자기조직화 능력, 동기부여 능력, 가치창출 능력, 관계관리 능력 및 환경리드 능력으로 나타난다. 우리는 자기조직화, 동기부여, 가치창출, 관계관리 및 환경리드 능력을 문제해결 5능력이라고 한다.

① 자기조직화 능력

자기조직화 능력은 지식, 경험, 재화와 같은 유·무형적 자원을 결합하여 행동의 가치화를 위한 가치화 요소를 창출하는 프로세스를 의미한다. 파워프로세스를 기반으로 한 자기조직화 능력은 행동의 가치화에 적합한 가치화 요소를 창출한다. 즉, 문제해결에 적합한 가치화 요소를 창출한다.

② 동기부여 능력

동기부여 능력은 다른 사람의 내면에 자신이 의도한 행동을 위한 동기를 만들어 내는 능력이다. 동기는 행동을 유발하는 내적 상태이며, 욕구를 중심으로 형성된다. 따라서 동기부여 능력은 사람의 욕구를 이끌어 내는 능력을 포함한다. 파워프로세스를 기반으로 한 동기부여 능력은 환경이나 다른 사람의 내면에 자신이 창출한 가치를 적용하고자 하는 보다 효과적인 행동의 동기를 유발한다.

③ 가치창출 능력

가치창출 능력은 환경이나 다른 사람의 선택기준에 적합한 가치를 만들어 내는 능력이다. 사람들은 자신의 가치체계를 가지고 있으며, 이것에 부합하는 행동을 선택한다. 따라서 가치창출능력은 사람의 가치시스템을 파악하는 능력을 포함한다. 파워프로세스를 기반으로 한 가치창출 능력은 사람의 가치시스템에 부응하는 가치를 창출하게 한다.

④ 관계관리 능력

관계관리 능력은 다른 사람과 관계를 형성하고, 이것으로부터 행동을 이끌어 내는 능력이다. 사람의 행동은 관계에 따라 다르다. 예로써 선생님에 대한 행동과 친구에 대한 행동은 다르다. 파워프로세스를 기반으로 한 관계관리 능력은 다른 사람과 합당한 관계를 형성하고, 이들과 결합하는 행동을 이끌어 낸다.

⑤ 환경리드 능력

환경리드 능력은 환경으로 하여금 지각대상에 대해서 긍정적이거나 우호적인 정보를 지각하게 하는 프로세스이다. 환경리드는 우호적인 태도나 상황의 창출을 통해 가치(예로써 제품이나 서비스의 가치)를 높이는 활동을 포함한다. 파워프로세스를 기반으로 한 환경리드는 다른 사람으로 하여금 자신이 창출한 가치에 대해 긍정적인 정보를 효과적으로 지각하게 한다.

앞에서 자적한 바와 같이 파워프로세스에 의한 문제해결능력이나 목적달성능력은 자기조직화 능력, 동기부여 능력, 가치창출 능력, 관계관리 능력 및 환경리드 능력으로 구성된다. PSAD 문제해결능력 진단은 개인의 자기조직화, 동기부여, 가치창출, 관계관리 및 환경리드 능력을 진단하고, 문재해결 5능력 개발을 위한 자기주도적 학습방안을 제시한다.

12.4 완전자아실현능력 개발

PSAD정밀진단은 개인의 자아실현 유형을 분석하고 개인으로 하여금 자아실현의 자유의지의 성숙을 도모하고 완전자아실현능력 단계에 진입하여 개인의 선·후천적 재능을 개발하고 완전자아실현으로 나아가기 위한 자기주도적 학습프로세스를 포함한다. PSAD는 이러한 학습을 효과적으로 수행하기 위하여 학습프로그램을 공통프로그램과 개인별 프로그램으로 구분하여 학습을 도모한다.

1. 완전자아실현능력 개발의 공통프로그램

완전자아실현능력 개발의 공통프로그램은 자아실현 유형에 관계없이 자아실현 자유의지를 성숙시키고, 완전자아실현 능력단계로 나아가고자 하는 사람들이 공통적으로 학습하는 프로그램을 의미한다. 완전자아실현능력 개발을 위한 공통프로그램은 다음과 같다.

① 자아실현의 개념과 유형
  - 자아의 개념과 유형
  - 자아실현의 개념과 유형
  - 가치측정 프로세스와 자아의 형성원리

② 완전자아실현능력의 자생적 성장모형
  - 완전자아실현능력 3요소의 개념과 역할
  - 자아실현 자유의지 성숙과 완전자아실현

- 자아실현 자유의지 성숙기의 행동특성

③ 파워프로세스와 문제해결능력
- 파워프로세스와 행동의 가치화
- 파워프로세스와 가치화 조건
- 행동의 가치화와 성취행동
- 문제해결5능력

④ 자아실현 자유의지의 성숙과 성취행동
- 자아실현 자유의지의 성숙과 파워의 비합리적 조건의 제거
- 자아실현 자유의지의 성숙과 개인적 및 사회적 자아의 조화

⑤ PSAD정밀진단의 개념과 기능
- PSAD정밀진단의 의의
- PSAD정밀진단 시스템의 구조와 기능
- PSAD정밀진단의 역할

2. 완전자아실현능력 개발의 개인별 학습프로그램

지적한 바와 같이 완전자아실현능력은 완전자아실현능력 3요소 즉, 행동의 가치화, 완전기능행동 및 완전자아실현 행동의 상호작용으로 형성된다. 또한 완전기능행동은 파워의 5속성 즉, 파워의 창조속성, 보존속성, 결합속성, 지배속성 및 귀속속성으로 구성된다. 행동의 기치화는 가치화 5결정요소 즉, 가치화 요소, 욕구, 가치, 환경 및 관계로 구성된다.

1) 완전자아실현능력 개발의 개인별 맞춤형 학습프로그램

지적한 바와 같이 자기주도적 학습효과는 학습동기가 크고, 학습에 긍정적 태도를 가지고, 학습에 몰입할 때 높아진다. 따라서 완전자아실현능력 3요소에 대한 학습자는 이들 요소 대한 자신의 정체성 지수, 활성화 지수 및 영향력 지수가 큰 요소를 우선적으로 학습하는 것이 바람직하다.

PSAD정밀진단은 완전자아실현능력 3요소의 정체성, 활성화, 영향력 및 행동포지션을 진단한다. 따라서 완전자아실현능력에 대한 개인별 맞춤형 자기주도적 학습자는 PSAD정밀진단을 기반으로 다음과 같은 절차로써 완전자아실현능력 3요소에 대한 학습 우선순위를 결정하는 것이 바람직하다.

- 학습자는 완전자아실현능력 3요소 중에 정체성, 활성화 및 영향력 지수가 큰 요소를 우선적으로 학습한다.
- 파워속성이나 가치화 결정요소에 대한 학습은 각각 파워 5속성과 가치화 5경정요소 중에 정체성, 활성화 및 영향력 지수가 큰 요소를 우선적으로 학습한다.

우리가 완전자아실현능력 단계에 진입하기 위해서는 우리의 행동이 완전자아실현능력 3요소가 지향하는 행동으로 거의 영구적인 변화가 있어야 한다. 즉, 우리의 행동에서 완전자아실현능력 3요소가 학습되어 이들이 자발적으로 발현되는 것을 의미한다. 또한 자발적 행동은 내재적 동기에 의해서 유발되고, 내재적 동기는 정체성에 의해서 발현된다. 따라서 완전자아실현능력 3요소의 학습에서 이들 요소에 대해 학습자의 정체성이 형성될 경우 이것은 이들에 대해 학습이 이루어 진 것을 의미한다.

PSAD는 완전자아실현능력 3요소에 대한 자기주도적 학습과정에서 이들 요소에 대한 학습자의 자기보고로부터 이들의 정체성을 측정한다. PSAD는 이것을 기반으로 완전기능능력 3요소에 대한 개인의 학습성과를 다음과 같이 평가한다.

- 완전자아실현능력 3요소의 정체성 지수가 0.46 이상의 경우 학습성과는 매우 양호한 것으로 평가한다.
- 완전자아실현능력 3요소의 정체성 지수가 정체성 지수가 0.35~0.46의 경우 학습성과는 양호한 것으로 평가한다.,
- 완전자아실현능력 3요소의 정체성 지수가 정체성 지수가 0.29~0.35 미만일 경우 학습성과를 조금 미흡한 것으로 평가한다.

완전자아실현능력 3요소에 대한 자기주도적 학습자는 앞에서 지적한 학습성과 평가기준을 기반으로 자신의 학습성과를 스스로 평가할 수 있다. 또한 이러한 학습성과 평가기준은 다음의 완전자아실현능력 개발의 자아실현 유형별 조직학습 프로그램에도 적용한다.

2) 완전자아실현능력 개발의 맞춤형 조직학습 프로그램

지적한 바와 같이 자아실현 유형은 완전자아실현, 사회적 자아실현, 개인적 자아실현 및 잠재된 자아실현으로 구분된다. 따라서 완전자아실현능력능력 3요소에 대한 학습자의 내재적 동기, 태도와 몰입 및 학습행동의 지속성과 안정성은 학습자의 자아실현 유형에 따라 다르다.

완전자아실현능력 개발을 위한 조직학습의 경우 학습자의 자아실현 유형에 따라 이들을 구분하여 조직학습을 하는 것이 바람직하다.

① 사회적 자아실현과 완전자아실현능력 개발

지적한 바와 같이 개인의 생각이나 행동에서 가치화 5결정요소 즉, 가차화 요소, 욕구, 가치, 환경 및 관계성이 능률적이거나 동시다발적으로 작용할 경우 행동의 가치화가 유발되고, 성취행동이 발현한다. 지적한 바와 같이 성취행동은 우리에게 작용하는 파워의 비합리적 조건을 제거한다. 이러한 경우 우리의 자아실현 경향성은 개방되고, 파워 5속성이 활성화되어 완전기능행동을 유발하고, 행동의 기치화와 함께 완전자아실현으로 나아간다.

그러나 가치화 5결정요소 중에 어느 하나이상이 발현하지 않을 경우 성취행동이 발현하지 않으며, 자아실현 경향성과 파워 5속성의 개방이 미흡하여 완전자아실현으로 나아가지 않는다. 왜냐하면 가치화 5결정요소가 능률적이거나 동시다발적으로 작용하지 않기 때문이다. 이러한 경우 우리의 생각이나 행동에는 완전기능행동이 발현되지 않는다. 지적한 바와 같이 사회적 자아실현은 행동의 가치화 수준은 높고, 완전기능행동 수준이 상대적으로 낮을 경우 나타난다. 따라서 가치화 5결정요소 중에 어느 하나이상이 발현되지 않을 경우 우리는 사회적 자아실현으로 나아간다.

또한 사회적 자아실현은 외재적 완전기능 행동의 사람이 행동의 가치화를 학습할 경우 흔히 나타난다. 지적한 바와 같이 외재적 완전기능행동은 자아실현 학습의지의 사람이 성취행동에 대한 사회적 학습 즉, 성취사회행동으로 유발되며, 자아실현 학습의지는 자아실현 경향성의 활성화는 낮고, 자아실현 가치학습 수준이 높을 경우에 형성된다. 따라서 사회적 자아실현의 요인은 다음과 같다.

- 가치화 5결정요소의 비능률적 작용 즉, 이들 중에 하나 이상이 발현되지 않을 경우
- 외재적 완전기능 행동의 사람이 행동의 가치화를 학습할 경우

우리가 사회적 자아실현에서 완전자아실현으로 나아가기 위해서는 사회적 자아실현이 어떠한 요인에 의해서 유발된 것인가에 대한 진단이 요구된다. PSAD는 가치화 5결정요소, 파워 5속성, 완전자아실현요소 및 자아실현 자유의지 3요소의 정체성, 활성화, 영향력과 행동포지션을 측정한다. 우리는 PSAD가 제시하는 이러한 정체성과 행동포지션으로부터 사회적 자아실현 유발요인을 진단한다. 사회적 자아실현에 속한 개인이 완전자아실현으로 나아가기 위해서는 이러한 요인에 따라 다음과 같은 학습프로세스가 요구된다.

가치화 5결정요소 중에 어느 하나이상이 발현되지 않을 경우 이러한 요소에 대한 자기주도적 학습이 요구된다. 이러한 학습을 위해 학습자는 이들 중에 그 정체성 지수가 0.35 미만인 요소에 대해서 학습하는 것이 바람직하다. 왜냐하면 정체성 지수가 0.35 미만인 요소는 아직 학습되지 않은 요소이기 때문이다. 이러한 경우 정체성 지수가 0.35 미만인 요소 중에 활성화 지수나 영향력 지수가 보다 큰 요소를 우선적으로 학습한다.

외재적 완전기능 행동의 사람이 행동의 가치화를 학습할 경우 외재

적 완전기능행동이 완전자아실현으로 나아가는 것을 방해한다. 이러한 사람은 <표 11-2> '완전기능행동 유형과 완전기능능력 개발을 위한 자기주도적 학습방안'에서 제시한 외재적 완전기능의 사람이 완전기능행동으로 나아가기 위한 자기주도적 학습이나 자아실현 자유의지 개발 프로세스를 학습하는 것이 요청된다. 이러한 학습이 효과적으로 이루어지기 위해서는 긍정적 존중의 욕구를 충족할 수 있는 적절한 외적 인센티브가 요구된다. 왜냐하면 자아실현 학습의지는 조건적 존중에 따른 가치의 조건에 관계하기 때문이다.

② 개인적 자아실현과 완전자아실현능력 개발

지적한 바와 같이 개인의 생각이나 행동에서 파워 5속성 즉, 파워의 창조속성, 보존속성, 결합속성, 지배속성 및 귀속속성이 능률적이거나 동시다발적으로 작용할 경우 완전기능행동을 유발하고 개인은 개인적 자아실현으로 나아간다. 뿐만 아니라 파워 5속성의 이러한 작용은 개인행동의 가치화를 유발하여 완전기능행동과 결합하여 개인으로 하여금 완전자아실현으로 나아가게 한다.

그러나 파워 5속성 중에 어느 하나이상이 발현하지 않을 경우 이들은 능률적이거나 동시다발적으로 작용하지 않으며, 우리는 완전기능행동으로 나아가지 않는다. 이러한 경우 우리의 생각이나 행동에서 행동의 가치화가 발현되지 않는다. 지적한 바와 같이 개인적 자아실현은 완전기능행동의 활성화 수준이 높고, 행동의 가치화 수준이 낮을 경우 나타나는 행동특성이다. 따라서 파워 5속성 중에 어느 하나이상이 발현하지 않을 경우 개인적 자아실현으로 나아간다.

또한 개인적 자아실현은 내재적 완전기능 행동의 사람에게 흔히 발현하는 행동특성이다. 왜냐하면 내재적 완전기능 행동은 자유방임적 생각이나 행동에 의해서 흔히 형성되는 데 이러한 행동은 자기절제나 규제가 결여되어 행동의 가치화가 유발되지 않기 때문이다. 따라서 개인적 자아실현의 유발요인은 다음과 같다.

- 파워 5속성의 비능률적 작용 즉, 이들 중에 하나 이상이 발현되지 않을 경우
- 내재적 완전기능 행동의 사람이 자기절제나 자기규제가 결여될 경우

우리가 개인적 자아실현에서 완전자아실현으로 나아가기 위해서는 개인적 자아실현의 유발요인에 대한 진단이 요구된다. PSAD는 가치화 5결정요소, 파워 5속성, 완전자아실현요소 및 자아실현 자유의지 3요소의 정체성, 활성화, 영향력과 행동포지션을 측정한다. 우리는 PSAD가 제시하는 이러한 정체성과 행동포지션으로부터 개인적 자아실현 유발요인을 진단한다. 개인적 자아실현에 속한 개인이 완전자아실현으로 나아가기 위해서는 이러한 요인에 따라 다음과 같은 학습프로세스가 요구된다.

파워 5속성 중에 어느 하나 이상이 발현되지 않을 경우 이러한 요소에 대한 자기주도적 학습이 요구된다. 이러한 학습을 위해 학습자는 파워 5속성 중에 그 정체성 지수가 0.35 미만인 요소를 학습하는 것이 바람직하다. 왜냐하면 정체성 지수가 0.35 미만인 요소는 아직 학습되지 않은 요소이기 때문이다. 이러한 경우 정체성 지수가 0.35 미만인 요소 중에 활성화 지수나 영향력 지수가 보다 큰 요소를 우선적으로 학습한다.

지적한 바와 같이 우리가 행동의 가치화를 학습할 경우 우리의 생각이나 행동에는 성취행동 4요소가 발현하며, 이러한 성취행동은 개인으로 하여금 자기규제와 절제를 도모하게 한다. 따라서 내재적 완전기능의 사람이 자기 절제나 자제적 행동이 미흡할 경우 행동의 가치화를 학습하는 것이 바람직하다. 또한 파워프로세스는 행동의 가치화 프로세스이다. 파워프로세스가 학습될 경우 개인적 자아와 조화로운 관계에 있는 사회적 자아가 형성된다. 따라서 내재적 완전기능행동의 사람이 파워프로세스를 학습할 경우 완전자아실현으로 나아간다.

③ 완전자아실현과 완전자아실현능력 자생적 성장

지적한 바와 같이 완전자아실현능력의 형성과 성장은 완전자아실현능력 3요소의 정삼각형의 동적 균형에 의존한다. 또한 완전자아실현능력 3요소의 정삼각형의 동적 균형은 이들 3요소가 자생적 성장조건 즉, 정체성, 활성화 및 영향력 조건을 만족할 때 이루어진다. 뿐만 아니라 이러한 자생적 조건은 이들에 대한 학습이 요구된다.

지적한 바와 같이 창의능력 개발 요소에 대한 학습효과는 이들의 정체성 지수, 활성화 지수 및 영향력 지수가 큰 요소를 우선적으로 학습할 경우 높아진다. PSAD는 완전자아실현능력 3요소의 정체성, 활성화 및 영향력을 측정한다. 따라서 완전자아실현에 속한 사람은 자신의 완전자아실현능력의 자생적 성장을 위해 이들에 대한 자기주도적 학습을 다음과 같이 하는 것이 바람직하다.

첫째로 완전자아실현능력 3요소 중에 정체성, 활성화 및 영향력 지수가 큰 요소를 우선적으로 학습한다.

둘째로 행동의 가치화나 완전기능에 대한 학습은 각각 가치화 5결정요소 및 파워 5속성 중에 정체성, 활성화 및 영향력 지수가 큰 요소를 우선적으로 학습한다.

셋째로 완전자아실현능력 3요소의 자생적 성장조건을 만족시킨다.

지적한 바와 같이 개인의 창의능력은 자아실현 자유의지가 주기적 순환을 할 경우 일생을 통해 지속적으로 성장한다. 자아실현 자유의지의 주기적 순환은 자아실현 자유의지 3요소의 자생적 성장조건에 의존한다.

자아실현 자유의지 3요소의 정삼각형의 동적 균형은 자아실현 자유의지의 자생적 성장조건을 만족시킨다. 따라서 완전자아실현의 사람이 완전자아실현능력의 자생적 성장을 도모하기 위해서는 완전자아실현능력 3요소나 자아실현 자유의지 3요소가 정삼각형의 동적 균형을 유지할 수 있도록 관리해야 한다.

④ 잠재된 자아실현과 완전자아실현능력 개발

잠재된 자아실현은 행동의 가치화와 완전기능행동이 모두 활성화되지 않을 경우 유발되는 행동이다. 잠재된 자아실현은 다음과 같은 경우 흔히 발현한다.

- 개인적 자아와 사회적 자아 모두가 미약하거나 형성되지 않을 경우
- 개인적 자아와 사회적 자아가 양극화 상태에 있을 경우

지적한 바와 같이 완전자아실현능력 3요소의 행동포지션이 양극화 완전자아실현 행동포지션일 경우 개인적 자아와 사회적 자아가 양극화 현상을 보인다. 또한 행동의 가치화와 완전기능행동의 정체성이 0.29 미만일 경우 개인의 내면에는 각각 개인적 및 사회적 자아가 미약하거나 형성되지 않고 있다.

우리가 잠재적 자아실현에서 완전자아실현으로 나아가기 위해서는 잠재적 자아실현의 유발요인에 대한 진단이 요구된다. PSAD는 가치화 5결정요소, 파워 5속성, 완전자아실현요소 및 자아실현 자유의지 3요소의 정체성, 활성화, 영향력과 행동포지션을 측정한다. 우리는 PSAD가 제시하는 이러한 정체성과 행동포지션으로부터 개인적 자아실현 유발요인을 진단한다. 잠재된 자아실현에 속한 개인이 완전자아실현으로 나아가기 위해서는 그 유발요인에 따라 다음과 같은 학습프로세스가 요구된다.

개인적 자아와 사회적 자아 모두가 미약하거나 형성되지 않을 경우 먼저 개인적 자아의 형성을 도모하고 이후에 사회적 자아형성을 위한 학습을 한다. 지적한 바와 같이 개인적 자아의 형성은 자아실현 경향성의 개방으로 이루어진다. 개인적 자아의 형성을 위해서는 <표 10-4> 의지유형과 자기주도적 능력 개발 방법에서 잠재된 학습의지의 사람이 자기주도적 능력 개발의 프로그램을 학습하고 이후에 자아실현의 가치를 학습한다.

개인적 자아와 사회적 자아가 양극화 상태에 있을 경우 자아실현의 가치학습이나 행동의 가치화 학습을 통해 개인적 자아와 사회적 자아를 조화로운 관계로 나아가게 한다. 이러한 과정에서 자아의 의미와 역할에 대한 학습이 있을 경우 학습효과는 높게 나타난다.

<표 12-5>는 자아실현 유형에 따른 완전자아실현으로 나아가기 위한 자기주도적 학습방안을 나타낸다.

표 12-5 자아실현 유형과 완전자아실현을 위한 학습방안

자아실현 유형	유발 요인	완전자아실현 학습방안
자아실현 4유형	• 자아실현 4유형 공통프로그램	• 자아실현의 개념과 유형 • 완전자아실현능력 자생적 성장모형 • 파워프로세스와 문제해결능력 • 자아실현자유의지 성숙과 성취행동 • PSAD정밀진단의 개념과 기능
사회적 자아실현	• 가치화 5결정요소의 비능률적 작용 • 외재적 완전기능행동과 가치화 학습	• 정체성 지수 0.35 미만 요소 중 활성화나 영향력이 큰 것 우선학습 • 〈표 11-2〉 외재적 완전기능행동의 사람이 완전기능행동을 위한 학습프로그램 학습
개인적 자아실현	• 파워 5속성의 비능률적 작용 • 내재적 완전기능행동과 자기절제와 규제 결여	• 정체성 지수 0.35 미만 요소 중 활성화나 영향력이 큰 것 우선학습 • 파워프로세스 기반 행동의 가치화 학습
자아실현	• 완전기능행동과 행동의 가치화 활성화	• 완전자아실현능력 3요소 자생적 능력학습
잠재된 자아실현	• 개인적 및 사회적 자아의 결여나 미흡 • 개인적 및 사회적 자아의 양극화	• 〈표 10-4〉 잠재된 학습의지에 속한 사람의 학습프로그램과 자아실현 가치 학습 • 자아실현의 가치나 행동의 가치화 학습

3. PSAD와 완전자아실현능력 개발의 학습효과

학습은 학습내용을 지식이나 정보로 이해하거나 인식하는 것이 아니라 학습내용이 학습자의 생각이나 행동에서 자발적으로 발현되는

것을 의미한다. 지적한 바와 같이 자발적 생각이나 행동은 내재적 동기에 의해서 발현되고, 내재적 동기는 정체성에 의해서 유발된다. 따라서 학습은 학습내용의 가치가 학습자의 정체성으로 형성되는 것을 의미한다.

완전자아실현 능력개발을 위한 자기주도적 학습에서 공통 및 맞춤형 학습프로그램에 대해 학습자의 정체성이 형성될 경우 학습자의 이들에 대한 학습은 성공적으로 이루어진 것을 의미한다. 이러한 경우 우리는 다음과 같은 학습효과를 기대할 수 있다.

- 자아실현 자유의지 성숙
- 완전자아실현능력 향상
- 자아실현에 대한 긍정적 태도 형성
- 후천적 창의성 개발
- 행동의 가치화 능력개발
- 문제해결능력 향상
- 완전기능행동 유발
- 기업가적 능력 함양
- 지능향상
- 완전기능정서 향상
- 지각의 정확도 향상
- 개인적 이상실현
- 학습능력 향상

지적한 바와 같이 창의능력개발 5단계의 특정 단계에서 다음 단계로 진입을 위한 자기주도적 학습효과는 초기 3~4개월에는 10~20%, 다음 5~6개월에는 0~5%, 이후 6~7개월에는 10~20% 향상된다. 개인적 또는 사회적 자아실현에 속한 사람이 문제해결능력이나 완전자아실현 능력을 향상하기 위해서는 최소 3개월 이상 꾸준히 PSAD에서 제안한 학습을 도모하는 것이 요청된다.

12.5 문제해결능력진단의 예

1. 문제해결능력이란?

1) 파워프로세스와 문제해결

행동의 가치화(valuation)는 가치를 창출하고 이것을 다른 사람이 적용하는 상황을 만들어 내는 프로세스이다. 우리의 행동이 가치화 될 경우 우리는 환경이나 다른 사람과 결합이나 협력을 통해 문제해결이나 목적달성을 달성할 수 있다. 예로써 기업이 제품이나 서비스를 창출하고, 이것을 고객이 사용하는 상황을 만들어 낼 경우 기업은 이윤 목적을 달성한다. 따라서 행동의 가치화는 목적달성이나 문제해결을 위한 수단을 만들어 내는 프로세스이다.

파워프로세스는 가치화 요소, 욕구, 가치, 환경 및 관계의 상호작용으로 행동의 가치화를 도모하는 프로세스이다. 우리는 가치화 요소, 욕구, 가치, 환경 및 관계를 가치화 5결정요소라고 하며, 이들은 행동의 가치화에서 다음과 같은 고유한 역할을 한다.

① **가치화 요소** : 지식, 기술, 재화 및 경험과 같은 개인의 유·무형적 또는 경제적 능력으로써 가치화의 방향을 규정하고 가치의 창출과 소멸의 원인을 제공한다.

② **욕구** : 욕구는 결핍이나 새로운 형성을 위한 도약이다. 욕구가 없으면 행동이 유발되지 않으므로 욕구는 행동의 단서(cue)가 된다.

③ **가치** : 가치는 행동의 선택기준이며, 목적을 창출한다. 욕구는 행동의 단서이므로 행동이 욕구에 의해서 유발되더라도 어떠한 행동을 할 것인가는 가치에 의존한다.

④ **관계** : 관계는 본질에 의해서 하나가 되는 프로세스이다. 사람은 관계에 따라 다른 행동을 한다. 관계는 행동을 이끌어 내는 역할을 한다.

⑤ **환경** : 환경은 가치화 요소를 제공하거나 가치화에서 창출된 가치가 작용하는 통로나 기반이 된다.

개인의 생각이나 행동에서 가치화 5결정요소가 활성화 될수록 행동의 가치화는 촉진되고 문제해결능력은 향상된다. 그러나 개인의 생각이나 행동에서 가치화 5결정요소 중에 적어도 하나이상이 활성화 되지 않을 경우 가치화 능력은 저해된다. 예로써 "관계"요소의 활성화가 낮고 나머지 가치화 4요소가 활성화될 경우 행동을 이끌어 내지 못한다. 왜냐하면 행동을 이끌어 내는 역할을 하는 "관계"가 작용하지 않기 때문이다.

행동의 가치화는 문제해결이나 목적달성을 위한 수단을 만들어 낸다. 또한 파워프로세스는 가치화 프로세스이다. 학습은 개인의 생각이나 행동의 거의 영구적인 변화를 의미한다. 따라서 우리가 파워프로세스의 학습할 경우 우리의 행동은 가치화를 유발하고, 우리는 문제해결 능력을 함양하게 된다. 즉, 우리가 문제해결능력을 가지기 위해서는 파워프로세스를 학습해야 한다.

2) 문제해결 5능력과 역할

파워프로세스의 학습은 문제해결능력을 발현하고, 파워프로세스는 가치화 5결정요소의 상호작용으로 행동의 가치화를 도모한다. 가치화 5결정요소는 행동의 가치화에서 고유한 역할을 한다. 파워프로세스의 학습을 기반으로 한 문제해결능력은 가치화 5결정요소의 역할에 따라 자기조직화 능력, 동기부여 능력, 가치창출 능력, 관계관리 능력 및 환경리드 능력으로 구분된다. 우리는 자기조직화, 동기부여, 가치창출, 관계관리 및 환경리드 능력을 문제해결 5능력이라고 한다.

① 자기조직화 능력

자기조직화 능력은 지식, 경험, 재화와 같은 유·무형적 자원을 결합하여 행동의 가치화를 위한 가치화 요소를 창출하는 프로세스를 의미한다. 파워프로세스를 기반으로 한 자기조직화 능력은 행동의 가치화에 적합한 가치화 요소를 창출한다. 즉, 문제해결에 적합한 가치화 요소를 창출한다.

② 동기부여 능력

동기부여 능력은 다른 사람의 내면에 자신이 의도한 행동을 위한 동기를 만들어 내는 능력이다. 동기는 행동을 유발하는 내적 상태이며,

욕구를 중심으로 형성된다. 따라서 동기부여 능력은 사람의 욕구를 이끌어 내는 능력을 포함한다. 파워프로세스를 기반으로 한 동기부여 능력은 환경이나 다른 사람의 내면에 자신이 창출한 가치를 적용하고자 하는 보다 효과적인 행동의 동기를 유발한다.

③ 가치창출 능력

가치창출 능력은 환경이나 다른 사람의 선택기준에 적합한 가치를 만들어 내는 능력이다. 사람들은 자신의 가치체계를 가지고 있으며, 이것에 부합하는 행동을 선택한다. 따라서 가치창출능력은 사람의 가치시스템을 파악하는 능력을 포함한다. 파워프로세스를 기반으로 한 가치창출 능력은 사람의 가치시스템에 부응하는 가치를 창출하게 한다.

④ 관계관리 능력

관계관리 능력은 다른 사람과 관계를 형성하고, 이것으로부터 행동을 이끌어 내는 능력이다. 사람의 행동은 관계에 따라 다르다. 예로써 선생님에 대한 행동과 친구에 대한 행동은 다르다. 파워프로세스를 기반으로 한 관계관리 능력은 다른 사람과 합당한 관계를 형성하고, 이들과 결합하는 행동을 이끌어 낸다.

⑤ 환경리드 능력

환경리드 능력은 환경으로 하여금 지각대상에 대해서 긍정적이거나 우호적인 정보를 지각하게 하는 프로세스이다. 환경리드는 우호적인 태도나 상황의 창출을 통해 가치(예로써 제품이나 서비스의 가치)를 높이는 활동을 포함한다. 파워프로세스를 기반으로 한 환경리드는 다른 사람으로 하여금 자신이 창출한 가치에 대해 긍정적인 정보를 효과적으로 지각하게 한다.

2. PASD 문제해결능력 진단이란?

PSAD(Prime Self-Actualization Diagnostics) 문제해결능력 진단은 개인의 자아실현능력 진단방법(특허 제101542200호)을 기반으로 개인의 문제해결능력을 진단하는 시스템으로서, 개인의 창의적 문제해결능력을 개발하고, 이것을 발현하기 위하여 다음의 프로세스를 포함한다.

① 문제해결능력의 내재적 동기유발 능력 진단

내재적 동기는 자신의 흥미에 따르고 역량을 연습하고, 이러한 과정에서 적정의 도전을 추구하고 숙달하려는 경향성이다. 정체성은 자신의 가치구현을 위해 스스로 동기를 유발한다. 개인의 정체성이 유발한 동기는 내재적 동기이다.

문제해결 5능력의 정체성이 클 경우 이들은 자신의 능력 발현을 위한 내재적 동기를 유발한다. PSAD 문제해결능력 진단은 개인의 문제해결 5능력의 정체성을 진단하고, 정체성 개발을 위한 학습방안을 제시한다.

② 문제해결의 행동유발 능력 진단

동기는 행동의 단서이므로 동기가 있다고 해서 반드시 행동이 유발되는 것은 아니다. 또한 정체성이 낮다고 하여 행동이 유발되지 않는 것은 아니다. 왜냐하면 행동은 동기와 태도의 상호작용에 의해서 유발되기 때문이다. 행동에 대한 태도가 부정적일 경우 동기가 있더라도 행동은 유발되지 않는다.

문제해결 5능력의 활성화는 이들의 정체성과 태도의 결합을 의미한다. 따라서 이들의 활성화 수준은 행동유발 능력을 의미한다. PSAD는 문제해결 5능력의 활성화 수준을 진단하고 문제해결을 위한 행동유발의 학습방안을 제시한다.

③ 문제해결의 행동몰입 능력 진단

몰입은 해당 일에 열정이 생기고, 아이디어가 지속적으로 나오고, 업무성과가 높아지고, 자신감이 넘치는 행동으로 나아간다. 그러나 활동성이 높다는 것이 해당 일에 몰입을 의미하는 것은 아니다. 예로써 우리가 책을 읽고 있다고 해서 책 읽기에 몰입하고 있는 것은 아니다.

문제해결 5능력의 영향력은 행동몰입에 관계한다. 따라서 이들의 영향력 수준은 행동몰입 능력을 의미한다. 문제해결 5능력의 영향력이 클수록 업무적 성과는 높아지고, 자신감이 넘친다. PSAD는 문제해결 5능력의 영향력을 진단하고 창의적 행동에 몰입을 위한 학습방안을 제시한다.

④ 파워의 비합리적 조건의 유발요인 진단

개인의 생각이나 행동이 파워의 비합리적 조건에 지배될 경우 개인의 문제해결능력은 발현되지 않는다. 파워의 비합리적 조건은 다음과 같다.

- 사람의 생각이나 행동이 합리적이지 않고 감정이나 군중심리와 같은 파행에 의존하거나
- 사람의 표출된 욕구와 내재된 욕구가 다르거나
- 사람들의 욕구가 다르면서 이들의 크기가 대등하거나
- 사람이 주체적으로 추진하고자 하는 에너지가 역기능적 힘에 의해서 무효화된 경우

문제해결 5능력의 행동포지션이 규범적 포지션에 접근할 경우 개인적 자아와 사회적 자아가 조화로운 방향으로 나아가는 행동성향을 보이며, 개인은 파워의 비합리적 조건으로부터 자유롭게 된다. 그러나 이들이 쏠림이나 양극화 포지션에 접근할 경우 개인은 파워의 비합리적 조건에 쉽게 지배되는 경향을 보인다.

PSAD 문제해결능력진단은 문제해결 5능력의 행동포지션을 도출하고 개인이 파워의 비합리적 조건에 지배되는 원인을 진단하고, 이것을 제거하기 위하여 개인적 자아와 사회적 자아의 조화로움을 위한 자기주도적 학습방안을 제시한다.

⑤ 문제해결능력 개발을 위한 학습

개인의 창의시스템의 개방에 따라 개인은 창의능력 개발 5단계 즉, 잠재적, 자기주도적, 완전기능, 문제해결 및 완전자아실현 능력단계로 나아간다. 창의능력 개발 5단계의 행동특성은 <그림 12-2>와 같다.

그림 12-2　창의능력 개발 5단계와 행동특성

잠재적 능력	자기주도적 능력	완전기능 능력	문제해결 능력	완전자아실현 능력
• 창의시스템의 비활성화 • 선천적 재능이 발현되지 않음 • 타인의 생각이나 가치에 지배됨	• 자아실현 자유의지 형성 • 창의성 및 자아실현 경향성의 활성화 • 자기주도적 행동 • 성취행동의 발현	• 자아실현 자유의지 성장 • 완전기능행동 • 정서지능개발 • 선천적 및 후천적 재능개발 • 개인적 자아실현 • 행동의 가치화 발현	• 문제해결능력 활성화 • 행동의 가치화 학습 • 사회적 지능 • 사회적 자아실현 • 후천적 창의성 개발	• 자아실현 자유의지 성숙 • 개인적 및 사회적 자아실현 • 완전정서지능 개발 • 기업가적 마인드 형성 • 선천적 및 후천적 창의성 개발

<그림 12-2>에서와 같이 문제해결능력 단계는 완전기능능력 단계와 완전자아실현 능력단계에 위치한다. 개인이 창의능력 개발 5단계의 특정 단계에 진입한다는 것은 개인이 진입하고자 하는 단계의 행동특성의 학습을 의미한다. 개인이 문제해결능력 단계에 진입을 위해서는 문재해결 5능력의 학습에 의존한다. PSAD 문제해결능력 진단은 문제해결 5능력 중에 어느 것의 학습이 부족한 것인가를 파악하고, 문제해결능력 단계로 진입을 위한 학습방안을 제시한다.

3. 문제해결능력 진단 결과

① 문제해결 5능력의 정체성 지수
- 정체성은 개인에게 동일성과 연속성의 느낌을 가지게 하고 의식하지 않을지라도 개인의 삶의 질에 관계한다. 정체성은 개인으로 하여금 자신의 본질을 깨닫게 하고, 구현하기 위한 내재적 동기를 만들어 내고 주도적 역할을 한다.

- PSAD는 문제해결 5능력의 정체성 지수가 0.35보다 클 경우 이들은 자신의 가치구현을 위한 동기를 만들어 내고, 이것의 구현을 위해 주도적 역할을 한다고 진단한다. 정체성 지수0.35를 표준 정체성 지수라고 한다.

<표 12-3>은 귀하의 문제해결 5능력의 정체성 지수이다.

표 12-6 문제해결 5능력의 정체성 지수

문제해결 5능력	정체성 지수
자기조직화 능력	0.30
동기부여 능력	0.37
가치창출 능력	0.26
관계관리 능력	0.45
환경리드 능력	0.36

- 귀하는 <표 12-6>로부터 자아실현 문제해결 5능력 중에 어느 것의 정체성이 확립되어 자신의 가치 구현을 위해 스스로 동기를 유발하고 있는가를 진단해 보세요.

② 문제해결 5능력의 활성화 지수
- 정체성이 확립된 자아실현 자유의지 3요소는 자신의 가치구현을 위해 스스로 동기를 만들고 행동을 유발하고자 한다. 그러나 이들에 대한 태도가 부정적일 경우 동기가 형성되더라도 행동이 유발되지 않는다.
- 문제해결 5능력의 활성화는 이들에 대한 태도와 동기의 상호작용에 의존한다(문제해결 5능력의 활성화 = 문제해결 5능력 * 이들에 대한 태도).
- PSAD는 문제해결 5능력의 활성화 지수가 33.4보다 클 경우 이들은 행동을 유발한다고 진단한다.

<표 12-7>는 귀하의 문제해결 5능력의 활성화 지수이다.

표 12-7 문제해결 5능력의 활성화 지수

문제해결 5능력	활성화 지수
자기조직화 능력	29.30
동기부여 능력	35.07
가치창출 능력	33.50
관계관리 능력	36.45
환경리드 능력	33.45

- 귀하는 <표 12-7> 자아실현 문제해결 5능력의 활성화 지수로부터 이들의 행동유발을 검토하고 이들에 대한 귀하의 태도를 평가하기 바랍니다. 예로써 문제해결 5능력의 정체성이 높은데도 불구하고 활성화가 낮을 경우 이에 대한 귀하의 태도는 부정적입니다. 문제해결 5능력에 대한 태도가 긍정적이고 정체성이 확립될수록 이들은 보다 활성화 됩니다.

③ 문제해결 5능력의 영향력 지수
- 몰입은 해당 일에 열정이 생기고, 아이디어가 지속적으로 나오고, 업무성과가 높아지고, 자신감이 넘치는 행동으로 나아간다.
- 영향력 지수가 15.36보다 클 경우 개인은 이들이 지향하는 행동에 몰입한다고 진단한다. <표 12-8>은 귀하의 문제해결 5능력의 영향력 지수이다.

<표 12-8>은 귀하의 문제해결 5능력의 정체성 지수이다.

표 12-8 문제해결 5능력의 영향력 지수

문제해결 5능력	영향력 지수
자기조직화 능력	8.79
동기부여 능력	12.98
가치창출 능력	8.71
관계관리 능력	16.40
환경리드 능력	12.04

- 귀하는 <표 12-8> 문제해결 5능력의 영향력 지수로부터 귀하는 어떤 행동에 몰입하고 있는 가를 스스로 진단해 보세요.

④ 파워의 비합리적 조건의 유발요인 진단 결과

문제해결 5능력의 행동포지션은 문제해결에 대한 태도, 개인적 및 사회적 자아의 행동성향과, 개인에게 작용하는 파워의 비합리적 조건의 원인을 알게 한다. PSA 문제해결 5능력진단은 문제해결 5능력 행동포지션을 (XX-YY-ZZ)로 나타낸다. 표준행동포지션은 (30-50-20)이다.

- 규범적 행동포지션은 표준행동포지션(30-50-20)에 접근하는 행동포지션이다. 규범적 행동포지션에 의한 행동특성의 빈도는 자신이 속한 인구통계학적 집단의 평균수준이며, 이러한 행동특성은 안정적으로 나타난다. 이러한 경우 개인적 자아와 사회적 자아는 조화로운 방향으로 나아가며 파워의 비합리적 조건으로부터 자유롭다.
- 쏠림 행동포지션은 자아실현 자유의지 행동포지션이 (XX)나 (ZZ) 중에 어느 하나로 치우친 포지션이다. 쏠림 행동포지션에 의한 행동특성은 자신이 속한 인구통계학적 집단보다 빈번하게 나타나지만 행동은 비탄력적이 되어

유연성이 결여될 수 있다. 쏠림 행동포지션은 개인의 행동이 개인적 자아나 사회적 자아 중에 어느 하나에 지배되는 행동성향을 보이며 파워의 비합리적 조건을 유발하는 원인이 된다.
- 양극화 행동포지션은 (YY)가 작고, (XX)와 (ZZ)가 모두 큰 포지션을 의미한다. 양극화 행동포지션에 접근할수록 개인행동은 양극화 되어 일관성의 결여로 신뢰성이 낮다. 양극화 행동포지션은 개인적 자아 및 사회적 자아가 불일치하거나 이들이 모두 형성되지 않은 때 흔히 나타난다. 자아실현 자유의지에 대한 양극화 행동포지션은 흔히 잠재된 학습의지를 형성하게 하며, 파워의 비합리적 조건에 쉽게 지배된다.
- 귀하의 문제해결 5능력 행동포지션은 (10.00-43.30-36.70)이므로 쏠림 행동포지션에 속합니다. 귀하가 규범적 행동포지션으로 나아가 파워의 비합리적 조건으로부터 자유롭기 위해서는 자기정화에 대한 학습이 요구됩니다.

4. 문제해결능력 개발을 위한 학습방안

개인이 문제해결능력 단계의 진입을 위해서는 공통 및 개인별 맞춤형 프로그램의 학습이 요청된다. 공통프로그램은 문제해결 5능력에 관계없이 문제해결능력 단계로 진입하고자 하는 사람들이 공통적으로 학습하는 프로그램을 의미한다. 맞춤형 학습프로그램은 개인의 문제해결 5능력에 따른 개인별 학습프로그램을 의미한다.

① 문제해결능력 개발 공통프로그램

PSAD는 문제해결능력 단계에 진입을 위한 공통학습프로그램을 <표 12-9>과 같이 제시한다.

표 12-9   문제해결능력 단계와 공동 학습프로그램

공통학습과목	학습내용	비 고
문제해결 능력 과정 공통 프로그램	• 창의시스템과 창의능력 • 파워프로세스와 행동의 가치화 • 행동의 가치화와 문제해결능력 • 창의능력 개발 5단계 의미와 역할 • 의지의 개념과 유형 • 문제해결 5능력과 가치화 5결정요소 • 행동포지션과 개인행동특성	• 자아실현 자유의지 수명주기 진단방법 학습 • 자기주도적 학습성과 측정방법 학습

② 개인별 맞춤형 학습 프로그램

개인이 문제해결능력 단계에 진입하기 위해서는 문제해결 5능력에 대해 자기주도적 학습이 요구된다. 자기주도적 학습은 학습에 대한 내재적 동기가 발현되고, 긍정적 학습태도가 형성되어, 학습에 몰입할 경우 학습효과는 높게 나타나며, 이러한 과정에서 선천적 또는 후천적 창의성이 개발된다.

문제해결 5능력의 정체성은 이들에 대한 학습의 내재적 동기에 관계한다. 문제해결 5능력의 활동성은 학습행동에 관계하며, 활성화 지수가 높을수록 학습에 대해 긍정적 태도를 보인다. 또한 문제해결 5능력의 영향력은 학습에 대한 몰입에 관계한다.

개인의 문제해결능력은 문제해결 5능력에 대한 학습 정도에 따라

다르다. 예로써 어떤 사람은 자기조직화 능력이 활성화 되고 있으나 다른 사람은 환경리드 능력이 보다 활성화 되어 있다.

따라서 문제해결능력 개발을 위한 학습자는 문제해결 5능력에 대한 자신의 학습 정도에 따라 학습우선순위나 학습 가중치에 차이가 있다.

문제해결능력 개발을 위한 학습자는 <표 12-6, 7, 8>로부터 문제해결 5능력 중에 이들의 정체성, 활성화 및 영향력 지수가 큰 것을 우선적으로 학습할 경우 학습에 대한 내재적 동기가 발현하고, 긍정적 태도와 함께 학습에 몰입하여 학습효과를 높인다.

<표 12-10>는 문제해결능력 단계에 진입을 위한 맞춤형 학습내용이다.

표 12-10 문제해결능력 단계진입과 맞춤형 학습

맞춤형 학습과목	학습내용	비 고
문제해결능력 맞춤형 학습 프로그램	• 파워의 5속성 • 문제해결 5능력 - 자기조직화 능력 - 동기부여 능력 - 가치창출 능력 - 관계관리 능력 - 환경리드 능력	• 파워의 창조, 보존, 귀속, 결합 및 지배속성 순으로 학습 • 문제해결 5능력 중에 정체성, 활성화 및 영향력 지수가 큰 것을 우선적으로 학습

[제4부]

후천적 창의능력은 어떻게 개발하는가?

후천적 창의성의 개발

후천적 창의성은 학습에 의해서 획득된 창의성으로서 그 기능이나 역할은 선천적 창의성과 같다. 근원적 후천적 창의능력은 경쟁과 협력의 상황이나 가치의 조건에서 긍정적 존중의 욕구를 충족하기 위한 과정에서 지배적으로 작용한 파워속성이 학습될 경우 형성된다. 또한 파워프로세스를 기반으로 가치의 조건에 부응하는 행동을 도모할 경우 근원적 5창의능력을 획득한다.

13.1 파워속성의 학습과 후천적 창의성 개발

지적한 바와 같이 파워의 5속성은 본질적으로 창의능력을 가지고 있다. 후천적 창의성은 학습에 의해서 형성된 창의성이다. 파워속성이 학습될 경우 이들은 개인의 생각이나 행동을 거의 영구적으로 지배할 뿐만 아니라 후천적 창의성을 형성한다.

지적한 바와 같이 조건적 긍정적 존중이 부여하는 가치는 개인에게 가치의 조건을 형성하게 한다. 가치의 조건은 다른 사람의 평가기준이 자신의 준거의 틀이 되는 것을 의미한다. 이러한 가치의 조건의 형성은 사람들이 가지고 있는 긍정적 존중의 욕구(needs for positive regard)에 기인한다. Rogers(1961)는 긍정적 존중의 욕구에 대하여 다음과 같이 제안하고 있다.

> "사람들은 긍정적 존중에 대해 강한 욕구를 가지고 있다. 우리는 다른 사람의 욕구를 만족시킬 경우 자신의 긍정적 존중의 욕구가 만족되는 것을 경험한다. 예로써 다른 사람을 공격하는 것은 나쁘다고 생각한다. 그러나 나에게 중요한 사람이 이러한 행동에 대해 긍정적 가치를 부여할 경우 우리는 진실된 자신의 느낌에 대한 타당성을 무시하고, 그들로부터 찬성을 얻기 위한 수단으로서 그들의 기대치의 관점에서 행동을 한다. 이러한 경험은 사람들로 하여금 자신의 내면의 가치기준보다 다른 사람들로부터 긍정적 존중의 욕구로 끌려들어가게 한다."

긍정적 존중의 욕구는 사람들로 하여금 자신의 내면의 가치기준에 귀를 기울이기보다 다른 사람의 가치나 견해에 더 많은 관심을 가지게 한다. 이러한 경우 우리의 가치와 존중은 우리자신의 내적인 기준보다 우리에게 부가된 다른 사람의 의견, 판단 및 가치를 기반으로 평가 된다. 우리들은 다른 사람이 우리를 보는 방법으로 우리자신을 바라보게 된다(Perkins, 2009). 즉, 가치의 조건은 개인의 내면의 가치나 느낌이 아니라 다른 사람의 생각이나 관점에서 행동이 이루어지게 한다.

학습은 학습의 결과가 학습자에게 유리하거나 이익이 될 경우 일어난다. 사람들이 가치의 조건에 지배 될 경우 이들은 자신의 긍정적 존중의 욕구를 만족하기 위하여 이것에 부응하는 행동을 지속적으로 추구한다. 개인의 이러한 행동은 학습되어 행동의 영구적인 변화를 유발하며, 학습된 행동은 개인의 후천적 재능이나 능력이 된다. 또한 가치의 조건이 지향하는 가치는 우리의 사회적 자아를 형성한다.

지적한 바와 같이 파워의 5속성은 본질적으로 창의능력을 가지고 있다. 후천적 창의성은 학습에 의해서 형성된 창의성이다. 가치의 조건에 의한 긍정적 존중의 욕구만족을 위한 행동에서 지배적으로 작용한 파워속성이 학습될 경우 이러한 속성은 개인의 생각이나 행동을 거의 영구적으로 지배하며, 후천적 창의성을 형성한다. 후천적 재능이나 능력 및 후천적 창의성은 이러한 과정에서 지배적으로 작용한 파워속성에 내재한다.

예로써 가치의 조건에 의한 긍정적 존중의 욕구충족을 위한 행동에서 파워의 창조속성이 지배적으로 작용하고, 이러한 행동이 학습될 경우 개인의 파워의 창조속성은 독창적 창의성을 만들어 낸다. 또한 이러한 독창적 창의성은 파워의 창조속성에 내재한다. 긍정적 존중의 욕구충족을 위한 행동에서 파워의 결합속성이 지배적으로 작용하고 이러한 행동이 학습될 경우 공감적 창의성이 형성되어 파워의 결합속성에 내재한다.

후천적 창의성의 유형은 긍정적 존중의 욕구충족을 위한 행동에서 지배적으로 작용한 파워속성의 유형에 의존한다. 또한 긍정적 존중의 욕구충족을 위한 행동유형은 가치의 조건에 기인한다. 따라서 후천적 창의성의 유형은 가치의 조건에 의존한다. 예로써 가치의 조건이 리더십을 요구할 경우 파워의 지배속성이 우선적으로 작용한다. 가치의 조건이 서로간의 욕구충족의 상황을 요구할 경우 파워의 결합속성이 우선적으로 작용한다. 따라서 특정의 후천적 창의성 획득을 위해서는 이러한 창의성에 관련된 파워속성의 특성에 적합한 가치의 조건을 만들어 내어야 한다.

긍정적 존중의 욕구, 가치의 조건 및 파워 5속성을 후천적 창의능력 3요소라고 한다. <그림 13-1>은 후천적 창의능력 3요소의 상호작용을 나타내고 있다.

그림 13-1 후천적 창의능력 3요소

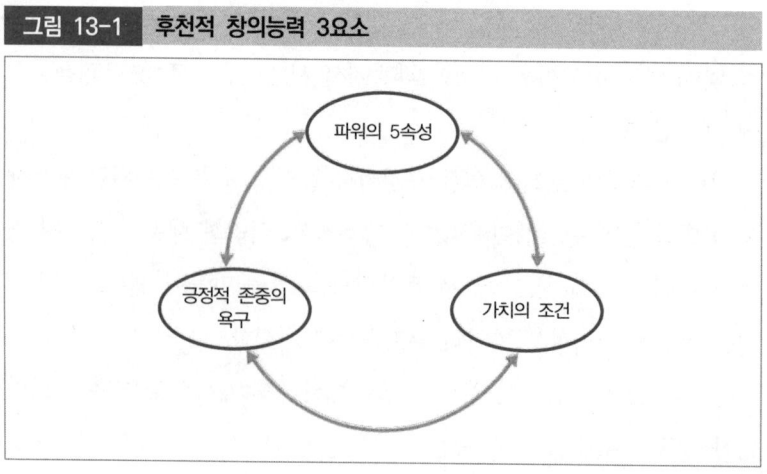

<그림 13-1>에서 후천적 창의능력 3요소는 개인의 후천적 창조능력 형성에서 고유한 역할을 한다. 긍정적 존중의 욕구는 조건적 긍정적 존중이 부여하는 가치 즉, 가치의 조건에 부응하는 행동을 유발한다. 따라서 긍정적 존중의 욕구는 가치의 조건에 부응하는 행동을 위한 동기를 유발한다. 가치의 조건은 자신에 부응하는 행동 즉, 긍정적 존중의 욕구충족을 위한 행동에 작용하는 파워 5속성의 작용패턴을 결정한

다. 파워 5속성은 긍정적 존중의 욕구충족을 위한 행동을 지배할 뿐만 아니라 후천적 창의성을 창출한다. 가치의 조건과 후천적 창의성은 파워 5속성에 내재한다.

<그림 13-2>는 조건적 긍정적 존중에서 후천적 창의능력 3요소의 상호작용과 학습에 의하여 개인의 후천적 창의성이 형성되는 일련의 과정을 보이고 있다.

그림 13-2 후천적 창의성의 형성과정

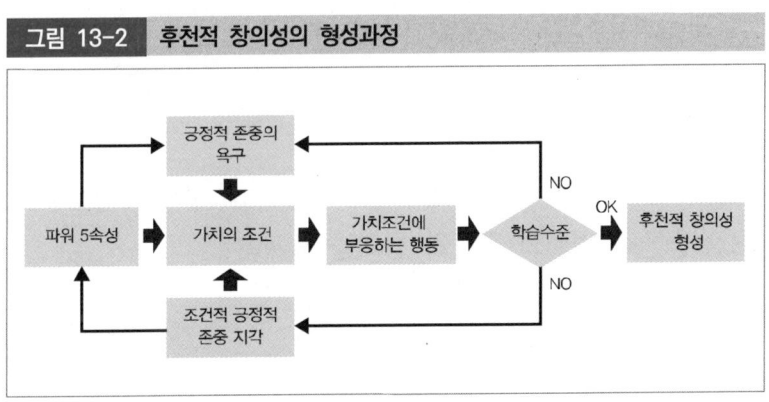

<그림 13-2>와 같이 개인이 조건적 긍정적 조건을 만나면 그의 행동은 가치의 조건에 지배된다. 이러한 경우 개인은 긍정적 존중의 욕구를 만족하고자 가치의 조건에 부응하기 위한 방법이나 수단을 만들어 낸다. 긍정적 존중의 욕구를 만족하기 위한 이러한 프로세스가 학습될 경우 이러한 프로세스는 개인의 후천적 재능을 만들어 내고, 이러한 과정에서 지배적으로 작용한 파워속성은 후천적 창의성을 형성한다.

후천적 창의성이나 재능은 가치의 조건에 부응하는 행동의 학습으로 형성되지만 이들의 발현은 가치의 조건과는 독립적이다. 후천적 창의성은 자아실현 경향성의 개방조건에서 우선적으로 활성화되며, 자신이 내재한 파워속성을 중심으로 다른 파워속성을 결합하여 이들을 능률적이거나 동시다발 적으로 작용하게 하고, 후천적 재능과 결합하여 완전기능행동을 유발한다. 뿐만 아니라 후천적 창의성은 개인적 및 사회적 자아와 상호작용을 통해 자아실현 자유의지를 형성한다. 따라서 선천적 창의성과 후천적 창의성의 역할은 동일하다.

13.2 경쟁과 협력의 질서와 창의능력 개발

1. 경쟁과 협력과 창의능력 개발

경쟁은 사람들 간의 맞겨룸이며, 둘 또는 그 이상의 사람들 모두가 얻을 수 없는 어떤 것을 얻기 위한 노력을 할 때 일어난다. 경쟁은 적어도 인간의 역사와 동일한 나이를 가지고 있다(Eatwell 등, 1987). 경쟁은 시행착오의 진화적, 창의적 프로세스이며 이러한 과정에서 지식이 획득되고, 다른 사람에게 전달된다. 경쟁은 발견적 절차의 역할을 한다(Hayek, 1978). 따라서 경쟁은 본질적으로 창의적 프로세스를 포함하고 있다.

협력은 개별적 노력이 체계적으로 결합되어 집합적 목적을 이루는 것이다(Kreitner 등, 2004). 역사에서 볼 때 많은 창의적 성과가 협력을 통해 이루어지고 있다. 서로 다른 생각, 지식 및 통찰력이 새로운 방식으로 결합할 때 창의적 성과가 일어난다. 사람들 간에 협력의 기회가 늘어날수록 혁신과 창의적 프로세스는 유발된다. 왜냐하면 지적한 바와 같이 창의적 프로세스는 분리되어 있는 것들의 새로운 결합이기 때문이다.

지적한 바와 같이 생명력은 창의성에 의해서 발현하며, 스스로 변화하여 다른 것에 영향을 미친다. 경쟁과 협력은 창의적 프로세스를 포함하므로 사람들 간에 경쟁과 협력은 이들로 하여금 자발적이거나 자율적으로 가치의 조건에 부응하는 행동을 유발하게 한다. 지적한 바와 같이 후천적 창의성은 가치의 조건에 부응하기 위한 행동에서 지배적으로 작용하는 파워속성이 학습될 경우 획득된다. 따라서 가치의 조건이 경쟁과 협력의 질서를 포함할 경우 사람들은 스스로 이러한 가치의 조건에 부응하는 행동을 유발하여 후천적 창의성을 획득한다.

예로써 오늘 날 대부분의 국가는 올림픽에서 우수한 성적을 낸 선수에게 명예와 함께 경제적 및 사회적 대우를 제공한다. 선수들에게 제공하는 명예와 대우는 이들에게 조건적 긍정적 존중으로 작용한다. 이러한 조건적 긍정적 존중은 선수들에게 긍정적 존중의 욕구를 유발하고, 선수들은 올림픽 정신과 경기규칙을 준수하면서 최선의 성적을 내고자 노력한다. 올림픽 정신과 경기규칙은 선수들에게 가치의 조건으로 작용한다.

올림픽 정신은 선수들간의 공정한 경쟁과 협력의 질서(fair play)를 포함한다. 이러한 경쟁과 협력의 질서는 올림픽 선수들로 하여금 스스로 즉, 자율적이거나 자발적으로 경쟁과 협력을 통해 경기능력향상을 도모하게 하고, 이러한 과정에서 지배적으로 작용하는 파워속성이 학습될 경우 후천적 창의성이 형성된다. 올림픽에서 경기기록의 지속적인 갱신은 올림픽 정신이 만들어 낸 후천적 창의성에 크게 기인한다.

즐겁거나 흥미를 유발하는 놀이를 통해서도 후천적 창의성은 개발된다. 놀이의 본질은 가볍게 즐기는 것이다. 사람은 즐겁지 않으면 그 순간 놀이를 멈춘다. 놀이는 자발적이지만 누구나 복종해야 하는 정해진 법칙이나 규칙에 따라 이루어진다. 놀이의 규칙이나 법칙은 놀이에 참가하는 사람들에게는 가치의 조건으로 작용한다.

놀이의 규칙이나 법칙이 제멋대로이거나 바보스러워도 그 안에는 경쟁과 협력의 질서가 있다. 놀이의 규칙이나 법칙에 포함된 경쟁과 협력의 질서는 가치의 조건이 되어 놀이에 참가하는 사람들로 하여금 스스로 놀이를 즐기게 한다. 또한 이러한 과정에서 지배적으로 작용하는 파워속성이 학습될 경우 후천적 창의성이 형성된다. 따라서 후천적 창의성을 자율적이거나 자발적으로 획득하기 위해서는 가치의 조건이 경쟁과 협력의 질서를 포함하는 것이 바람직하다.

지금까지 지적한 바와 같이 사람들 간의 경쟁과 협력의 질서는 창의적 프로세스를 발현하므로 후천적 창의성을 개발하기 위해서는 사회구성원들 간에 경쟁과 협력의 질서구축이 요청된다. 실제로 이러한 경쟁과 협력의 질서는 인간행동의 고유하면서도 본질적 특성이다. 왜냐하면 지적한 바와 같이 사람의 행동은 파워 5속성 중에 적어도 하나 이상에 지배되며, 이러한 속성들은 본질적으로 경쟁과 협력의 관계에 있기 때문이다.

사람들에게 파워 5속성이 능률적이거나 동시다발적으로 작용할수록 이들 간에 경쟁과 협력은 보다 촉진된다. 또한 파워의 5속성은 그 특성에 따라 고유한 창의능력을 가지고 있으므로 파워속성의 이러한 작용은 창의적 프로세스를 통해 사람들로 하여금 완전기능행동으로 나아가게 하며, 개인적 자아와 사회적 자아를 실현하고 완전자아실현을 성취하게 한다. 따라서 우리가 창의성을 개발하여 완전자아실현의 성취를 위해서는 사회구성원들 간에 경쟁과 협력의 질서는 필수적 요소이다.

2. 자기정화와 경쟁과 협력의 질서

지적한 바와 같이 우리가 파워의 비합리적 조건에 지배되지 않을 경우 파워 5속성은 능률적이거나 동시다발적으로 작용하고 경쟁과 협력이 발현한다. 파워의 비합리적 조건은 개인적 요인과 사회적 요인에 의해서 발생한다. 자기정화는 우리에게 작용하는 파워의 비합리적 조건을 제거하는 프로세스이다. 이러한 자기정화는 개인의 자기정화와 사회의 자기정화로 구분한다.

① 개인의 자기정화와 창의능력 개발

개인의 자기정화는 파워의 비합리적 조건을 유발하는 개인적 요인을 제거하는 프로세스에 관계한다. 지적한 바와 같이 파워의 비합리적 조건을 유발하는 개인적 요인은 가치의 조건에 지배되거나, 개인의 개인적 및 사회적 자아가 조화로운 관계에 있지 않거나, 이들의 정체성이 미약할 경우에 관계한다.

개인이 자신에게 작용하는 파워의 비합리적 조건을 제거하는 기능 즉, 자기정화 방법은 무조건적 긍정적 존중의 체험, 자기주도적 체험관광, 성취행동의 추구 및 행동의 가치화와 같이 다양하지만 여기서는 파워프로세스에 의한 행동의 가치화에 의한 자기정화에 대해서 알아보기로 한다.

지적한 바와 같이 행동의 가치화는 환경이 선택하는 기준을 만들어 내고 이것을 환경이 적용하는 상황을 만들어 내어 목적을 달성하는 프로세스이다. 따라서 행동의 가치화는 조건적 긍정적 존중에서 가치의 조건을 충족하기 위한 프로세스에 관계한다.

파워프로세스는 행동의 가치화를 도모하는 프로세스이다. 개인이 파워프로세스를 학습할 경우 개인은 행동의 가치화를 통해 조건적 긍정적 존중에 따른 가치의 조건을 만족하는 방법이나 수단을 만들어낸다. 이러한 과정에서 가치의 조건은 긍정적인 사회적 자아의 성장을 도모하게 하고 조건적 긍정적 존중의 상황에 적응할 수 있는 능력이 개발된다.

지적한 바와 같이 자아의 고유성, 동일성, 통합성 및 주체성은 개인의 자기정화를 도모한다. 행동의 가치화를 기반으로 한 개인의 사회적 자아의 성장은 개인행동의 고유성, 동일성, 통합성 및 주체성을 강화하고, 긍정적 사회적 자아의 성장을 도모하게 한다. 또한 파워프로세스는 개인행동에서 성취행동을 발현한다. 따라서 개인이 파워프로세스를 학습할 경우 개인의 사회적 자아는 성장하고 자기정화가 유발되어 창의 능력이 개발된다.

② 사회의 자기정화와 창의능력 개발

사회의 자기정화는 파워의 비합리적 조건을 유발하는 사회적 요인을 제거하는 프로세스이다. 파워의 비합리적 조건을 유발하는 사회적 요인은 사회구성원의 생각이나 행동에 영향을 미치는 사회적 파워에 관계하며, 비가시적, 가시적 및 경제적 파워로 구성된다.

사회의 비가시적 파워는 도덕, 윤리, 전통 및 문화와 같은 무형적 자원을 기반으로 한 파워이며, 사회의 자발적 질서를 형성한다. 가시적 파워는 제도나 법률과 같은 유형적 자원을 기반으로 한 파워이며, 사회의 의도적인 질서를 형성한다. 또한 경제적 파워는 기술, 재화와 같은 경제적 자원을 기반으로 한 파워이다(이경환, 2001).

<그림 13-3>은 사회구성원의 행동과 사회적 파워를 나타내고 있다.

그림 13-3 사회구성원의 행동과 사회적 파워

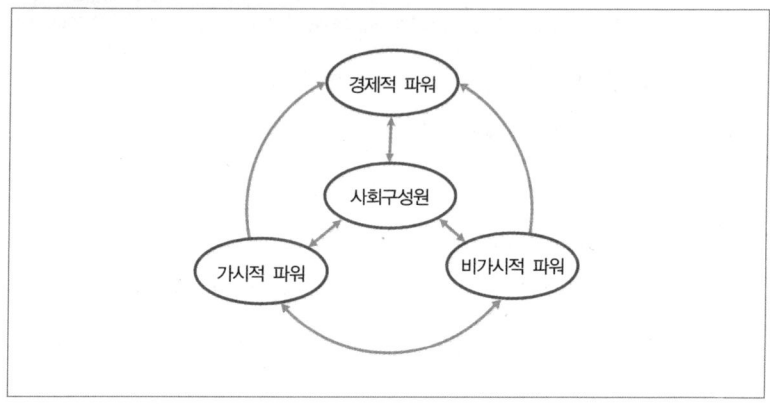

<그림 13-3>에서 사회적 파워는 사회구성원으로 하여금 목적지향적 행동을 유발하므로 이들에게 조건적 긍정적 조건으로 작용하여 이들의 생각이나 행동을 지배한다. 따라서 사회적 파워가 사회구성원들에게 파워의 비합리적 조건을 유발할 경우 이들 간에는 경쟁과 협력의 질서가 발현되지 않는다. 이러한 경우 사회구성원들의 창의능력 개발은 저하된다. 왜냐하면 지적한 바와 같이 창의성의 개발을 위해서는 사회구성원들 간에 경쟁과 협력의 질서는 필수적 요소이기 때문이다.

　PSAD는 사회구성원들 중에 30% 이상이 자신이 속한 사회로부터 성취행동의 사회적 학습으로 성취사회행동이 발현되지 않을 경우 이들이 속한 사회는 파워의 비합리적 조건에 지배되어 경쟁과 협력의 질서가 미흡한 것으로 진단한다. 왜냐하면 지적한 바와 같이 성취사회행동은 개인으로 하여금 완전기능의 외재적 동기를 유발하기 때문이다. 따라서 사회구성원들이 창의성을 개발하기 위해서는 사회의 자기정화를 통해 사회적 파워에 작용하는 파워의 비합리적 조건을 지속적으로 제거하는 것이 바람직하다.

　사회적 파워는 감사제도나 사법제도와 같은 다양한 사회의 자기정화 기능을 가지고 있다. 그러나 보다 바람직한 사회의 정화기능은 사회의 비가시적 파워에 의존하는 것이 바람직하다. 왜냐하면 비가시적 파워는 자발적으로 사회의 정화기능을 발현할 뿐만 아니라 사회의 가시적 및 경제적 파워에 비하여 영향력이 보다 강하고 오래 지속되기 때문이다.

　<그림 13-3>에서 사회구성원과 사회적 파워는 독립적으로 작용하는 것이 아니라 상호작용을 통해 행동을 결정한다. 사회구성원은 활동을

통해서 상호적으로 행동에 영향을 미치는 사회적 파워를 창출한다. 따라서 우리가 경쟁과 협력의 질서를 통해 창의능력을 개발하기 위해서는 개인의 자기정화와 함께 사회의 비가시적 파워에 의존한 사회의 자기정화를 도모하는 것이 바람직하다.

13.3 근원적 후천적 창의능력 개발

지적한 바와 같이 파워의 5속성은 창조, 보존, 결합, 지배 및 귀속속성으로 구성되며, 이들은 각각 독창적, 차별적, 공감적, 리더적 및 적응적 창의능력에 관계한다. 또한 이들은 주어진 상황에서 인간의 생존이나 목적 달성을 위해 가장 합리적인 패턴으로 작용한다. 따라서 우리가 후천적 창의성 훈련이나 학습에서 특정의 파워속성이 우선적으로 작용할 수 있는 상황을 만들어 낼 경우 이러한 상황은 가치의 조건으로 작용하고, 이러한 과정에서 우리는 이 속성에 관련된 후천적 창의성을 개발할 수 있다.

① 후천적 독창적 창의능력 개발

지적한 바와 같이 독창적 창의능력은 파워의 창조속성에 관계한다. 또한 파워의 창조속성은 독창적인 것, 새로운 것, 창안, 진기함과 상상력을 추구하는 능력에 관계하므로 개인의 창조속성은 독창적 사고(original thinking)를 유발한다. 독창적 사고는 사물의 근원이나 본질을 찾고, 진리를 탐구하며, 발상의 전환을 유발하여 다른 것을 모방함이 없이 새로운 것을 만들어 내는 능력에 관계한다.

우리가 후천적 창의성 훈련이나 학습에서 독창적 사고를 유발하는 기법(예: 발상전환 기법, 연상 자극기법, 역 발상기법, 정보조합 기법 등)을 적용할 경우 이러한 과정에는 파워의 창조속성이 우선적으로 작용하고, 이 속성이 학습될 경우 우리는 후천적으로 독창적 창의능력을 획득한다.

② 후천적 차별적 창의능력 개발

지적한 바와 같이 차별적 창의능력은 파워의 보존속성에 관계한다. 파워의 보존속성은 고유한 가치나 정체성을 만들어 내고, 이것을 계승하고 전통을 확립하고 역사성을 만들어 내므로 파워의 보존속성은 정체성 지향적 사고(identity-oriented thinking)를 유발한다. 정체성 지향적 사고는 자신의 고유한 가치를 찾아 전문성을 증진하고, 자신을 다른 사람과 분리된 존재로서 자각하며, 자기 일관성과 전체감(feeling of wholeness)을 만들어 내는 능력에 관계한다.

우리가 후천적 창의성 훈련이나 학습에서 정체성 지향적 사고를 유발하는 기법(예: 정체성 지각훈련, 전통문화 체험학습, 역사체험학습 등)을 적용할 경우 이러한 과정에는 파워의 보존속성이 우선적으로 작용하고, 이 속성이 학습될 경우 우리는 후천적으로 차별적 창의능력을 획득한다.

③ 후천적 공감적 창의능력 개발

지적한 바와 같이 공감적 창의능력은 파워의 결합속성에 관계한다. 파워의 결합속성은 사람들 간에 사람들의 공감대를 형성하고 결합을 만들어 내는 능력에 관계하므로 파워의 결합속성은 공감적 사고(empathetic thinking)를 유발한다. 공감적 사고는 상대방이 보내는 메시지를 경청하고 집중해서 듣는 행동과 함께 그들의 경험과 관점을 진실로 이해하고 수용하려는 능력에 관계한다.

우리가 후천적 창의성 훈련이나 학습에서 공감적 사고를 유발하는 기법(예: 팀워크 훈련, 정서지능 개발훈련, 단체경기 등)을 적용할 경우 이러한 과정에는 파워의 결합속성이 우선적으로 작용하고, 이 속성이 학습될 경우 우리는 후천적으로 공감적 창의능력을 획득한다. 공감적 창의능력은 집단으로 하여금 팀으로 성장하게 한다. 또한 공감적 창의능력은 우리로 하여금 다른 사람의 지각의 세계 즉, 준거의 틀로 들어가게 한다.

④ 후천적 적응적 창의능력 개발

지적한 바와 같이 적응적 창의능력은 파워의 귀속속성에 관계한다. 파워의 귀속속성은 다른 사람에게 순종하거나 종속하는 능력에 관계하므로 파워의 귀속속성은 보다 큰 조직이나 힘에 귀속하기 위하여 발산적 사고(divergent thinking)를 유발한다. 발산적 사고는 문제 해결을 위해 정보를 광범위하게 탐색하고 상상력을 발휘하여 미리 정해지지 않은 다양한 해결책을 모색하는 것에 관계한다.

우리가 후천적 창의성 훈련이나 학습에서 발산적 사고를 유발하는 기법(예 : 브레인 스토밍, 브레인 라이팅, 고든기법 등)을 적용할 경우, 이러한 훈련이나 학습에는 파워의 귀속속성이 우선적으로 작용한다. 이러한 과정에서 파워의 귀속속성이 학습될 경우 우리는 후천적으로 적응적 창의능력을 획득한다. 적응적 창의능력은 환경에 적응하는 능력을 만들어 내고 자신의 존재의 의미를 알게 한다.

⑤ 후천적 리더적 창의능력 개발

지적한 바와 같이 리더적 창의능력은 파워의 지배속성에 관계한다. 파워의 지배속성은 사람으로 하여금 리더십을 이끌어 내고, 사람들의 욕구나 가치를 수렴하여 합의를 만들어 내게 한다. 따라서 파워의 지배속성은 사람들로 하여금 수렴적 사고(convergent thinking)를 유발한다. 수렴적 사고는 하나의 정확한 해답을 얻기 위해 영역을 좁혀가는 능력에 관계한다.

우리가 후천적 창의성 훈련이나 학습프로그램에서 수렴적 사고를 유발하는 기법(예 : 특성요인도, 유사도표, 역브레인스토밍, KJ기법 등)을 적용할 경우, 이러한 훈련이나 학습에는 파워의 지배속성이 우선적으로 작용한다. 이러한 과정에서 파워의 지배속성이 학습될 경우 우리는 후천적으로 리더적 창의능력을 획득한다.

<표 13-1>은 후천적 창의능력 유형과 학습방법을 보이고 있다.

표 13-1 후천적 창의능력 유형과 학습방법

창의능력 유형	학습내용	학습/훈련기법
독창적 창의능력	독창적 사고	• 발상전환기법 • 연상자극기법 • 역 발상기법 • 정보조합기법 등
차별적 창의능력	정체성 지향적 사고	• 정체성 지각훈련 • 전통문화 체험학습 • 역사 체험학습 등
공감적 창의능력	공감적 사고	• 팀워크 훈련 • 정서지능개발훈련 • 단체 스포츠 등
리더적 창의능력	수렴적 사고	• 특성요인도 • 유사도표 • 역브레인 스토밍 • KJ기법 등
적응적 창의능력	발산적 사고	• 브레인 스토밍 • 브레인 라이팅 • 고든기법 등

　지적한 바와 같이 후천적 창의성의 형성과정에서 가치의 조건이 경쟁과 협력의 질서를 포함하고 있을 경우 후천적 창의성의 획득은 보다 빨라진다. 따라서 앞에서 논의한 후천적 창의성 훈련이나 학습프로그램이 경쟁과 협력의 질서를 포함할 경우 이러한 프로그램에 참여하는 학습자의 후천적 창의능력은 보다 효과적으로 개발된다. 후천적 창의능력 개발 프로그램의 운영자는 학습에 참여하는 사람들 간에 경쟁과 협력의 질서를 만들어 내는 것이 요청된다.

13.4 파워프로세스와 후천적 창의능력 개발

역사에서 볼 때 사람은 새로운 것이나 새로운 가치를 만들어 자신의 삶을 변화시키고 있다. 예로써 인간은 지속적으로 새로운 제도, 기술, 지식 및 문화와 같은 새로운 가치를 만들어 사회를 변화시킬 뿐만 아니라, 자신의 삶의 질을 개선한다. 인간의 이러한 활동은 그의 창의성에 관계한다.

그러나 인간의 창의적 성과는 긍정적인 것이 아닐 수도 있다. 왜냐하면 모든 창조가 성공한 것은 아니기 때문이다. 예로써 오늘날에도 수많은 새로운 기술이나 제품이 만들어 지고 있으나 모두가 성공으로 이끈 것은 아니다. 어떤 기업은 새로운 제품의 판매가 부진하여 도산의 위험에 처하게 하기도 하고, 발명특허를 많이 가진 기업이 반드시 성공하는 것은 아니다.

지적한 바와 같이 파워프로세스는 행동의 가치화 프로세스이며, 긍정적인 창의적 프로세스이다. 뿐만 아니라 우리가 파워프로세스를 학습할 경우 우리의 내면에는 성취행동 4요소 즉, 행동의 합리성, 일관성, 긍정성 및 자율성이 발현한다. 성취행동은 파워 5속성을 능률적이거나 동시다발적으로 작용하게 한다. 따라서 우리가 <그림 12-2> 후천성 창의성 형성과정에서 파워프로세스를 기반으로 가치의 조건에 부응하는 행동을 도모할 경우 파워 5속성도 학습된다. 이러한 경우 우리는 긍정적인 근원적 5창의능력을 획득한다.

혁신은 새로운 결합의 성공이다(Schumpeter, 1972). 새로운 것을 만드는 것은 창조이며, 이러한 창조가 번영과 성장을 가져다 줄 때 혁신이다. 혁신은 성공한 창조를 의미한다. 개인의 창의적 행동이 가치화 될 때 긍정적인 창의적 프로세스를 만들어낸다. 행동의 가치화에 의한 창의적 프로세스는 혁신으로 이끌어간다. 혁신을 유발하는 창의성은 기업가 정신을 의미한다. 따라서 <그림 12-2> 후천성 창의성 형성과정에서 가치의 조건에 부응하는 행동이 파워프로세스를 기반으로 할 경우 기업가를 양성하는 프로세스가 된다.

지적한 바와 같이 파워프로세스에서 가치화 5결정요소는 행동의 가치화를 위하여 고유한 역할을 한다. 뿐만 아니라 이들은 경쟁과 협력의 관계에 있다. 예로써 욕구와 가치가 추구하는 것이 다를 때 이들은 경쟁을 한다. 가치화 5결정요소 중에 어느 하나의 변화는 요소에 영향을 미치어 새로운 가치를 만들어 낸다. 파워프로세스에서 이들 요소들 간의 원인과 결과를 구분하기가 어렵다. 가치화 결정요소는 서로에게 영향을 미친다. 그러므로 각각의 가치화 결정요소들은 가치화를 유발하는 고유한 운동능력을 가지고 있다(이경환, 2007).

예로써 시계의 바늘을 움직이는 힘이 태엽에서 건전지가 될 경우 즉, 파워요소를 태엽에서 건전지로 바꿀 경우 이는 전기시계가 된다. 전기시계는 시계에 대한 사용자의 욕구나 가치를 변화시킨다. 시계의 사용환경을 변화시켜도 창조가 일어난다. 예로써 휴대용 시계를 수중에서 사용할 수 있게 변화시키면 잠수부들이 사용할 수 있는 새로운 시계가 만들어 진다. 명품시계는 시계에 대해서 보석 수준의 가치를 부여한 것이다. 즉, 가치를 변화시키면 새로운 시계가 탄생한다.

지적한 바와 같이 학습된 창조성은 개인이 지각한 조건적 긍정적 존중과 무관하게 개인으로 하여금 창조적이면서 완전기능행동으로 나아가게 하고, 개인의 자아실현 경향성을 활성화한다. 따라서 파워프로세스에 의한 학습된 긍정적 창조성은 개인의 자아실현 경향성을 활성화한다. 또한 개인의 내면에 학습된 창조성이 형성될 때 개인은 완전기능으로 나아간다. 파워프로세스에 의한 학습된 긍정적 창조성은 조건적 긍정적 존중과 무관하게 창조적이면서 완전기능으로 나아가게 한다.

인간과 인간이 창조한 환경은 특정의 범위 내에서는 그들 자신의 운명의 주인이다. 사람들은 자신의 환경을 어느 정도까지는 변화 시킬 수 있을 뿐만 아니라 환경에 의해서 단순히 변화하지 않는다. 파워프로세스에 의한 행동의 가치화는 환경과 연합, 합병, 제휴 또는 순서적 배열과 같은 다양한 결합을 통해 자신의 목적을 달성하게 한다. 파워프로세스에 의한 환경과의 이러한 결합은 어느 범위 내에서 자신에게 우호적인 환경으로 변화시키는 과정을 포함한다. 따라서 파워프로세스에 의한 후천적 창의성의 획득은 변화하는 환경에 대응하는 중요한 수단을 제공한다.

지금까지 논의한 바와 같이 가치의 조건에 부응하기 위한 행동이나 파워프로세스에 의한 행동에서 작용한 파워속성이 학습될 경우 개인의 후천적 창의성이 형성된다. 이러한 학습은 일회적이거나 불규칙적인 행동에 의해서 유발되지 않는다. 우리가 후천적 창의성을 획득하기 위해서는 기본적으로 요구되는 절대적 임계량을 넘어서는 시간과 노력을 규칙적이고 지속적으로 투자해야 하며, 그 임계량은 개인적 및 환경적 요인에 따라 차이가 있다.

우리는 앞에서 한 분야에서 세계적인 전문가가 되기 위해서는 1만 시간의 연습이 필요하다고 하였다. 이것은 후천적 창의성을 획득하기 위해서 반드시 1만 시간이 요구된다는 것을 의미하는 것은 아니다. 후천적 창의성의 획득을 위해서는 노력과 인내가 요구된다는 것을 의미한다. 따라서 후천적 창의성의 획득을 위해서는 의미 있는 조건적 긍정적 존중을 통해 긍정적 존중의 욕구유발이나 파워프로세스를 기반으로 행동의 가치화를 위한 지속적인 동기부여가 요청된다.

교육은 다른 사람을 대상으로 어떤 것을 가르치는 것이다. 학교는 학생들을 대상으로 지식과 사회행동기준을 가르쳐서 공유화하고 동일한 문화와 윤리, 사회행동기준을 지지하려는 목적이 있다. 교육은 사람을 사회화시킨다. 교육은 어떤 지점이 되면 멈춘다. 예로써 사람들은 학교나 대학을 졸업하고 다시는 돌아가지 않는다.

그러나 학습은 스스로 관심과 동기를 갖고 관리한다는 의미에서 개인적이다. 학습은 자신이 유익하거나 이익이 있다고 생각할 때 유발된다. 즉, 학습은 우리가 원할 때 일어난다. 따라서 학습은 남이 가르쳐줄 때보다 행동의 변화가 훨씬 빠르다. 교육은 다른 사람에게 무엇을 가르치는 일이고 학습은 우리가 자신에게 하는 일이다. 후천적 창의성은 자신의 창의성을 개발하는 것이므로 후천적 창의성 개발은 학습에 의존한다.

행동의 가치화는 지적인 프로세스의 의식적인 자각에 기초한 판단이며, 이것에 의해 판단의 표준 즉, 가치가 형성되고, 평가를 요구하는 상황에 적용된다(Bush, 1994). 따라서 가치화 5결정요소에 대해 지적이며 의식적인 자각이 있을 때보다 효과적인 행동의 가치화가 이루어지며 우리는 긍정적인 후천적 창의성을 획득할 수 있다.

지적한 바와 같이 지식이 창의성을 촉진한다고 믿고 있으나 오히려 많은 지식은 자아실현 경향성의 개방을 방해한다. 따라서 지식이 창의성 발현에 도움을 주기 위해서는 개방적 사고와 다양한 경험을 통해 유통성을 보완하는 것이 요청 된다. 그러나 우리가 파워프로세스를 기반으로 후천적 창의성을 획득할 경우 우리의 지식은 창의성의 개방을 촉진한다.

참고문헌

김현자(2015), "관광자원해설과 현장체험 학습이 교육적 효과와 관광만족도에 미치는 영향 연구", 한양대학교 교육대학원 석사논문.
심재성(2013), "자아실현 조직행동과 조직성과에 관한 연구, 파워순환적 접근을 중심으로", 인하대학교 경영대학원 경영학 석사학위 청구논문.
안철용(2013), "지각된 자아와 실체적 자아가 성취도에 미치는 영향에 관한 연구: 파워순환적 접근을 중심으로", 인하대학교 경영대학원 경영학 석사학위 청구논문.
오형남(2013), "자아실현과 성취행동에 관한 연구: 파워순환적 접근을 중심으로", 인하대학교 경영대학원 경영학 석사학위 청구논문.
이경환(2001), 「국가생존전략, 파워순환적 접근을 중심으로」, 도서출판 두남.
이경환(2007), 「국가혁신전략, 파워순환적 접근을 중심으로」, 도서출판 두남.
이경환(2009), 「행동경영과 조직혁신, 파워순환적 접근을 중심으로」, 도서출판 두남.
이경환(2011), 「상생과 혁신경영, 파워순환적 접근을 중심으로」, 도서출판 신론사.
이경환(2013), 「자아실현과 자기경영, 파워순환적 접근을 중심으로」, 도서출판 범한.
이경환(2014), 「자아실현과 자기경영」, 도서출판 범한.
이경환(2015), 「창조성 개발과 자아실현」, 도서출판 범한.
이지영(2012), "자아실현 능력 진단에 관한 연구, 파워순환적 접근을 중심으로", 인하대학교 경영대학원 경영학 석사학위 청구논문.

Atkinson Rita L. and Richard C. Atkinson, Ernester R. Hilgard (1983), *Introduction to Psychology, 8th edition*, Court Brace Jovanovich Publishers.

Barron F. (1988), Putting Creativity to WORK, In R. J. Sternberg (Ed.), *The Nature of Creativity* (pp. 76-98), Cambridge, England: Cambridge University Press.

Bem D. J. (1972), *Self-Perception Theory*, In L. Berkowitz (Ed.) *Advance in Experimental Social Psychology* (Vol. 6, pp. 1-62), New York: Academic Press.

Berelson B. G. A. Steiner (1964), *Human Behavior*, N.Y.: Harcourt.

Bush Paul D. (1993), *The Methodology of Institutional Economics*; A Pragmatic Instrumentalist Perspective, In Marc R. Tool, ed., Institutional economics, Theory, Method, Policy, Klues Academic Publishers.

Ciccarelli Samdra K. J. Nolamd White (2009), *Psychology* 2nd ed., Prentice Hall.

Crider, A. (1983), *The Promise of Social Psychology Siology*, Social Psychophy Siology: A Source Book, 37-47.

Dewey John Logic (1939), *The Theory of Inquiry*, in Jo Ann Boydston, (ed.) The Later Works of John Dewey, Vol. 12: 1938(Carbondale: Southern Illinois University Press, 1986)

Erikson E. H. (1968), *Identity; Youth and Crisis*, New York: Norton & Co. Inc.

Frances A. and Michael B. F. (1998), *Am I Okay A Layman's Guide to the Psychiatrist's Bible*, A Touchstone Book Published by Simon & Schuster.

Hayek F. A. (1973), *Law, Legislation and Liberty; A New Statement of the Liberal*, Principles of Justice and Political Economy, Vol. 1,

Rules and Order, London, Chicago: The University of Chicago Press.

Knowels M. S. (1975), Self-direction in learning, New York: Association Press.

Kreitner Robert, Kinicki Angelo (2009), *Organizational Behavior*, Key Concepts, Skills & Best Practice (4th, ed.) McGraw-Hill.

Kuhn Thomas S. (1962), *The Structure of Scientific Revolutions*, Chicargo: University of Chicargo Press.

Lazarus R. S. and Lauer R. H. (1991), *Emotion and Adaptation*, Oxford University Press, USA.

Lefton Lester A., Linda Brannon (2006), *Psychology* 9th (ed.) Pearson.

Luthans Fred (1985), *Organizational Behavior*, McGraw-Hill Book Co.

Maslow A. H. (1965), *Motivation and Personality*, New York: Harper & Row Mason, Ohio: Thomson/South-Western.

Nairne James S. (2006), *Psychology* 4th (ed.) The Adaptive Mind Thomson.

Rogers C. R. (1961), *On Becoming a Person*: A Therapist's View of Psychotherapy Annual Review of Psychology, Boston: Hughton Mifflin 52.

Schumpeter J. A. (1934), *The Theory of Economic Development*, Harvard University of Press. Cambridge, MA., Harvard Economic Studies.

Scott W. Richard (1981), Organizations Rational, Natural and Open Systems, Practice-Hall Inc., Englewood Cliffs, New Jersey, 07632.

Simonton, D. K. (1997), Creative productivity: A predictive and explanatory model of career trajectories and landmarks, *Psychological Review*, 104, pp. 66-89.

Skinner B. F. (1953), Science and Human Behavior, New York; The Free Press.

Skinner B. F. (1971), Contingencies of Reinforcement. East Norwalk, CT: Appleton-Century-Crofts.

Steiner J. A., John B. Miner (1982), *Management Policy and Strategy*, Macmillan Publishing Co. Inc. New York.

Tomkins S. S. (1970), *Affect as the Primary Motivational System*, Feeling Sand Emotions, 101-110.

Torramce E. P. (1966), *Tests of Creative Thinking*, Lexington, MA: Personnel Press.

Weisberg R. W. (1999), Creative and Knowledge: A challenge to theories, In R. Sternberg (Ed.), *Handbook of creativity* (pp. 226-250), Cambridge University Press.

Weisberg R. W. (1999), Creativity: *Understanding innovation in problem solving, science, and the arts*, Hoboken, NJ: Wiley & Sons, Inc.

White H. (1929), *Press and Reality*, New York: Free Press.

색 인

(ㄱ)

가시적 파워 319
가치 35, 221
가치의 조건(condition of worth) 37
가치창출 능력 277
가치측정 프로세스(valuing process) 35
가치화 5결정요소 221
가치화 요소 222
감정 63
개인의 의지유형진단 166
개인의 자기정화 317
개인의 정체성 36
개인적 자아실현 38, 265, 268
개인적 자아(personal self) 36, 89
경쟁 314
경쟁과 협력의 질서 316
경제적 파워 319
경험 191
고객지향적 가치 83
공감적 사고(empathetic thinking) 323
공감적 재능 59
공감적 창의능력(sympathetic creativity) 55

공공적 자아 38
관계 222
관계관리 능력 69, 277, 278
규범적 완전기능 행동포지션 213
규범적 완전자아실현 행동포지션 261
규범적 행동포지션 154, 169
근원 29
근원적 정서지능 67
근원적 창의능력 54, 56, 140
근원적 후천적 창의능력 309
긍정적 가치 83
긍정적 존중의 욕구(needs for positive regard) 310
기능적 정서지능 70
기능적 창의능력 54, 56
기억 44, 61

(ㄴ)

내재적 동기(intrinsic motivation) 32, 149, 150
내재적 완전기능행동 213, 218
내적 요소 48, 49
논리적 재능 61
능력(ability) 57

(ㄷ)

대뇌 20
도전적 능력 68
독창적 사고(original thinking) 321
독창적 재능 59
독창적 창의능력(original creativity) 55
동기(motive) 29, 149, 50
동기부여 능력 277

(ㄹ)

리더적 재능 60
리더적 창의능력(leadership creativity) 55

(ㅁ)

마음 31
몸 31
무의식 109, 118
무조건적 긍정적 존중 88, 190
문제해결 능력단계 84
문제해결능력 294
문제해결능력 진단 265

(ㅂ)

발산적 사고(divergent thinking) 323
방어기제(defense mechanism) 91
부적응 91

불완전 행동 213, 218
비가시적 파워 319
비조직적 성향의 행동 110, 111

(ㅅ)

사람의 뇌 18
사용자 프로그램 19
사회의 수직적 분화 46
사회의 수직적 질서 46
사회의 수평적 분화 45
사회의 수평적 질서 45
사회의 자기정화 319
사회적 가치측정 프로세스 38
사회적 관리능력 69
사회적 자아(social self) 36, 37, 90
사회적 자아실현 38, 265, 267
사회적 파워 320
사회적 학습(social learning) 99, 225
사회행동의 합리성 100
상호적 자아(mutual self) 78
생명력(living power) 17, 29
생존본능 24
선천적 창의성 16, 23
성취사회행동 100
성취사회행동 4요소 100
성취지향적 자유의지 168, 173, 189
성취행동 80
성취행동 4요소 80

소뇌　20
수렴적 사고(convergent thinking)　324
시스템 프로그램　19
실제적 자아　38, 90
심리적 부적응　91
쏠림 완전기능 행동포지션　214
쏠림 완전자아실현 행동포지션　262
쏠림 행동포지션　155, 169

(ㅇ)
양극화 완전기능 행동포지션　215
양극화 완전자아실현 행동포지션　263
양극화 행동포지션　156, 170
양심　93
영향력　152
영향력 조건　116
영향력 지수　152
예능적 재능　61
완전기능 능력단계　79
완전기능능력 3각 모형　101
완전기능능력 3요소　101, 209
완전기능능력 3요소의 영향력 조건　211
완전기능능력 3요소의 정체성 조건　210
완전기능능력 3요소의 활성화 조건　210
완전기능능력 개발의 개인별 학습 프로그램　230
완전기능능력 개발의 공통프로그램　228
완전기능능력 개발의 맞춤형 조직학습 프로그램　232
완전기능능력 그리드　211
완전기능능력 단계　81
완전기능정서　70, 160
완전기능행동　212, 217
완전기능행동 특성　100
완전기능행동의 내재적 동기　99
완전기능행동의 외재적 동기　100
완전자아실현　38, 79, 80, 84, 265, 267
완전자아실현 능력단계　84
완전자아실현능력 3요소　103
완전자아실현능력 개발의 개인별 맞춤형 학습프로그램　281
완전자아실현능력 개발의 공통프로그램　279
완전자아실현능력의 자생능력 진단　259
완전자아실현의 인성　38
외재적 동기(extrinsic motive)　149
외재적 완전기능행동　212, 217
욕구　105, 221
우뇌　20
유기체적 가치측정 프로세스　37
의식　118

의지(will) 77, 105, 172
의지유형을 진단 163
의지진단 그리드 166
이상적 자아(ideal self) 37
인성 36
인지(cognition) 17, 44, 48
인지부조화 121
일관성에 대한 욕구 120

(ㅈ)

자기관리 능력 68
자기정화 87, 93, 317
자기조직화 능력 277
자기주도적 능력 3요소 97
자기주도적 능력 3요소의 영향력 조건 165
자기주도적 능력 3요소의 정체성 조건 164
자기주도적 능력 3요소의 활성화 조건 164
자기주도적 능력 개발의 개인별 맞춤형 학습 프로그램 184
자기주도적 능력 개발의 공통프로그램 181
자기주도적 능력 삼각모형 98
자기주도적 능력개발의 학습효과 194
자기주도적 능력단계 79
자기주도적 체험관광 192

자기주도적 학습 136, 141
자기주도적 학습성과의 평가기준 185
자기주도적 학습의 성과 측정 방안 185
자기주도적 학습효과 157
자기주도적 행동 79
자기주도적 행동특성 97
자기지각 효과 120
자기지각(self-perception) 119
자아 고유성 78
자아 통합성 78
자아(self) 36
자아실현 경향성 15, 32
자아실현 경향성의 개방조건 34, 61
자아실현 능력 개발 5단계 76
자아실현 자유의지 79, 168, 172, 190
자아실현 자유의지 3각 모형 115
자아실현 자유의지 3요소 114
자아실현 자유의지 3요소의 영향력 123
자아실현 자유의지 3요소의 영향력 조건 116
자아실현 자유의지 3요소의 정체성 118
자아실현 자유의지 3요소의 정체성 조건 116
자아실현 자유의지 3요소의 활성화 조건 116

자아실현 자유의지 성숙기　102
자아실현 자유의지 성숙단계 진단
　　166
자아실현 자유의지 성장기　99, 100
자아실현 자유의지 성장단계 진단
　　166
자아실현 자유의지 쇠퇴기　105
자아실현 자유의지 수명주기　95
자아실현 자유의지 수명주기단계 진단
　　165
자아실현 자유의지 자생적 성장 조건
　　116
자아실현 자유의지 형성기　96
자아실현 자유의지 형성단계 진단
　　166
자아실현 자유의지는　186
자아실현 자유의지의 비주기적 순환
　　109
자아실현 자유의지의 성숙　105
자아실현 자유의지의 주기적 순환
　　107
자아실현 표준모형　129
자아실현 학습의지　174, 187
자아실현(self-actualization)　32, 33, 38
자아실현능력 그리드　264
자아실현의 가치　97
자아실현의 가치지각　98
자아의 동일성　78

자아의 주체성　78
자유의지　77
자유의지 형성기　97
자율결합의 가치　84
잠재된 자아실현　265, 269
잠재된 학습의지　168, 174
잠재적 능력　21
잠재적 능력단계　76
잠재적 학습의지　188
재능　57
적응적 재능　60
적응적 창의능력(adaptive creativity)
　　56
전의식　118
정서　50
정서의 가치화　66
정서의 생리적 요소　63
정서의 인지적 요소　63
정서의 행동적 요소　63
정서지능(emotional intelligence)　66
정신　31
정체성 조건　116
정체성 지수　151
정체성 지향적 사고(identity-oriented
　　thinking)　322
정체성(identity)　35, 46
조건적 긍정적 존중　88
조직 주변부　17

조직 핵 17
조직적 성향의 행동 108
좌뇌 20
준거의 틀(frame of reference) 35, 117
지각 99
지능 25
지식 26

(ㅊ)
차별적 재능 59
차별적 창의능력(differentiated creativity) 55
창의능력 16
창의능력 3요소 16, 54
창의능력 개발 5단계 76
창의능력 개발 요소 140
창의능력진단의 초점 133
창의성 14, 28, 29, 272
창의성 학습 26, 27
창의성 훈련 27
창의시스템 14
창의시스템의 핵 18
창의적 가치 83
창의적인 사람 14, 30
체험학습 191

(ㅋ)
컴퓨터의 소프트웨어 19

컴퓨터의 하드웨어 19

(ㅌ)
태도 119

(ㅍ)
파워의 5속성 15, 17
파워의 결합속성(combinative attribute of power) 42
파워의 귀속속성(belonging attribute of power) 43
파워의 보존속성(conservative attribute of power) 42
파워의 비합리적 조건 33
파워의 지배속성(dominative attribute of power) 43
파워의 창조속성(creative attribute of power) 41
파워프로세스(power process) 220
파행적 행동 111
표준행동포지션 154

(ㅎ)
학습 26
학습된 자아 38
학습스키마 57
학습의지 77
행동의 가치화 조건 83

행동의 가치화(valuation) 47, 57, 82, 178
행동의 긍정성 80, 177
행동의 몰입 116
행동의 일관성 80, 177
행동의 자율성 178
행동의 조직화(organizing) 226
행동의 합리성 80, 176
행동포지션 지수 153
행동포지션(XX-YY-ZZ) 153
혁신 326
협력 314
환경 223
환경리드 능력 277, 278
환경의 리드(environment lead) 272
환경적응 능력 70
활성화 조건 116
활성화 지수 152
후천적 창의능력 3요소 312

후천적 창의성 16, 26, 309
후천적 창의성 획득 312

(C)

concordance process 46

(P)

PSAD 간편진단 143, 163, 171, 181
PSAD 일반진단 144, 209
PSAD 일반진단 내용 215
PSAD 정밀진단 145, 259
PSAD 정밀진단 내용 266
PSAD 창의·인성진단 139
PSAD(Prime Self-Actualization Diagnostics) 138
PSAD와 완전기능 능력개발의 학습효과 241
PSAD와 완전자아실현능력 개발의 학습효과 290

| 이경환(李慶煥) |

- 서울대학교 공과대학 응용수학과 (공학사)
- 서울대학교 대학원 경영학과 (경영학 석사)
- 서울대학교 대학원 경영학과 (경영학 박사)
- 캘리포니아 주립대학 객원교수
- 인하대학교 경영대학원장
- 한국산학경영학회장
- 한국경영학회 이사
- 한국생산관리학회 상임이사
- 인하대학교 경영연구소장
- 보루네오(주) 경영전략고문
- 예림임업(주) 경영전략고문
- 현 인하대학교 경영대학 명예교수
- 현 인하프라임경영연구소 대표
- 현 (사)한국창조인재개발원 이사장
- 현 한국교육학술정보원 선임이사
- 현 한국개발연구원 경제전문가 자문위원

• 저서 •

《창조성 개발과 자아실현》(도서출판 범한, 2015)
《조직의 자아실현과 지속가능 경쟁우위》(도서출판 범한, 2014)
《자아실현과 자기경영(증보판)》(도서출판 범한, 2014)
《상생과 혁신경영》(신론사, 2011)
《행동경영과 조직혁신》(두남, 2009)
《국가혁신전략》(두남,2001)두남, 2007)
《경영정보시스템》(공저 두남, 2009)
《국가생존전략》(두남, 2001)외 다수

• 특허 •

《자아실현능력 진단 방법》(제10-1542200호)
《자아실현 전략경영 능력 진단시스템 및 진단방법》(제10-1542201호)
《자아실현 리더십 능력 진단시스템 및 진단방법》(제10-1464289호)
《조직의 자아실현 능력 진단시스템 및 진단방법》(제10-1491005호)

창의·인성과 기업가적 능력개발

초판 1쇄 인쇄 2017년 5월 25일
초판 1쇄 발행 2017년 5월 31일

지은이 이경환
발행인 이낙용

발행처 도서출판 범한
등록 1995년 10월 12일(제2-2056)
주소 10579 경기도 고양시 덕양구 통일로 374 우남상가-102호
전화 (02) 2278-6195
팩스 (02) 2268-9167
메일 bumhanp@hanmail.net
홈페이지 www.bumhanp.com

저자와의
합의하에
인지생략

정가 18,000원
ISBN 979-11-5596-124-7 93320

* 잘못 만들어진 책은 구입하신 곳에서 바꾸어 드립니다.
* 이 책의 무단 전재 또는 복제 행위는 저작권법에 의거, 5년 이하의 징역 또는 5,000만 원 이하의 벌금에 처하게 됩니다.